MINERVA 社会学叢書 ㉛

市民的コモンズとは何か

理論と実践者との対話

李　妍焱著

ミネルヴァ書房

市民的コモンズとは何か

──理論と実践者との対話──

目　次

序　市民的コモンズ概念の構築に向けて………………………………… I

第Ⅰ部　市民育ちの現場──地域プロジェクトへの注目

第1章　「市民」はどこにいるのか……………………………………… 9

1 市民的イニシアティブへの期待 ………………………………………… 9

2 市民セクターの市民離れ ……………………………………………… 16

3 若い世代への効果的なアプローチに関する検討………………………… 21

4 「市民」が育つためには ……………………………………………… 29

第2章　自分事化はいかにして可能なのか……………………………… 33
──地域プロジェクトによる市民育ちの可能性①──

1 「参加の自分事化」の意味と論点………………………………………… 33

2 市民育ちの場として期待される「地域」……………………………… 40

3 おやまちプロジェクトの事例研究 …………………………………… 48

4 参加の自分事化のデザイン …………………………………………… 60

第3章　市民性を向上させる要因とは何か………………………………… 63
──地域プロジェクトによる市民育ちの可能性②──

1 「市民育ち」という問い ……………………………………………… 63

2 「市民」概念の再検討と「市民性」の指標設定 ……………………… 65

3 用賀サマーフェスティバル（YSF）の事例研究 ……………………… 68

4 市民性を成長させるもの ……………………………………………… 76

第Ⅱ部　市民セクターを捉える新たなレンズ——市民的コモンズ

第4章　ローカルとソーシャルを取り結ぶ……………………………… 83
　　　　——市民的コモンズの概念提起——
　1　日本における NPO 研究の20数年を振り返る ………………… 83
　2　ローカルとソーシャルを媒介するもの ……………………… 93
　3　3つのオルタナティブとその合流地点 ……………………… 97
　4　NPO 研究の振り返りと「市民的コモンズ」の提起……………… 102

第5章　コモンズ研究の俯瞰と系譜………………………………… 105
　1　日本におけるコモンズ研究 …………………………………… 105
　2　海外におけるコモンズ研究 …………………………………… 113
　3　コモンズ研究を俯瞰する ……………………………………… 129

第6章　市民的コモンズ概念の検討…………………………………… 135
　1　先行研究におけるコモンズの定義……………………………… 135
　2　市民的コモンズを定義する …………………………………… 143
　3　伝統的コモンズから新しいコモンズ，そして市民的コモンズの定義へ…… 156

第Ⅲ部　市民的コモンズ概念のリアリティ——実践者との対話から

第7章　市民による地域資源の価値再構築とコモニーングの実践…… 163
　1　放置された森のコモニーング——コモンフォレストジャパン ……… 163
　2　まちの緑のコモニーング——シモキタ園藝部 ……………………… 172
　3　空き家のリノベーションとコモニーング——ふかさわの台所 ………… 185
　4　銭湯のある暮らしのコモニーング——小杉湯となり………………… 195

第8章 操作概念としての「市民的コモンズ」と質的調査の試み…… 209

1 操作概念の設定 …………………………………………………… 209

2 質的調査からの示唆 ……………………………………………… 213

3 市民的コモンズ概念によるリアリティの描き方………………… 223

結 市民社会の次なるステージへ思いを馳せる ……………………… 225

参考文献……231

初出一覧……243

あとがき……245

人名索引……248

事項索引……250

序
市民的コモンズ概念の構築に向けて

「市民の時代」は幻か

　20世紀90年代と21世紀初頭，新しい時代の幕開けに多くの人が心を躍らせていた。筆者は1994年に留学生として来日し，95年に東北大学大学院で社会学を学ぶようになるが，それはちょうど「ボランティア元年」をもたらした阪神・淡路大震災が起きた年で，同時に，物質的に豊かな時代の暗部を露呈させ，社会全体に衝撃を与えたオウム真理教による地下鉄サリン事件の年でもあった。天災と人災，人と人のつながりの尊さと危うさをそれぞれ端的に示した，相反する2つの出来事が同じ年に起きたのは，新世紀が波乱の時代になる予兆だったのかもしれない。21世紀の豊かさはモノの量ではなくヒトのつながり方にこそある，ということを改めて印象づける象徴的な出来事であった。その影響もあり，90年代の後半から大いに語られたのが，21世紀が「市民の時代」になる，という期待であった。

　CiNii Research でタイトルに「市民」を直接含む本の出版数を調べたところ，1971～80年の10年間が704件，1981～90年が964件であったが，1991～2000年の10年間は一気に1,656件に増加し，さらに2001～10年が2,653件とピークに達する。2011～20年が2,049件と減少に転じ，2021～24年7月現在が414件しかないところから推測すると，2030年までの10年間においてはさらなる減少は避けられないように見える。1991年から2010年までの世紀を跨ぐ20年間において，「市民」という言葉がいかに熱気を帯び，市民の時代への期待がいかに高かったかがうかがえよう。

　今でもはっきりと覚えているのは，院生時代に手に取っていた，1998年に岩波書店から刊行された田中尚輝の『ボランティアの時代——NPO が社会を変える』と，北海道大学図書刊行会による今井弘道編著の『「市民」の時代——法と政治からの接近』，そして翌年新曜社から出された吉永宏の『響き合う市民たち——NPO とボランティア入門』である。田中は当時，社団法人長寿社会文化協会の常務理事であり，高齢者福祉の分野を代表する実践家であったのに対して，今井は法哲学や法思想史を専門と

する研究者，吉永は青少年のボランティア育成に長年携わってきた教育者であった。分野と立場が全く異なるにもかかわらず，吉永の言葉を借りれば，「市民活動の新しい潮流が，この世紀の終わりに臨んで流れ始めました。もしかしたら，私たちは舞台の新しい幕開けに立ち会っているのではないかと予感します」（吉永 1999：205）という「市民の世紀」の予見においては，三者は共通していた。「市民」という言葉は分野を超えて，21世紀の社会づくりのキーワードとされていた。

　しかし現在，真正面から「市民」を捉えようとする書物はピーク時から明らかに減少に転じている。その原因の一つに，イメージの斬新さが一段落したことが挙げられよう。1998年に成立した特定非営利活動促進法（NPO法）を受けて2000年初頭うなぎ上りに増加していたNPO法人をはじめ，市民が起業し運営するワーカーズ・コレクティブもしくはワーカーズ・コープ，2008年の公益法人制度改革を受けて今日に至っても増加の一途をたどる一般社団法人，さらにはチェンジメーカーと呼ばれる社会起業家（渡邊 2005，2007）による各種ソーシャルビジネスの事業組織も，20年経った今では，人々にとってはもはや新しさはなく，多種多様な市民の組織がすっかり社会的に認知されるようになった。

　これが減少のポジティブな原因だとすれば，同時にネガティブな原因にも注目する必要がある。当初のような市民への期待がすっかりしぼんでしまった，ということも考えられよう。それは，20年経っても市民として生きるということは，普通の人々にとっていまひとつ身近ではなく，「ピンとこない」からなのかもしれない。さらには，市民によって何がどう変えられたのか，より望ましい社会に近づいたのかという点が依然として可視化されていないことによるのかもしれない。

　一人ひとりが市民として生きるというのはいったい何を意味するのだろうか。市民によってボトムアップで社会的な仕組みが創り上げられ，社会システムに変革が生じるというのは，いったいどのような状況を指すのだろうか。市民の組織が当たり前のように認知されるようになった今の時代だからこそ，組織の数が増えても，社会における市民としての生き方，市民の影響力の増大が見えない現状に対して，正面から考えなければならない。本書は，そのための一冊だと捉えていただきたい。

市民を「センス」で捉える

　「市民」という言葉には，分かるようで分からない不思議な響きがある。この社会に生きる誰もが市民だといえそうだが，実際にその実感が持てる人は必ずしも多くはない。市民の定義や解釈は一様ではないが，一言でいえば，「他者や社会，公共的な

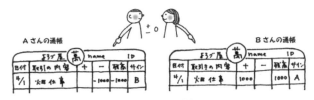

図序 – 1　通帳の仕組み
出典：榎本英剛さんの講義資料の一部。

事柄と豊かにつながる生き方をする個々人」を意味するのではないかと思う。市民を定義づけようとすると，どうしてもこのような背伸びをした立派な言葉が前面に出てしまうが，実際の「市民らしさ」は，むしろ他者や物事に対する人々の具体的な姿勢に現れている。それを感覚的に描き出すために，ここでは筆者にとって身近な，とても市民らしさが感じられる人の例を挙げたい。

　筆者が好きな日本語の1つに，和製英語の「センス」がある。単なる合理性や効率性に左右されず，単なる欲求や衝動などの感情にも左右されず，時間をかけてさまざまな感覚や経験，実践と自省の蓄積と結晶として，センスが人の言葉や行動，態度に現れる。センスには必ず主語があり，主体をうやむやにしない。センスは正しさでは評価できず，人それぞれだからこそ意味があり，また，外部に対して，変化に対して常にオープンである。市民というのは，一種の「市民的センス」を自然に身に纏っている人のことなのではないかと考える。

　では，市民的センスとは，どのようなセンスだろうか。

　2021年度前期「市民社会論」の授業でゲストスピーカーとして，よく生きる研究所代表の榎本英剛さんがトランジションタウンに関する講義をしてくださった時のことであった。図序－1のスライドを示しながら，榎本さんはスライドの真ん中にいる二人の人間を例に，トランジション藤野の地域通貨「よろづ屋」の説明を淡々としていたが，その一幕に筆者は思わず心が動いた。

　「皆さん，真ん中に見えるこの二人がいますよね。髪の毛が短い人と長い人です。髪の毛の長い人が4月1日に髪の毛の短い人の畑仕事を手伝って，1,000よろづが通帳に入っていますね。同時に髪の毛の短い人の通帳がマイナス1,000よろづ……」。

　この絵にあるイラストの二人を語るなら，10人中9人はおそらく「男性・女性」と言うのではないだろうか。そのほうが単語としても短いし説明しやすい。しかし，榎本さんは当たり前のように「髪の毛の短い人と長い人」という表現を選んだ。彼の目には，このイラストは「二人の人間」としてしか映っておらず，それを性別カテゴ

リーに収めるという発想をさらさら持っていなかった。地域通貨を説明するほんの一コマに，ジェンダーやセクシュアリティに関する榎本さん固有の市民的センスが十二分に伝わってきた。「固定観念にとらわれない多様性の尊重」を幾重もの言葉で標榜するより，よほど説得力があった。

　もう一つ例を挙げてみよう。

　2010年に筆者は同じく在日中国人で，国際基督教大学大学院で学んでいた朱恵雯さん（以下，ニックネーム Fancy と略）と二人で，日中市民社会ネットワークという任意団体を立ち上げた。両国で持続可能な社会を目指す民間のソーシャル・リーダーの成長と連携に役立ちたいと，日本と中国の間で交流や研修のプロジェクトを手掛けてきた。10年あまりが経ち，私たちの団体は中国国内の自然体験教育業界の形成を支える礎の一部になったと同時に，東アジアで持続可能な暮らし方を実践する人々が緩やかにつながる「東アジア地球市民村」というネットワーク構築の一翼を担ってきた。少人数の団体ながら未来に影響を与えるこれらの成果を可能にしたのは，Fancy の「センスの良さ」であった。

　一から百までプロジェクトの過程を詳細に作りこみ，参加者から計画通りの反応を得ようとした筆者とは対照的に，東アジア地球市民村に関わる Fancy はいつも「隙だらけな人」に見える。イベントプログラムが直前にならないと確定できなかったり，当日の変更がたくさん出たり，参加者が突然通訳や司会者として借り出されたりと，アクシデントに欠かさない。しかし不思議なことにそのカオス状態のイベントにはリピーターが続出しており，Fancy は今では，東アジアで旅に出れば「家に泊めてくれる友人に困らない」本物のネットワーカーになった。「少々ズボラ」だと思っていた彼女は，実は「みんなが関われる余白を作れる」「その場にいる人を信じられる」素晴らしい市民的センスの持ち主だと，ようやく筆者も気づけた。

市民的センスをリアルに体現する人，場と仕組みを言語化する

　市民的センスは，無論上記の例で言及した「固定観念にとらわれない」「多様性の尊重」「参加の余白が作れる」「周りの人たちが信じられる」ことにとどまるわけではない。市民的な生き方を，ほかの立派な誰かの生き方としてではなく，自分自身の自然な生き方として「自分事化」するためには，榎本さんや Fancy さんのような，具体的な人物の言動に現れているリアルで多様な市民的センスを，丁寧に言語化していく必要がある。同様に，市民によって社会がどう創られ，どう変えられるのかを可視化するためには，市民的センスを持った人々が何らかの接点で集まり，その動きが蓄

積されていくことで生成された，ボトムアップの社会づくりの仕組みと可能性を，効果的に言語化していかなければならない。

　20数年前，市民による多様な取り組みは「NPO（Non-Profit Organization）」という輸入概念によって語られ，可視化され，NPOセクターが日本の市民社会を代表する顔となった。しかし，NPOの組織が増えても，市民的センスを身につけ，当たり前のように自分の日常生活でその取り組みに携わる人が増えたわけではない。それどころか，NPOは数が増えるにつれて，市民の組織としてよりも，一種の「業界」として認識される節さえ見られた。人々の市民的センスが体現された市民的な取り組みを，どのような概念をもって言語化すべきか，改めて問われている。

　時代を見つめる作業は常に困難で，ばらばらに起きている多くの出来事の背後と，その先にあり得る共通の傾向を見据えていく言葉を見つけることも容易ではない。社会学は時代診断の学として，時代を読み解く手がかりを示し，言語化していくことが期待される。本書は，かつて夢見られていた「市民の時代」の可能性を改めて考えていくために，市民的実践を捉える新たなキーコンセプトとして「市民的コモンズ」を位置づけ，私たちが住む世界と社会を覗き込むための効果的なレンズに，この概念を磨き上げていくことを目的としている。読者とともに，このレンズを通して，市民的センスを持って生きるとは何を意味するのか，その延長上で，私たちの社会を変えていくような仕組みとなる市民的コモンズはどう成り立つのか，見出していきたい。

本書の構成

　本書は3部構成となっている。

　第Ⅰ部は「市民育ちの現場──地域プロジェクトへの注目」と題して，日本における市民社会の未来形を考える際になぜ地域プロジェクトの現場に注目するのか，その背景と理由を紐解く。第1章では，本書における市民社会の概念を明確に示したうえで，NPOセクターとして定式化されがちな日本の市民社会が直面している最大の課題，すなわち「市民はどこにいるのか」という課題を提示し，市民社会の担い手の問題を論じる。第2章と第3章では，若い世代が市民的な取り組みを自分事化し，市民性を獲得していくフィールドとしての地域プロジェクトの重要性を指摘し，具体的な事例分析を通して，自分事化の促進要因と市民性獲得の条件を提示する。

　第Ⅱ部「市民セクターを捉える新たなレンズ──市民的コモンズ」では，まず第4章において，市民セクターをNPOというレンズで捉えるNPO研究の20年間を振り返り，ローカルとソーシャルへの注目が新たな展開となっていることを示し，多くの

ローカルで展開される地域プロジェクトを，ソーシャルな市民社会の枠組みとして捉え直していくためには，包括性を有しつつも確固たる理論的中核を有する概念を用いて，地域プロジェクトを横断的に考察していく必要があると唱える。それが本書で提唱する市民的コモンズの概念に他ならない。実際，現代社会におけるシステム変革を目指し，オルタナティブを模索する多くの思潮の合流地点に，コモンズ思考が浮かび上がっていることを指摘する。第5章では，急激に領域をまたがって，汎用性を増していくコモンズ概念について，日本国内外で展開されてきたコモンズ研究に依拠しながら，その系譜について俯瞰的な整理を試みる。第6章は先行研究に対する理論的調査を踏まえて，本書で定義する市民的コモンズの概念を明示する。

　第Ⅲ部「市民的コモンズ概念のリアリティ——実践者との対話から」は，地域プロジェクトの中心人物たちの語りを通して，市民的コモンズというコンセプトがリアルな活動現場においてどう描けるのか，そこで体現された市民的なセンスとはどのようなものなのか，考察していく。第7章において，複数の市民的イニシアティブによる地域プロジェクトの事例を取り上げ，その活動文脈とコモンズとの関連性を視野に入れながら，彼らの実践を市民的コモンズというレンズで捉え，描き出してみる。第8章では，今後，横断的に市民的コモンズの仕組みに関する調査研究を進めていくための操作概念となる市民的コモンズを再定義し，都市部で展開される異なるタイプの市民的コモンズに対してパイロット的に行った質的調査の結果を示す。

　市民とは誰のことか。市民的とは何か。リアリティのある市民的コモンズ概念とは何を意味するのか。本書全体を通して，その答えを読者とともに探っていきたい。自分と社会を語るための言葉として，社会の現象や問題を捉え・定義するための言葉として，未来を構想するための言葉として，「市民的コモンズ」が1つの柱となることを願う。本書はそれに向けた一歩である。

第Ⅰ部

市民育ちの現場
──地域プロジェクトへの注目──

第1章

「市民」はどこにいるのか

---

1 市民的イニシアティブへの期待

資本主義のオルタナティブと市民

新型コロナウイルス感染症（COVID-19）に起因する世界的なパンデミックの発生を受けて，社会システムの根本的変革の必要性に関する提起が加速度的に広がっており，とりわけ利潤原理と金融ゲームに支配され，飽くなき消費拡大と経済成長を求め続ける資本主義システムに対して，オルタナティブとして提起された「脱成長社会」の可能性が，日本社会でも注目を集めている。「脱成長コミュニズム」を主張した斎藤幸平の『人新世の「資本論」』（集英社新書）が，2021年度新書大賞に選ばれ，2020年9月出版以来，Amazonの図書販売ランキングで長い期間にわたって上位を占める大ベストセラーとなったことや，20年11月に出版されたセルジュ・ラトゥーシュ（Serge Latouche）の『脱成長』（白水社）もベストセラー入りしたことなどは，代替案としての脱成長社会への社会的関心の高まりを物語っている。「経済成長を目指す発展」を前提視することへの反省が，かつてないほど高まっている。

脱成長の論者間の主張にも多くの相違が見られるが，脱成長社会へと向かう道筋において，共通して見えてくるのは，市民的イニシアティブの重要性への認識だといえる。ラトゥーシュによれば脱成長は「自己制御，分かち合い，贈与の精神，自立共生を基礎とする『節度ある豊かな社会』という社会構想を提案する」ものであり（Latouche 2019=2020：72），それは資本主義システムを代替する「1つのオルタナティブな道」ではなく，さまざまなオルタナティブの可能性の「母胎」だという。したがって脱成長社会への移行は，特定の1つのモデルがあるわけではなく，その社会で暮らす多様な人々（市民）が，消費中毒と仕事中毒の悪循環をもたらす「成長信仰」という「想念の植民地化」に抗い，脱成長社会へと移行していくための「具体的政策を提案」していかなければならない（Latouche 2019=2020：60）。

その実現にラトゥーシュが特に強調したのは，第1に，権力の掌握を目指すのではなく，権力と対抗権力の弁証法に関心を抱き，権力に異議申し立てをする「脱成長運動」が大切だということである。脱成長運動において「市民社会の果たすべき役割は，（労働・土地・貨幣の脱商品化を進める方向に）権力を制御し，民衆の要求が満たされるように権力に対して必要な圧力をかけることにある」という（Latouche 2019=2020：80）。第2に，「再ローカリゼーション」が脱成長の実践において一貫して中心的な位置づけにあるという。それは生物流域（バイオリージョン）という意味でのローカルな区域において，可能な限り，経済的な自己充足，エネルギーの自主生産，自律可能な金融，分権的な近隣民主主義を実現していき，「抵抗＋再活性化する能力」を意味するレジリエンスと効率性のちょうどよい均衡を目指す種々の市民的実践のことである（Latouche 2019=2020：119-124）。

このように，ラトゥーシュが提起している脱成長社会に移行するための処方箋には，「経済全体主義という想念の脱植民地化」を掲げ，権力に対して監視し，制御と抵抗を行う市民社会，同時にローカル社会において具体的な各種オルタナティブな実践の仕組みづくりに従事する市民たちの存在が，中心的な担い手として想定されている。

この点は斎藤の議論においても同様に見られる。斎藤が脱成長コミュニズムの担い手について，ハーバード大学の政治学者エリカ・チェノウェス（Erica Chenoweth）による「3.5％の人が非暴力的な方法で，本気で立ち上がると，社会が大きく変わる」という指摘に依拠しつつ，以下のように述べている。

　　資本主義の格差や環境破壊に怒り将来の世代やグローバル・サウスのために戦う想像力をもって，一緒に戦ってくれそうな人は，日本なら，もっといてもおかしくないくらいだ。（中略）

　　ワーカーズ・コープでもいい，学校ストライキでもいい，有機農業でもいい。地方自治体の議員を目指すのだっていい。環境NGOで活動するのも大切だ。仲間と市民電力を始めてもいい。もちろん，今所属している企業に厳しい環境対策を求めるのも，大きな一歩となる。労働時間の短縮や生産の民主化を実現するなら，労働組合しかない。

　　そのうえで，気候非常事態宣言に向けて署名活動をすべきだし，富裕層への負担を求める運動を展開していく必要もある。そうやって，相互扶助のネットワークを発展させ，強靱なものに鍛え上げていこう。

　　（中略）システムの変革という課題が大きいことを，何もしないことの言い訳

にしてはいけない。一人ひとりの参加が3.5％にとって決定的に重要なのだから。

（斎藤 2020：363）

　斎藤が期待を寄せているのは明らかに「アクティブな市民」であり，「一人ひとりの参加」である。ヨルゴス・カリス（Giorgos Kallis）らの『なぜ脱成長なのか』（NHK出版，2021年）においても，未来に向けて今までと違う方法を発想していくためには，草の根レベルの活動に注目しなければならないと，市民的イニシアティブの決定的重要性を強調している。「競争や成長よりコミュニティのウェルビーイングを優先した生活について考える」ことから始まり，「人々が集まって生み出した協働的活動（コモンズ）」の例を考察し，そうしたプロセスを大きな変革につなげる道を探り，新しい「コモンセンス」を生み出す「共進化」を求める。その共進化とは「個人が行動し，他者とつながり，新たな関係性を築き，更なる規模で政治改革を求めていく」プロセスだという（Kallis et al. 2020=2021：85）。それはまさに，市民的イニシアティブの展開過程にほかならない。

　資本主義システムの根本的変革を意図した「脱成長社会」のオルタナティブは，市民社会のイニシアティブなしでは実現しない。その際にとりわけ注目すべきは，Z世代と呼ばれる若者世代の関わり方である。例えば，アメリカ社会でオルタナティブを求めるムーブメントの現在進行形を描き出した佐久間裕美子の『Weの市民革命』（朝日出版社，2020年）においては，「We」という言葉を用いてZ世代の市民性の傾向を表現している。「（2019年までは）どれだけ草の根レベルで小規模なものづくりやポスト資本主義のコミュニティづくりが盛んになったところで，そうした試みは，トップ20％の大企業経営者やスーパーリッチが富の90％以上を占有するアメリカの現状や，やみくもに消費を続けさせようとする経済のマシンを前にしては，ほとんど無力だった」（佐久間 2020：19）と述べた佐久間は，2001年の同時多発テロ，2008年の金融危機が引き起こした以上の規模の「文化のシフト」が，コロナウイルスによるパンデミックをきっかけにアメリカ社会で沸き起こっている様子を克明に描き出している。それはミレニアム世代を中心に見られた個人の自由と自己決定，自己実現を重んじる「ミーの時代」から，Z世代を中心に見られる世界全体の人権の拡大，コラボレーションや団結，シェアリング，市民運動の「インターセクショナリティ（交差性）」を重んじる「Weの時代」への変革だという（佐久間 2020：25-30）。消費者として，従業員として暮らす彼らは，同時に自らの消費スタイルと労働スタイルを主張することで，新自由主義を推し進めてきた企業と政府に圧力をかけるアクティビストとしての

顔を，当たり前のように併せ持っている。そんな彼らの姿に，佐久間は従来の草の根の市民的実践では果たせなかった大規模な社会変革への可能性を見出している。

　では，日本の市民社会（本書では「市民セクター」という用語を用いることもある）において，従来の社会システムの変革を実現していくような市民的イニシアティブが可能となっていくのだろうか。誰によってどのように行われていくのだろうか。本章では，まずパンデミック期間を含むここ数年の間に発表された関連の既存研究の検討を通して，日本の市民セクターにおける「市民離れ」の現状とアイデンティティの揺らぎを明らかにし，その上で，若い世代の間で市民社会の新たな担い手を豊かに育てていくための道筋として何が見出せるのか，近年活発化しつつあるいくつかの実践的動向に注目して考えていきたい。

本書における市民社会（市民セクター）の定義

　今日，市民セクターの重要性は理論的にも実践的にも広く認識されている。李（2021）において整理しているように，理論的には大きく分けると３つある。第１に，レスター・サラモン（Lester M. Salamon）に代表されるように，「政府の失敗」「市場の失敗」「ボランティアの失敗」などの議論を踏まえたうえで，「社会サービスの担い手もしくは社会的課題の解決主体」としての市民セクターの優位性を強調する理論，第２に，ユルゲン・ハーバーマス（Jürgen Habermas）の理論に象徴されるように，社会問題の発見と議論すべきアジェンダを提示し，多様な立場から公論を展開していく「公共圏」としての市民セクターの意義を強調する理論，第３に，ロバート・パットナム（Robert D. Putnam）のソーシャルキャピタル論が示すように，社会における信頼や互酬的規範，人々の間のネットワークを意味する「社会関係資本（Social Capital）」が育まれる場として市民セクターの重要性を説く理論がおもに挙げられよう。

　実践的には，４つある。第１に，政府や市場セクターの監視機能を果たし，問題の提示と声の表出にフォーカスする種々の社会運動，第２に，特定の社会課題の解決を目指す市民事業としてのソーシャルビジネス，そして社会的弱者やマイノリティの社会的包摂を目的とする協同組合やワーカーズ・コレクティブなどの社会的連帯経済，第３に，まちづくりやコミュニティ形成，新たなつながり方の試みとしてのコミュニティデザインや地域プラットフォームなどによる「共同性の実現」への挑戦，第４に，オルタナティブを求める新たな暮らし方・働き方に対する一般市民個々人の模索など，多様な文脈と視点において市民セクターの実践を観察できよう。

　市民セクターの重要性を，歴史的・時代的背景を踏まえたうえで端的に論じたのは，

ヘンリー・ミンツバーグ（Henry Mintzberg）の『私たちはどこまで資本主義に従うのか』だといえる。ミンツバーグは，社会は政府セクター，民間（営利）セクター，多元的セクター（本書では「市民セクター」）という３つの柱に支えられているとし，「政府的セクターは，国民に尊敬される政府に土台を置く。経済的存在である民間セクターは，責任ある企業を基盤とする。そして社会的な存在である多元セクターは，強力なコミュニティを舞台に形成される」状態が，バランスの取れた社会だと指摘する（Mintzberg 2014=2015：58）。現代社会は「資源を絞り取る企業のための社会」となり果て，アンバランスに突き進んでいると時代診断をしたうえで，ミンツバーグは社会のバランスを取り戻すには「抜本的な刷新」が必要であり，その担い手は政府セクターではなく，営利企業の CSR の魔法も期待できず，社会運動と社会事業を多様に展開する多元的セクターにほかならないと主張している。

　本書における「市民セクター」は，ミンツバーグの「多元セクター」と同様に「非政府・非営利」の領域を指す。日本では「NPO セクター」と称されることも多いが，マイケル・ウォルツァー（Michael Walzer）はそれを「強要されない人間的協同の空間と，さらにこの空間を満たす関係的なネットワーク」と定義しているように（Walzer 1995=2001），「国家や政府によって強制されない（非強制性）」「共有・協同の空間（共有性）」「実体としての具体的な関係的ネットワーク（実体性）」という３点が特徴だといえる。

　市民セクターの定義として，本書では①何らかの共有される課題やテーマに対して，自らの価値観と思いに基づき多様な様式で取り組む多様な人々の，②（所有ではなく）共有と協同によって成り立つネットワーク，組織やつながり方，および③その実践内容と構築した仕組み，といった「実体」を指し示す内容だけではなく，④このような人々による問題提起や思潮とその社会的インパクトの側面も含めたい。市民セクターの特徴としては，ウォルツァーが指摘した３点以外に，「携わり方が多様である（多様性）」「活動を実践する仕組みがある（実践性）」「単なる課題解決に従事するのではなく，問題提起を行い（運動性），思潮として社会的インパクトを有する（思想性）」という４点を加えて捉えたい。表１‐１のように整理して示す。

　この整理を踏まえて論理的に考えれば，市民セクターの活性化とは，上記の７つの要点を頂点とするレーダーチャートを作り，それぞれの要点を軸にした到達ポイントをもって判断できることになる。７つの要点とも到達点が高いほうが，市民セクターの定義からすれば望ましい「活性化」だと考えられ，ミンツバーグが期待する「バランスの取れた社会」に寄与するセクターとなろう。だが実際には，社会体制や制度環

第１章　「市民」はどこにいるのか　13

表1-1 本書における「市民セクター」の概念

定義に含まれた「側面」	そこから見出せる「特徴」	要 点
何らかの共有される課題やテーマに対して，自らの価値観と思いに基づき多様な様式で取り組む多様な人々	テーマがあること，如何なる意味でも強制されないこと，多様な人が多様な形で関わっていること	非強制性 多様性
（所有ではなく）共有と協同によって成り立つネットワーク，組織やつながり方	共有と協同に基づく具体的な関係性の実体があること	共有性 実体性 実践性
その実践内容と構築した仕組み	具体的な実践内容と仕組みが定まっていること	
このような人々による問題提起や思潮とその社会的インパクト	問題提起・思想的意味において社会に対して影響力をもっていること	運動性 思想性

出典：筆者作成。

境，社会的状況や雰囲気によって，市民セクターの意味と重要性として何がその社会で最も強調されているのかが異なる。特に社会サービスの供給と社会的課題の解決策の担い手として市民セクターを期待するならば，その活性化は社会サービスを提供する市民組織の規模と課題解決の効果，すなわち「実体性」と「実践性」重視の評価軸によって評価されよう。社会問題のアジェンダの提示や社会的弱者の権利擁護など「声」の表出および公論の盛り上がりを期待するならば，そのような社会運動やキャンペーンなどがどれほど多様に頻繁に行われ，どれほどの社会的・政治的インパクトを与えているかによって，すなわち「運動性」と「思想性」を軸に活性化の程度を見るであろう。さらには，社会関係資本を豊かにすることに力点を置くならば，各種社会的な活動への多様な参加形態と参加率，参加の習慣化と定着化，すなわち「非強制性」「多様性」「共有性」が市民セクターの活性化の意味するところとなろう。

　このように，具体的な社会的コンテクストによって市民セクターの諸性質のうち，強調されたり歓迎されたりする項目が異なる。では，文脈や背景の相違を超えて，より普遍的に活気ある市民セクターをどう描けるのか。筆者は一貫して図1-1の3つの歯車によって市民セクターの構成要素を示しており，この3つの歯車がかみ合ってバランスよく動いていく状態が，市民セクターの健康な状態だと考えている（李 2012, 2018）。

　李（2024a）で詳しく述べているように，[1]この3つの歯車はマイケル・エドワーズ（Michael Edwards）による市民社会の概念整理を踏まえたものである。エドワーズは西洋的市民社会の概念を3つの類型に分類している。第1に「社会の一部としての市民社会」であり，結社による団体活動の実体を重視するものである。アレクシス・

14　第Ⅰ部　市民育ちの現場

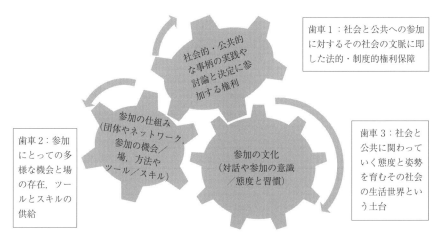

図 1-1　市民社会を構成する3つの歯車

出典：李（2024a：150）。

ドゥ・トクヴィル（Alexis de Tocqueville）によるアメリカの結社に関する古典的考察に遡り，現代ではウォルツァーの議論が代表的だという（Edwards 2004=2008：49-51）。第2に，善い社会を目標としているゆえの，特定の価値や規範に特徴づけられた「理念としての市民社会」である。これは「ギリシア語のポリスと精神的なコミュニティに関する宗教の教義，（中略）グローバルな倫理的コミュニティに関するイマヌエル・カント（Immanuel Kant）の思想」に遡り，東欧革命後市民社会を民主主義と自由の「輝く象徴」として謳う多くの議論，「地球市民」や「コスモポリタン民主主義」の諸議論，ロバート・パットナムによるソーシャルキャピタル論が代表的だという（Edwards 2004=2008：83-92）。第3に，公共的な事柄について討論する空間を意味する「公共圏としての市民社会」である。これはアリストテレスに遡り，ジョン・デューイ（John Dewey）やハンナ・アレント（Hannah Arendt），リチャード・セネット（Richard Sennett）の議論がこの系譜に位置づけられるが，その精緻化に最も成功したのがユルゲン・ハーバーマスだという（Edwards 2004=2008：116-119）。

　歯車1は参加の権利がどう制度的に規定されているかを示し，歯車2は実際に市民が参加しようとする際の実行可能性と選択肢の幅を表し，歯車3は，人々の生き方，暮らし方にどれだけ社会や公共に関わる態度と習慣が埋め込まれているかを意味する（李 2024a：151）。特定非営利活動促進法（NPO法）の成立（1998年）や公益法人制度の改正（2008年），さらに労働者協同組合法の施行（2022年）などは，市民による公共への参加の法的・制度的保障に関わる動きであり，2017年頃まで右肩上がりに増加して

いた NPO 法人数や，現在まで増え続けている一般社団法人数などは，歯車２の領域を物語る出来事である。だが，参加の文化（歯車３）を大きく推進していく動力源を見つけられないままでは，バランスよく活発に動く市民社会の実現は望めない。それはすなわち，参加の意識と習慣を身体化している「市民」がどこにいるのか，どう増やせるのか，という問題である。

2　市民セクターの市民離れ

日本における市民セクターの両義性

　阪神・淡路大震災における市民ボランティアの活躍が「ボランティア元年」をもたらし，1998年に NPO 法が成立したことで，日本におけるボランタリーな市民的実践の領域は「NPO セクター」として可視化され，NPO が市民社会の代名詞となり，実践も研究も盛んに展開されてきた[2]。この領域の性質について，社会運動のスタイルの転換，運動の制度化の結果として市民セクターを位置づけ，社会運動との連続性を強調する議論がある一方で（長谷川 2001, 2019など），参加という社会権の保障や活動の自主性に重きがあったはずの市民セクターの「変質」を強調する議論もある。仁平によれば，2001年以降小泉政権が主導する構造改革に伴って，「参加の位置づけが反転」したという（仁平 2011：374）。社会運動や政治性が忌避された結果として「非営利」や「公益」が語られ，社会保障抑制を意図した新自由主義的規制緩和の文脈にこそ市民セクターの台頭が位置づけられるという指摘である（仁平 2011, 2012など）。

　一見矛盾したこの二つの指摘は，いずれも日本の市民セクターの特徴を捉えている。気づきと「放ってはおけない」思いに突き動かされるこの領域の市民的実践は，社会運動（異議申し立てと問題の提示）への志向性を避けて通ることは到底できない。しかし同時に，調達可能な社会的資源の慢性的な欠乏，および社会運動と政治的働きかけに対する社会一般の後ろ向きで否定的な雰囲気に浸食されてきたことで，市民セクターの実践はとんがった対抗性と政治的アドボカシーを回避する傾向にある。日本の市民セクターは，このような両義性のはざまでアイデンティティを模索しようとしてきた。

市民セクターの現状に関する課題提起

　NPO 法の成立から20年が経過した2018年頃から，この領域の代表的な研究者もしくは実践家によって，NPO セクターに対する省察を綴った書物が集中的に刊行された。これらの研究からは，上記の両義性を乗り越えようとした市民セクターの苦闘と，

なお乗り越えられずにアイデンティティの危機に直面しつつある現状が読み取れる。

現状認識と課題提起について，2019年に刊行された後房雄・坂本治也編『現代日本の市民社会——サードセクター調査による実証分析』（法律文化社）を手掛かりに見てみよう。この本は，2010年から17年まで隔年で合計4回実施されてきた，多様な法人格の市民組織を対象とした横断的な統計調査の結果に基づき，分析を行っている。まず目を引くのは，市民組織全体の73.9％が，ボランティアスタッフが一人もいない状態であり，市民参加を重視する特定非営利活動法人（NPO法人）でさえ，53.7％と過半数の組織がボランティアスタッフを擁していないという実態である。著者らはNPO法人では46.3％の組織でボランティアスタッフが活躍しており，相対的には評価できるとしているが，市民セクターは「ボランタリー・セクター」と呼ばれるほどボランティアの参加を大事にすべき領域だということを考えれば，深刻な事態だといえる。

次に，行政機関と日常的な関わりがある組織は，関わりのない組織に比べると断然財政規模が大きいことが調査結果によって明らかとなった。だが，行政へのアドボカシーという意味では，「市区町村の課長クラスへの働きかけを除けば，概して行政への直接的な働きかけは低調」であり，「特定の政策や方針を〈実施〉または〈修正・阻止〉させることに成功した経験について，市区町村＞都道府県＞国の順で，成功経験ありと回答した団体の割合が多くなるが，最も多い市区町村でも12〜13％ほどの回答にとどまり，概して低調といえる」と分析されている（後・坂本 2019：106-107）。

このように，日本の市民セクターの組織はボランティアスタッフを十分に確保し活かせておらず，財政的には行政に頼らなければなかなか大きく成長できず，行政と日常的にやりとりがあってもアドボカシーとしての働きかけはさほどできず，政府の政策と制度にほとんど影響を与えられていない，という現状が浮かんでくる。

商業化の潮流とその影響

行政に依存しがちな財政的苦境を，NPOは単に甘んじてきたわけではない。組織としての自立を求め，財政的持続性を実現しようと盛り上がったのが，2005年以降顕著になった「ソーシャルビジネス」の潮流であった。自伝というスタイルでまとめられた川崎あや『NPOは何を変えてきたか——市民社会への道のり』（有信堂，2020年）は，生き生きとその過程を描き出している。

1990年代当時，「民間の公益的な活動は，対価を求めず，寄付金や助成金などの支援的財源とボランティアによって担われるのが当然だとの考えが一般的だった」が，

それだけでは活動は持続しないとの危機感から，「市民事業」が生まれたという。その先駆けとなったのが，フェアトレードやグリーンエネルギーを目指す市民風車事業，介護保険制度を利用した高齢者向けサービス提供事業であり，中には単に持続可能な収入源だけではなく，働き方そのものを見直し，ワーカーズ・コレクティブとして組織化する団体もあったという。これらの取り組みの概念化について，「2000年ごろからコミュニティビジネスという言葉が登場し，（中略）2000年代の後半からは，ソーシャルビジネスという概念が普及する」と川崎が述べ，そのいずれも「ビジネスの手法を用いて社会的課題の解決や社会の変革を目的として実施される（市民）事業」だと指摘する（川崎 2020：73）。

　ソーシャルビジネスは既存の要素を新たな発想からつなぎ直し，従来の常識に縛られない資源の組み合わせ方を実現することで，弱みを強みに変換し，イノベーティブなビジネスモデルを創出するものとされる。その登場は，「社会貢献や社会変革は，経済活動や市場にはほとんど影響を及ぼさない領域だという固定観念を覆した」と川崎が指摘する。川崎が描き出したこの過程は，2000年後半から欧米より受容した「社会起業家」（ソーシャルビジネスを立ち上げ，運営するリーダー）と「社会的企業」（そのビジネス事業体）の概念，さらにその延長上にある「ソーシャルイノベーション」（社会的課題のイノベーティブな解決法によって社会システムと価値・規範の変革が引き起こされる過程）の概念の広がりと相まって，市民セクターで展開していった。「非営利」によって自らのアイデンティティを定義づけ，法人化により専門化と職業化を進めてきた市民セクターの組織は，今度は「商業化」の洗礼を受けることとなった。

　では，「商業化」は市民セクターに何をもたらしたのだろうか。既存研究の議論からは，プラスの効果として「法人格の縛りの相対的無意味化」と「若者の関心の高まり」が挙げられ，マイナスの効果としては，「アイデンティティの揺らぎ」と「参加の格差の拡大」が挙げられよう。

　桜井（2021）は，「非営利組織，協同組合，そしてビジネス組織の接近に基づく」日本型社会的企業の概念モデルを構築し，社会的企業の概念を用いることで，市民的実践は法人格による議論の束縛から脱出し，非営利組織も協同組合も，さらに営利企業も含む形で議論が可能になったと述べている。法人格に依拠するのではなく，事業内容と効果・社会的影響そのものにフォーカスできるようになったことが，市民セクターの横の連携を促進し，セクター間の協働を促進することに資すると考えられる。しかし同時に，桜井も指摘するように，非営利組織ならではの価値とスタイルをどこに求め，いかに保持するかがますます問われることとなる。「非営利」に込められた

市民的実践の価値理念と行動原理が, 「イノベーティブなビジネスモデル」に道を譲り, アイデンティティの輪郭がぼやけてしまう恐れがある。現に, 商業的活動による事業収入の比率が高いほど, 市民組織のミッション・ドリフト(ミッションから活動が逸れること)が起きやすいことが, サードセクター調査の結果で指摘されている(小田切 2019：205)。商業化が市民的実践のアイデンティティの揺らぎを招く可能性が示唆された結果である。

ソーシャルビジネスはその後大いに盛り上がりを見せ, 2015(平成27)年に内閣府の委託により行われた調査によれば, 日本では20万5,000社の各種法人がソーシャルビジネスを行っており, 有給職員数は577万6,000人に達するという。「(市民組織が運営する)ソーシャルビジネスは決して容易に儲かるものではなく, 採算が何とか取れればいいほうだ」という現状にもかかわらず, 「若い層に魅力的な手法」となっていると川崎が指摘する。社会変革と起業という2つのチャレンジが同時にできるというイメージが, 「それまでのNPOの担い手とは異なる層」, 「特に社会に貢献したいと考える若い層」を巻き込むようになったと, 川崎は述べている(川崎 2020：74-75)。だが現実的には, 商業化はしばしば周辺的な職員の賃金に対する下方圧力を生み出し, 「職員間の格差を広げる」点が指摘されている(仁平 2019：191)。チャレンジ精神に満ちた若い層が, 結果的に低賃金に耐えかねて去っていくことが危惧される。加えて, ソーシャルビジネスをきっかけに市民セクターに関心を抱く若者は, 川崎の表現からも読み取れるように, しばしば「意識高い系」と呼ばれる「社会問題や社会貢献への意識が高い若者」に偏りやすく, いわゆる「一般の若者」との間に, ますます「参加の格差」が広がることも懸念される。

以上で考察してきたように, 財政基盤の安定化を目指した商業化の潮流は, 法人格の制限やセクターの垣根を低くする効果がある一方で, 他方では市民セクターの「市民ならでは」のアイデンティティを模糊にしている側面がある。若者を惹きつけた一面も見られるが, 同時に若者の低賃金や, 積極的な若者とそうではない若者の間の参加格差の問題の前では無力である。市民セクターが自立するための確固たる基盤を築くには, 商業化の力だけでははるかに及ばない, といわなければならない。

人々の関わりを再び

市民セクターの両義性を乗り越え, 真に自立と持続可能な領域を目指すうえで必要なのは, 「財政基盤」よりもむしろ「人々の関わり」であり, 「市民による参加と支持」なのではないかと, 宮垣は『その後のボランティア元年──NPO・25年の検証』

（晃洋書房，2020年）において強調している。市民セクターのアイデンティティとなる原点への回帰を主張したものである。

この本は，阪神・淡路大震災後の神戸をフィールドとし，その後の25年間，NPOがどのように歴史的な開幕を迎え，組織を越境したネットワークの価値を追求し，地域性とテーマ性を交錯させつつ，中間支援組織の展開にともない「セクター」を形成させてきたかについて活写している。そのうえで宮垣は，「活動の種類や利用者」など，ニーズを示す数字が増加してきた一方で，「活動者数や寄付金」はむしろ低下しており，「自発的な参加の減少」が見られると指摘する。活動者数と寄付金の減少は，小林（2015）が紹介した ISSP 国際比較調査「市民意識」の結果からも明白である。2004年に実施された同一調査の結果と比べると，活動の参加率が低下しただけではなく，「社会・政治的活動のための寄付や募金活動」も2004年度の40％から14年度の24％へと大幅な減少が見られた。結果として「限られた人たちが限られた資源の中で頑張って活動を行っている」という構造が生じていると宮垣は述べる（宮垣 2020：50）。この本における全体の考察を踏まえて宮垣は，NPO セクターの課題は，「（財政基盤を強化するなどといった）NPO の側の組織マネジメントの問題」ではなく，「社会の側の自発的に参加する力をどのように涵養するかが大きな課題として浮かび上がってくる」のだと結論づけている（宮垣 2020：173）。

「社会の側の自発的に参加する力の涵養」は，日本の市民セクターに突き付けられた最も本質的な問いだといえる。日本社会における市民参加の停滞が，多くの研究成果によって明らかにされている。坂本ら（2019，2020）は NPO への参加が忌避されている現状とその要因を分析しており，山本（2019）は社会運動に対する一般市民の否定的なイメージと態度，参加経験と受容度の低さについて考察している。善教（2019）は1990年代以降，日本ではどの団体にも加入していない人が一貫して増加し（1990年代に17％だったが2017年頃では半数近くに），市民の「市民組織離れ」が進行していることを明らかにしたうえで，とりわけ若い世代の団体加入率の低さを指摘している。

資本主義システムのオルタナティブを模索し，脱成長社会に向かう市民的イニシアティブには，権力への対抗とローカルでの具体的な実践および政策提言が求められる。NPO による組織化の力が低下し，社会運動に対する負のイメージと若者の団体不加入が当たり前となっている現在の日本社会において，そのような市民的実践の担い手を育んでいくためには，どのような道筋を描けるのだろうか。次節では市民セクターと関連深いいくつかの実践的動向の考察を通して，示唆を得ていきたい。

3 若い世代への効果的なアプローチに関する検討

既存 NPO の「若返り化」ニーズ

　まずは，既存の NPO において，職員の「若返り化」ニーズが高まっている動向に注目したい。NPO 法人は各種民間企業と同様に「職場」である。賃金が低いという乗り越えるべき課題はあるが，「NPO だけが低賃金ではなくなった」（川崎 2020：145）ことから，十分に就業の選択肢として成り立つようになった。NPO 法人職員の平均年収は260万円（平成27年度調査）だが，300～400万円台の法人も多く，一概に企業より低いとはいえない。川崎は「生き方としての NPO」と表現し，NPO という職業の魅力を描き出している。職場環境としてジェンダー差別を感じたことはなく，対等な関係で何事も話し合って決めることができた。子育てや介護も職場だけではなく，NPO のネットワークに温かく支えられ，「NPO が作り出す命を支えるネットワーク」の力を実感できたという。なにより NPO での労働は「自己実現と労働を乖離させない働き方」だったと川崎は述べる（川崎 2020：152）。サポートがある，ネットワークがある，対等な人間関係を築ける，孤立しない，労働の意味を実感できる，自己実現が感じられる。このような職場環境ならば，若い世代を惹きつける可能性は十分にある。

　実際，多くの NPO 法人が世代交代の時期を迎えている。国立環境研究所が2020年11月に実施した環境 NPO/NGO 調査によれば，団体代表者の年齢は，70歳以上が43％，50歳～69歳の間が49％と，合わせると9割以上を占めることが分かった。これらの団体に当面の課題を聞いたところ，「活動を担う人材の確保」が55％，「活動を担う人材の若返り（後継者育成）」が47％，「財政基盤の強化」が42％と，財政基盤よりも「人材の確保」，特に「若返り」が課題として認識されていることが分かる。中長期の課題については，「活動を担う人材の若返り（後継者育成）」が29％，「財政基盤の強化」と「活動を担う人材の確保」がともに21％と，「若返り」が中長期においても最優先課題となっている。

　このような傾向は環境 NPO に限られたことではないと考えられる。NPO 側には，若い職員の採用，後継者となる若いリーダーの育成に切実なニーズがある。しかし，上記の調査によれば，人材確保と後継者育成が「うまくいっていない」と答えた団体は16％，「あまりうまくいっていない」団体は41％，合わせると57％もの団体が，若い世代の獲得と育成につまずいていることが分かる。

NPO の活動に自発的に参加しようとする積極的な若者に期待する以外に，若い世代にアプローチし，巻き込みを試みる戦略はないのだろうか。既存の実践と研究から，NPO 単体による働きかけではなく，教育機関と協働する「実践的学びの動向」，そして具体的な「場」を媒介とする「居場所づくりの動向」を活かした取り組みの可能性が注目に値する。

「実践的学び」という動向

　したがって，2つ目に注目したい実践的動向は，教育機関が NPO などと連携して実施している実践的な学びのプログラムの展開である。筆者が中国で民間公益組織の事業を自らの生き方とする若者を対象に実施した調査研究において，大学時代に参加した社団活動での経験，その後形成された「社群（志や思いなどを共有できる仲間集団）」の重要性を明らかにしている（李 2017）。教育機関における実践的な学びは，市民セクターを知り，その実践に携わる入り口としては高い効果が期待できる。

　日本社会では長い間，効果的な社会参加の学びのプログラムを実施してこなかった。平塚（2004）「若者の社会参加・シティズンシップ形成をめぐる現代的課題」によれば，日本では「相対的に安定した条件・属性をもつ若者層にも，社会参加・統合の困難あるいは忌避・離脱が往々にして広がっている」と指摘する。その主たる理由の一つとして，「現代日本の教育・人間形成システムが，社会への『不参加』を学習し続けるシステムとなっている」点が挙げられている。まず家庭での役割から見ると，若年者への社会保障体系の不備により，就学期間中だけではなく，卒業後も収入の低さから経済的自立・世帯の独立が困難で，親に一定の依存をせざるを得ない若年層が増えている。それは「参加ではなく『依存』役割を長期間に学習し続ける経過」にほかならないと平塚は指摘する。学校でも「子どもたちはもっぱら教材を与えられ，指示を受ける存在」，さらにいえばケアされるのを待つ存在となりがちである。家庭と学校以外でも子どもたちが長期にわたって経験するのは，「情報によって欲望を操作され，完成した商品をもっぱら受け取る，やはり参加ではなく『受動』的存在としての消費者役割」しかない（平塚 2004：30-31）。

　このような状況に風穴を開けようとする取り組みとして，大学などの教育機関で広がりつつある「サービスラーニング」の動向が挙げられる。逸見・原田・藤枝編著（2017）では，サービスラーニングを「シティズンシップを耕す教育」と位置づけ，それは「市民とともに学び，市民になる」ための教育であり，目指すのは「単なる経済環境や産業構造など社会変化に対応できる個人，グローバルな活躍ができる個人と

なるだけではなく，自分たちで自分たちのコミュニティの多様性や個別性を認識し，共に生きることが可能なコミュニティをつくる一員としてのシティズンシップ（市民性）を習得し，発言し行動する市民になってほしい」ということである（逸見 2017：202）。

そもそもサービスラーニングは，1967年にアメリカで提起された概念であり，「教室で学ばれた学問的な知識・技能を，地域社会の諸課題を解決するために組織された社会的活動に活かすことを通して，市民的責任や社会的役割を感じ取ってもらうことを目的とした教育方法」と定義されている。1990年に「国家及びコミュニティ・サービス法（National and Community Service Act）」が制定されたことから全米に広がり，サービスラーニングに関する大規模な大学連合体が組織され，1,100を超える大学が加盟しているといわれている。[7]日本では中央教育審議会答申において2002年にはじめて「サービスラーニング」の用語が取り上げられ，2008年に大学教育における学生の主体性と能動性を引き出す「アクティブラーニング」が謳われた頃から，サービスラーニングはその手法の一つとして提唱されるようになった。2012年，同審議会の「新たな未来を築くための大学教育の質的転換に向けて」において，サービスラーニングに関する詳細な解説が行われている。2014年に，日本中の大学でサービスラーニングの教授法に基づいた教育プログラムに関わっている学者，教員，実施を担当する職員やコーディネーターが，2年間の準備期間を経て「サービス・ラーニング・ネットワーク」（Japan Service-Learning Network：JSLN）という全国組織を設立し，以来「大学教育の一環としてのサービスラーニング」は確実に広がりを見せつつある。

サービスラーニングはまさに社会と連携した学びであり，具体的な地域とNPOなどの市民団体との協働関係なしでは実現できない。その展開と普及は市民セクターに若い世代を参画させていく大切な入り口となり得る。だがここで問われなければならないのは，「市民性の育成」に効果的なサービスラーニングとはどのようにデザインされ，どのように運営されるべきか，ということである。上記の全国組織を中心とする研究者と実践者たちの成果の更なる検証が待たれるが，既存研究では，舘野・中原ら（2016）が示唆的である。

この研究は大学での学び・生活が就職後のプロアクティブ行動にどう影響するかについて，調査結果の解説と分析を行っている。それによれば，「大学生活が充実している学生ほど，また，授業外コミュニティに参加している学生ほど，就職後においてプロアクティブ行動を積極的に行う」という結果が得られたが，「参加型授業へ参加している学生，参加型授業への参加による影響度が高い学生ほど，就職後においてプ

ロアクティブ行動を積極的に行う」という仮説は立証されなかった。特に「参加型授業への参加」については，プロアクティブ行動だけでなく，「大学生活の充実に対しても有意なパスが残らなかった」と述べ，「参加型授業に参加していても，主体的な行動を行うような経験をしないという状態が起こりうる」と指摘する（舘野・中原ほか 2016：7）。一方，「授業外のコミュニティ」は授業に比べて「活動が構造化されていないこと」から，学生たちが「自ら意思を持って参加し続けたり，関係を構築したりする経験をしている」ことが想定され，就職後のプロアクティブな行動傾向をもたらすという。授業外コミュニティの種類として，インターンシップや市民活動，社会活動，NPO のプロアクティブ行動の平均値が高く，アルバイトの平均値が低かったとある。その理由としては，インターンシップや市民活動，社会活動，NPO よりもアルバイトのほうが，「仕事として捉えているため，主体的な行動を経験していないかもしれない」と分析されている（舘野・中原ほか 2016：8）。

　このように，舘野・中原らが明らかにしたのは，参加型授業としてサービスラーニングを実施しても，必ずしもそれが「積極性」に結び付くわけではない，ということである。大事なのはその参加型授業をきっかけに，学生が市民活動や NPO を自らの「授業外コミュニティ」としていくことができるかどうか，である。舘野・中原らは「参加型授業」と「授業外コミュニティ」の往還という視点を提起し，「授業外での学習と授業での学習を架橋する」ラーニング・ブリッジングの重要性を証明した調査結果を引用しつつ（河井・溝上 2011），参加型授業に学生を参加させるだけではなく，「学生に対する影響度を高めていくための仕掛けが必要である」と指摘する（舘野・中原ほか 2016：8）。参加させるだけのサービスラーニングは受け身を助長するという逆効果にもなり得る。それを回避するためには，「活動そのもののアクティブさ」という「外的活動における能動性」だけではなく，認知プロセスも踏まえた関与（内的活動における能動性）が重要だと舘野・中原らは強調する。

　内的能動性を育む難しさは，日本の大学教育におけるサービスラーニングの効果を左右すると言っても過言ではない。平塚が指摘するように，日本の若者は社会と自己の双方への不満・不信の強さが顕著である反面，身近な生活（学校や友人）には高い満足度を示している。「何が個の責任に帰せられ何が社会的に保障さるべきかについての認識や，その根底にあるはずの，社会を成り立たせている関係性や相互依存性についての認識の不確かさ」ゆえに，社会に対して不満を持っていても，それを「問題化してその解決を図ろうとする能動性・主体性，すなわち参加が容易に生まれない」（平塚 2004：32-33）。市民活動や NPO が学生たちにとって「身近なコミュニ

ティ」となるように仕掛けていくことが，サービスラーニングにおいて大事なのかもしれない。しかし同時に，それが社会的な関係性や課題から目を背ける「居心地の良い逃げ場」となっていては逆効果となる。福留（2019）は日本の大学におけるサービスラーニングの課題について，先行研究を踏まえつつ「市民としての責任，省察，互恵といった具体的な方向性」が不明確であること，特に内省を含む「省察」が不十分であることを指摘している。学生の内面に届くように，「サービスラーニングの神髄」とされる「省察」（Cress et al. 2013=2020）をどのように実現していくかが「要」となろう。

「居場所づくり」という動向

　市民セクターに若い世代を巻き込む道筋を考えるうえで3つ目に注目したいのは，近年見られる「居場所づくり」への関心の高まりと取り組みの増加である。なぜなら，上記の「授業外コミュニティ」と類似した機能を，「居場所」にも期待できるからである。

　「居場所」という概念が登場したのは1980年代であり，おもに子ども・若者の居場所について議論されていたという（荻原 2018）。筆者が指導した卒業論文の1つに，「居場所」に関する研究の台頭について整理を行ったものがある。[8] 御旅屋（2012）が1989年から2010年にかけての，『朝日新聞』における「居場所」を含む記事件数の推移を調査し，「居場所」記事が登場して間もない1989年から94年を登場期（年間記事数30件程度），1995年から99年を急増期（30件程度から一気に90件程度へと増加），2000年以降を成熟期（90件から120件の間で変動する）としたことを踏まえて，保戸田は2011年から20年にかけての記事数の推移を独自に調べた。その結果，多少の変動がありながらも，年間120件から170件の間で動いていることが分かり，全体的には増加傾向にあることが分かった（保戸田 2021：3）。新聞記事に限らず，保戸田は CiNii における「居場所」を題名に含む文献数，そして Amazon における「居場所」に関連する書籍冊数の推移も調査した結果，いずれも図1−2のとおり，1990年代半ばから多少の上下がありながらも，右肩上がりの増加を見せていることが分かった。

　保戸田が依拠した御旅屋（2012）は，「居場所」の登場期，急増期，成熟期それぞれにおいて，記事の内容に見られる傾向と特徴の整理を行っている。登場期には不登校の子どもたちの居場所問題に関する言及が多く，急増期には何らかの犯罪や事件の背後にある居場所のなさが多く語られ，成熟期に入るとフリースペースなどの居場所づくりの取り組みが多く紹介され，居場所の目的や用途の多様化が見られたという。

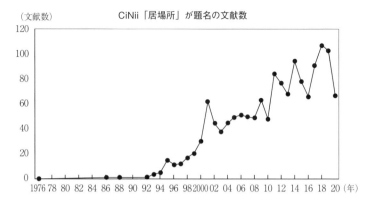

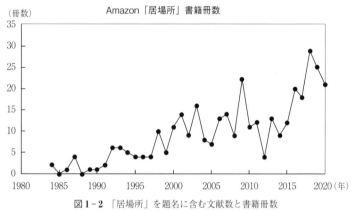

図1-2 「居場所」を題名に含む文献数と書籍冊数
出典：保戸田（2021：3-4）。

　現在多様に展開されている居場所づくりの例を調べてみると，大きく「特定の社会問題の解決という目的を持った手段としての居場所」と「ウェルビーイングをつくり合う共有空間としての居場所」に分けられると考えられる。
　前者は，生きづらさと社会的な孤立や孤独といった問題意識に立脚している。しばしば特定の「問題を抱えがちな人々（社会的弱者）」を想定し，彼らのための居場所づくり，問題の改善と解決に寄与する居場所という目的意識を持った取り組みがイメージされている。阿部の『居場所の社会学――生きづらさを超えて』（日本経済新聞出版社，2011年）が，生きづらさを超えるための居場所づくりについて論じた代表的な著作だといえる。阿部は非正規労働者が気持ちよく働けるための居場所づくりについて12の命題をまとめ上げ，居場所とは誰かと一緒にいればできあがるものではなく，「ぶつかり合いながらつくっていくもの」であり，かつ「政治的につくっていくもの」

だと指摘し、居場所を持つためには、「人とぶつかり合うことをいとわない、ひとりで楽しむことができる、新しい仲間をつくる、政治について考える、人の居場所に敏感であること」が必要だと主張している（阿部 2011：225）。

　この「ぶつかり合うことをいとわない」という主張は、萩原（2018）における議論に通ずる。萩原の問題意識は生きづらさを抱える子どもたちや若者であり、彼らが語る居場所の風景から、居場所の意味と成立条件をまとめている。それは以下の4つである。

　① 居場所は「自分」という存在と共にある。
　② 居場所は自分と他者との相互承認という関わりにおいて生まれる。
　③ そのとき生きられた身体としての自分は、他者・事柄・物へと相互浸透的に伸び広がっていく。
　④ 同時にそれは世界（他者・事柄・物）の中での位置感覚の獲得であるとともに、人生の方向の生成でもある。

（萩原 2018：111）

　ここで大事なのは、単に居心地の良い場所という意味ではなく、相互承認、相互浸透によって、世界との関係性において自分自身を位置づけ、自分の人生の方向性が生成していく場所として定義されていることである。そのためには「ぶつかり合い」が不可欠だと考えられる。逆に、ぶつかり合うことなく「他者・事柄・物から一方的に規定されてしまう」ときは、「世界の中での自分という位置づけ、人生の方向性、存在感を喪失した」ときであり、「より安全な場所への引きこもり」を意味するという（萩原 2018：112）。

　後者の「ウェルビーイング」の文脈で語られる居場所づくりは、特定の生きづらさを抱える人々よりも、「誰もが」を前提に、特定の課題解決よりも、それぞれが望む「自分の良い状態、社会の良い状態」を実現していく共有空間と捉えられる。レイ・オルデンバーグ（Ray Oldenburg）によるサードプレイスの概念を踏まえた多くの議論はこの傾向を示している。

　例えば地域で人が集まる場所としてサードプレイスに期待を寄せる国分（2019）や石山編著（2019）は、地域再生や関係人口を増やすといった特定の目的を掲げながらも、居場所づくりの要となるのはその場所におけるつながりと交流を生み出すことであり、そのためには「居心地の良い場所」でなければならないという。オルデンバー

グが指摘する「中立の領域」「対等性」「会話重視」「利用しやすさと便宜」「常連」「目立たない」「遊び心がある」「もう一つの我が家」といったサードプレイスの特徴（Oldenburg 1989=2013：67-96）が，居心地の良さに不可欠とされる。つまり，この文脈における居場所づくりは，社会問題に関する意識をさほど前面に出すことなく，むしろ関わりやすさを最優先する。「生きづらさ」という社会問題を意識した居場所づくりよりも，「居心地の良さから始まるつながり」を打ち出すこのような居場所づくりの流れは，いわゆる普通の若者にとって関わりやすい場となるのかもしれない。

　安藤・坂倉・村田編著（2020）『わたしたちのウェルビーイングをつくりあうために』の冒頭において，1,300名の大学生を対象とした「あなたにとってのウェルビーイング」調査について紹介している。「おいしいものを食べる」「やりたいことができる」など「I」を軸とする語りがある一方で，「頼れる友人がいる」「他者と認めあえる」「感性を共有できる」「過度に一緒にいない」「あえて空気を読まない」といった「WE」を軸とした語りも多く挙げられたという。多くのウェルビーイングに関する研究は欧米で主流となる個人主義的な視点に基づいていることに対して，著者らは次のように主張する。

　　（個人主義的な視点は）確立された個人のウェルビーイングを満たすことで社会への貢献を目指すものであるが，それだけでなく，集団のゴールや人間同士の関係性，プロセスのなかで価値をつくり合うという考えに基づく「集産主義的」な視点を無視してはいけないだろう。人間関係や場のなかでの役割によって生まれる物語性，身振りや手ぶりやふれあいといった身体性が人間の行動原理に強い影響を与える日本や東アジアにおいては，とりわけ集産主義的なアプローチがウェルビーイングを考えるうえで重要となってくるはずだ。

（安藤・坂倉・村田編著 2020：31）

　これを著者らは「身体的な共感プロセスや共創的な場における『わたしたち』のウェルビーイングの視点」と表現し，それは個人主義的な「わたし」のウェルビーイング理解と補完し合うものであり，さらにそこから「コミュニティと公共のウェルビーイング」へとつながるものだと述べている（安藤・坂倉・村田編著 2020：31-32）。この「身体的な共感プロセスや共創的な場」が，ウェルビーイングの文脈で語られる居場所の特徴であり，その場にいる一人ひとりの「わたし」の居心地の良さをもたらし，良い状態を引き出すとされる。

では，生きづらさの問題を意識した居場所づくりと，ウェルビーイングを意識した居場所づくりは別物なのだろうか。無論そうではなく，むしろ両者の接続と自由な往来が，「社会問題に対する高い意識」という縛りから若者たちを解放し，誰もがそれぞれの事情と感性に応じた接点をもって居場所に参加し，そこからコミュニティや公共のウェルビーイングを求める市民セクターに当たり前のように触手を伸ばすことを可能にする。この2つの文脈を融合させた議論を，総合人間学会編（2015）から見出せる。

　この本で描き出そうとしているのは，成長・競争社会のその先を見据えたこれからの「居場所」のあり方である。居場所は「人と人とが居合わせる場所」であり，「その場において人が自分の弱さを自覚しながら，互いに支え合っていく。（中略）居場所とは，人が社会の中で，落ち着いていられる場，安心していられる場，（中略）自尊感情や自己肯定感，安心感や帰属感などが持てる空間である」と述べ，それは「競争を強制される成長社会（およびそのための管理社会と監視社会）」によって困難とされてきた場所であり，成長と競争以外の価値観を重要視しなければならない場所だという（片山 2015：7-8）。我々は成長・競争という支配的価値観への同化によって社会的承認を得ようとし，脱成長の言説を排除してきたが，いまこそ成長と競争をいったん括弧に入れて，改めて我々は何を失ってきたのか，何を再生させるべきかを考えなければならないとこの本が主張し，効率と生産性重視の現代社会に対して，「社会に生きる権利」に基づくボトムアップの社会づくりをビジョンとして打ち出している。そして居場所の創出は「サステナビリティを目指す脱成長の社会システムの構築にとっての要」だと結論づける。

　このように，成長と競争という従来の資本主義システムの主流価値から距離を取り，それ以外の価値によってつくられる「居場所」に目を向けることによって，この本は「脱資本主義の価値を志向する実践的領域としての居場所」を提示している。それはまさに，個人の安心感や自己肯定，個人の居心地の良さとウェルビーイングを，資本主義システムの主流価値の相対化という市民的イニシアティブに接続させる考え方だといえよう。

4　「市民」が育つためには

　本章は，市民セクターの定義を示したうえで，NPOセクターとしてアイデンティティを獲得してきた日本の市民セクターが市民離れの現状にあり，担い手となる市民

がどこにいるのか見えづらくなっているという問題を提示した。それを乗り越え，再び市民による参加と支持を得ていくために，とりわけ若い世代を巻き込んでいくために，どんな道筋が見えるのかについて検討した。

　自発的で積極的な市民参加が得られないという市民セクターの困難に対して，早瀬（2018）は共感による市民の主体性の醸成を主張し，川崎（2020）は NPO が「民主主義の学校」として機能すべきだと強調する。だが，NPO セクターが成立して20年以上経っても，市民組織への消極的な態度と姿勢が変わらない市民が圧倒的多数であり，とりわけ若い世代の権威主義への従順さが目立つ時代において（濱田 2019），積極性に頼らない，「意識が高くない若い世代」への効果的なアプローチの方法を探る必要がある。そこで本章では 3 つの実践的動向への注目を提起している。

　1 つ目は，NPO の「若返り化」ニーズである。高齢化が目立つ多くの NPO において，職員や代表の若返り化が切実に求められている。職場として若い世代に選んでもらえるように，仕掛けや工夫が求められる。

　2 つ目と 3 つ目が，教育機関におけるサービスラーニングなどの実践的学びと，地域のサードプレイスなどに代表される「居場所づくり」の動向である。NPO などと連携して実施されるサービスラーニングは市民セクターへの入り口として大いに期待されるが，単に「参加させればいい」わけではなく，それが学生たちにとって「授業外コミュニティ」の形成につながるのか，また認知プロセスを含む「内面的能動性」が育まれるかどうか，サービスラーニングのデザインと方法に関する更なる検証と研究が望まれる。

　1990年代半ば頃からブームとなっている居場所づくりの動向からは，特定の社会問題への意識と動機に裏づけられた「問題解決を目的とする居場所づくり」と，自分自身の良い状態を実現するという「ウェルビーイングの文脈における居場所づくり」という 2 つの大きな流れが見られるが，後者の方が，普通の若い世代にとってアクセスしやすいと考えられる。しかし，この 2 つの流れの接続と自由な往来こそが，「社会問題に対する意識の高さ」という呪縛から参加者を解放し，参加者自身のウェルビーイングを自然な形でコミュニティ，そして公共のウェルビーイングへとつなげる条件だといえる。総合人間学会編（2015）が提示しているように，個々人のウェルビーイングをもたらす居場所づくりこそが，資本主義システムの主流価値観である成長と競争の強制を「いったん括弧にいれて」，そのオルタナティブを実践する場であり，「サステナビリティを目指す脱成長の社会システムを構築する要」である。

　サービスラーニングをはじめとする教育機関での実践的参加学習，そしてさまざま

な地域や分野で進められている居場所づくりの動向から，普通の若者たちを市民セクターに巻き込む効果的な道筋が見出せると考えられる。だが，そのためには，「内的な能動性」への働きかけや，「わたしから私たちへ，コミュニティと公共へ」という連鎖の仕掛けの可能性が問われる。「他人事」の参加にとどまらせない工夫が必要となる。

　菊地（2020）『他人事≒自分事』が論じているように，世界における「他者化」は，余白や余裕が「無駄」とされ，すべてが「計算可能な数量」に置き換えられ，「役に立つかどうか」で価値が決まる近代の時代性に深く根ざしている。ポストモダンと呼ばれる後期近代になると他者化がさらに進み，システムの問題が「個人の能力の問題」にすり替えられ，人々は具体的な経験よりも専門家システムに頼り，自らをさらけ出す必要のある大事な経験（病気や人間の死，セクシュアリティ，自然など）からも遠ざかるようになっている。他者に否定的な属性を投影することによって自分自身にとって肯定的な属性を保とうとする安易な自己肯定志向や，「中立」という立場から「客観的に」社会関係を見ようとする社会科学の姿勢が，「彼らの問題であり我々のではない」という排除を伴うプロセスを同時に生み出すと菊地が指摘している。

　このような時代性を背負い，社会の出来事，世界とのつながりを自分事化しにくい若い世代にとって，参加の意義の強調だけで市民参加を促進するのはきわめて困難だと思われる。教育機関におけるサービスラーニングや地域などにおける居場所づくりが，若い世代を市民セクターへと導く入り口となるためには，「他人事／習い事」としての参加ではなく，自分事としての参加がいかに可能かを追求していかなければならない。それを次の問いとし，次章以降で具体的な事例研究を踏まえながら考察していきたい。

注
(1)　この段落と「歯車1は」で始まる次の段落は，李（2024a：149-151）「(2) 市民社会の非西洋的概念理解」の文章と重なる部分があることを申し添えておく。
(2)　同時に，NPOが市民社会の代名詞となったことによる弊害に留意しなければならない。例えば，市民社会の重要な構成部分である各種協同組合や地縁団体，当事者グループ（共益組織）がNPOの定義から外れて「別カテゴリー」となってしまい，細分化／区別化による市民社会全体の弱体化が懸念されること，あるいは，非営利の強調がNGO（非政府組織）としての存在感の欠落をもたらし，政府からの委託事業への依存，政治的主張や発言を控える／忌避するなどの「脱政治化」の傾向を助長しがちであること，さらには，NPOが専門的な職業集団と見なされたことで，一般人の日常から離れた「別物」と認知されてしまい，

「市民からの遊離」が生じやすいことなどが挙げられる。

(3)　例えば桜井（2021）においてはとりわけ「社会的包摂」が強調されている。同じく社会的課題の解決を目指すソーシャルビジネスであっても，非営利の市民組織は，それぞれの団体が掲げる「価値」を表現したミッションに導かれて行動するため，具体的な展開方法においては，課題解決の効率性や数値目標などよりも優先したい要素と達成したい目標を独自に持っている。

(4)　「我が国における社会的企業の活動規模に関する調査」内閣府 NPO ホームページ（https://www.npo-homepage.go.jp/toukei/sonota-chousa/kigyou-katudoukibo-chousa，2022年1月6日閲覧）。

(5)　「NPO 職員の給料／年収は？公益法人の給与実態を徹底解説！」activo（https://activo.jp/column/3，2022年1月6日閲覧）。

(6)　「日本の環境 NPO/NGO の活動と課題についてのアンケート調査結果」国立環境研究所（http://www.nies.go.jp/whatsnew/20210409/20210409.html，2022年1月6日閲覧）。

(7)　「サービス・ラーニングとは」筑波大学（http://www.human.tsukuba.ac.jp/gakugun_bk/k-pro/aboutSL/aboutSL.html，2020年1月6日閲覧）。

(8)　保戸田里采，2021，『なぜ人々は居場所を求めるのか——居場所ブームの社会的文脈に関する一考察』駒澤大学文学部社会学科社会学専攻2021年度卒業論文。

第2章

自分事化はいかにして可能なのか
──地域プロジェクトによる市民育ちの可能性①──

1 「参加の自分事化」の意味と論点

　第1章では，市民セクターの今後を展望していくうえで，参加の文化を身体化している市民はどこにいるのか，特に若い世代がいかにすれば「市民的」に社会に関わるようになるのか，という課題を示し，教育機関での実践的参加学習，とりわけ地域のNPOと連携して実施されるプログラムや地域での居場所づくりが，積極的とはいえない「普通の若者たち」による参加を促進し，市民セクターに巻き込んでいく効果的な道筋を示すのではないかと提示した。ただし，そのためには，若者たちの「内的な能動性」への働きかけや，「わたしから私たちへ，コミュニティと公共へ」という連鎖の仕掛けなど，「他人事」の参加にとどまらせない工夫（参加の自分事化）が必要だと指摘した。本章では大学と地域の連携プロジェクトを具体的な事例として考察することによって，参加の自分事化を可能にする諸要因を見出していきたい。

参加の自分事化とは何か

　まずは，「参加の自分事化」の意味について明確にしておきたい。社会参加をどう捉えるべきかについて論じた高橋（2012）は，アマルティア・セン（Amartya Sen）の議論に依拠しつつ，参加の両義性を明らかにしている。一方では，参加の概念自体，主体的な自発性と不可分であり，「人々に特定の社会プログラムを押し付けたり，特定の社会関係への参加を強調したりする試みではない」点が強調されている。他方では，参加には「より積極的な責任の取り方」，すなわち「所与の制度やルールの下で責任をもって自己選択を行う」だけではなく，「所与の制度やルールを社会的に決定していく責任」が伴うことにも留意しなければならない（高橋 2012：9）。社会参加には所与の制度やルールに対して疑問を持つ視点や，制度・ルールづくりと決定の過程にコミットメントすることを自らの責任とする感性が不可欠となる。このような視点

33

や感性は自然発生的に個々人に備わっているとは考えにくい。参加には何らかの仕掛けや導き，育成策が必要となる。したがって，社会参加の実現には，成人移行期にある若者の自主性を確保しながらも，責任を担う主体として，社会をつくる集団的な主体としての力量を形成させるような学びをどう支援するかが問われる（高橋 2012：10）。

　高橋の議論を踏まえていえば，参加の自分事化は，両義性を克服し，社会参加を実現するための学びの要となる概念であり，「自主性」と「社会に対する積極的責任の感性」の同時達成を意味する。この同時達成を物語る1つ目の指標として，市民活動の文脈で頻繁に言及される「当事者意識」が挙げられよう。早瀬（2018）は，「市民の参加」ならではの意味として，「当事者意識を広げ，市民の自治力を高める」ことを強調している。市民セクターの活性化とは，社会サービスの消費者ではなく，「生産者と創造者の豊かさが高まること」を意味し，「社会問題解決の取り組みに参加できる人が増えること」によって示されるという。社会的課題に取り組むために試行錯誤していくことで，「その課題は他人事ではなく自分自身の問題でもあるという意識が高まって」いき（早瀬 2018：76），第三者にとどまるのではなく，当事者の視点から捉えたり行動したりできるようになるという。このように自分事化は当事者意識によってまず示すことができる。

　参加の自分事化を物語るもう1つの重要な指標として，「日常化」ないし「習慣化」が挙げられよう。社会に対する責任感はいわば「市民性」と呼ばれる性質の中心を成すものとされる。「『市民性』の意味が政治・経済・歴史事情や人口移動により国や地域によって異なっているとはいえ，権利を使うだけでなく，社会の中で役割や責任を共有し，実際に能動的に行動することが求められている」点が共通項だという（生島 2018：81）。「市民」という言葉の含意とリアリティを追求した宮永は，市民性の特徴として以下の3つを強調する。①市民は自己選択を含む自己決定の主体として社会を構成する一員であるという意識を持つ。②市民は社会と個人の生き方について現状の変革を志し，未来と他者に向かって意図をもって働きかける。③市民は個人と社会の価値観について問いかけ，人間と社会がもつべき新しい価値観について行動を通して提案する（吉永 1999：13-14）。まさに社会に対して積極的に責任を果たす個々人の姿である。

　市民性は，「青年期・成人期にこそ実践を通して獲得していくことが求められている」と生島（2018）が指摘するように，若い世代が社会人に成長していくうえでの発達過程において，実践の積み重ねによって獲得されるものである。一過性の短期的な

ものではなく，日常の実践の積み重ねによって，思考や行動の習慣として定着してこそ形成される。「地域」がその重要な場として期待されるのも，日常化ないし習慣化という意味で，多様で効果的な実践が展開されうるからだと考えられる。

　実際，若者を対象とする地域の担い手育成が社会教育研究の重要なテーマとなってきていると論じられている。それは「単に就労し地域の一員として暮らすだけでなく，当該地域の地域づくりに発言し参加する地域づくりの担い手育成の課題としてという文脈」においてである（内田 2019：11）。地域は若者にとって，社会的自立を促進し，市民としての資質を育成する効果的な場だと考えられているのは，家庭や学校に比べると，地域に独自の性質があるからだとされる。例えば大野は，地域が有するリアリティ感（本物であること，実感できること）と，自分自身の立ち位置を確認できるという性質（地域社会の一員として，自分自身の足場が見えるという性質）に着目し，以下のように述べている。

　　地域社会における教育能力のポイントをまとめると，(1)実物・本物から直接学ぶことが可能，(2)具体的・実感的に学ぶことが可能，(3)自分のこととして学ぶことが可能，(4)地域社会の一員として共感的に学ぶことが可能，(5)世界を広げていく足場をしっかりもって学ぶことが可能，以上5点が挙げられる。自分たちの住んでいる地域社会にはどのような問題・課題が存在しているのか。まず，そのことを知ることが市民的資質の育成のはじまりである。そして，次の段階として，その課題解決のために自分ならどのような行動を起こすのか，どのような政策を立てるかといったことを実際に考えていくための「知識」や「態度」の涵養，「行動（力）」の育成が，地域社会に学ぶことを通して可能になり，市民としての資質やシティズンシップを育むことにつながるのだ。

（大野 2005：105）

　以上で述べてきたように，「参加の自分事化」とは，自主性と社会に対する積極的責任感の同時達成を意味する。この同時達成を物語る指標として本章ではとりわけ「当事者意識」と「日常化／習慣化」を重要視し，それを育成していく格好の場とされる地域に目を向け，参加の自分事化を可能にする要因について，具体的な地域プロジェクトの事例を通して考察していきたい。

参加の自分事化の困難と論点

事例の考察に先立ち，普通の若者たちの「参加の自分事化」がどのように議論されてきたのか，いくつかの先行研究を紐解くことによって見ていこう。

参加の自分事化の困難 考察の論点を見出すために，まずは参加の自分事化の困難について確認しておこう。

第1章では平塚（2004）において指摘された「現代日本の教育・人間形成システムが，社会への『不参加』を学習し続けるシステムとなっている」点について詳細に述べ，さらに自分事化を困難にしている近代社会およびポストモダンのシステムそのものについて，菊地（2020）で論じられた世界の他者化に言及している。近代社会における「他者化」とは個別の課題ではなく，むしろシステム的な課題であり，ここではもう少し詳細に菊地の議論について見てみよう。

菊地は，3人の社会学者の理論を概観し，他者化の問題に向き合うヒントを模索している（菊地 2020：50-60）。

まず1人目は「進歩をもたらす科学技術」という自明性の揺らぎを描き，科学技術に伴うリスクが露わになったハイ・モダニティ社会を「リスト社会」として論じたウルリヒ・ベック（Ulrich Beck）の理論である。リスクが認識されていながらも，最も深刻なリスクに晒される人はしばしば社会階層が低かったり，そのような科学技術にすでに私たちの生活（あるいは産業的な利権）がすっかり依存したりしているため，既存の市場や政治システムの内部ではこれを解決できない。結果的に，社会的不平等の先鋭化が社会的不平等の個人化と密接に関連し，個々人が自分自身の人生設計と生き方を中心に置くように強いられ，システムの問題が「個人の能力の問題」にすり替えられてしまう。このような個人化された生存形態と生存状況がハイ・モダニティ社会の特徴だと指摘したベックのリスク社会論は，「個人に回収しない形で問題を設定する点で興味深い」が，想定された個人が「のっぺりとした個人」にとどまっており，リスク自体の現れ方が異なる一人ひとりの当事者として十分に語られていないと，菊地が指摘している。

2人目に菊地はアンソニー・ギデンズ（Anthony Giddens）の理論を取り上げる。ギデンズのモダニティ論では近代の特徴として，脱埋め込み，すなわち，システムや制度が具体的な文脈から離れてしまい，標準化された価値や専門家システムに依存する点と，個々人は絶えず自分自身を積極的に作り替えていくという「自己の再帰性」が求められる点にあると指摘している。近代の発展形であるハイ・モダニティを「モンスター」として自己の「外側の問題」としてではなく，私たち自身も当事者としてそ

れに乗り合わせていると論じたギデンズの議論を評価しつつも，このシステム依存的な状況，つまり他人任せ（システム任せ）の状況からどう抜け出せるのかについて，ギデンズが提唱する「対話型民主制」は「実践に届かない」と菊地は指摘する。「（当事者として私たちが）操縦すると言いながらも，（既存の構造に）組み込まれていることを強調するに終始しており，議論の出口が見えない。結局のところ，近代批判の牙を抜かれ，分析すればするほどまさに『他人事化』していくことを証明しているようなものである」と，ギデンズの議論からは自分事化への道筋が見出せないと批判している（菊地 2020：55）。

　3人目にジョック・ヤング（Jock Young）の「他者化」理論を検討している。規範や制度，社会的カテゴリーの「流動性」に特徴づけられる現代社会において，個々人は絶えず「存在論的不安」に直面せざるを得ない。こうした不安に個々人は「我々と彼らを分け隔てる」こと，いわゆる「他者化」によって，類似した文化を共有する「われわれ」を包摂しつつ，ちょっと異なる「彼ら」を排除していくことで対処しようとする。「大衆教育や福祉国家，刑法システム，あるいはマスメディア」は，「包摂しつつ排除する制度」として機能しているという。このように「他者を生み出しつつ，相互に人間性を奪い合うプロセス」（他者化のプロセス）がハイ・モダニティの特徴であり，それは単に「社会心理的なレッテル貼りの問題」にとどまらず，経済的な再分配の問題に直結するというヤングの議論を菊地は高く評価し，自分事化においては，「他者のありようが分かったつもりになることが最も危険であり有害である」と指摘する。経済的条件により「われわれと彼ら」が隔てられている状況を踏まえれば，「当事者を飛び越えてアジェンダ設定を勝手に行う」のではなく，「埋め込まれた関係性」に立ち戻ることが自分事化の出発点になると菊地は主張している（菊地 2020：59）。

　このように社会参加を自分事化しづらい状況は，そもそも現代社会のシステムがもたらす構造的な問題であり，その状況の打破は，菊地の議論に沿っていえば，まずハイ・モダニティとしての現代社会の特徴を踏まえつつ，一人ひとりを当事者として見る／語る姿勢，そして各自が埋め込まれている関係性に目を向け，それぞれが有する「人間の限界性」を自覚することから始めなければならない。この把握，姿勢と自覚の過程は，「学び」の営みそのものだといえよう。

　この学びの営みは，知識のインプットだけでは達成し得ない。むしろ知識をインプットすればするほど遠のいていくかもしれない。知識をつければつけるほど，社会に対する自分の無力さや，社会活動の限界を思い知ることがあるからである（平塚

2004)。だからこそ知識によって「分かったつもり」になるのではなく、体ごと触れて、いかに自分が「分かっていないか」に気づきながら、それぞれの場面で「他人事≒自分事」を試みることを菊地が提案している（菊地 2020）。言い換えれば、さまざまな社会活動に飛びこんでいくことで、知ったつもりになっている知識を刷新、あるいは払拭すること、知識や常識にとらわれずに行動することが、無力感の解消や自分事化につながる、ということである。

参加の自分事化を可能にする学びとは　したがって、既存の社会構造と人間の限界性に対する自覚を持ちつつ、参加の自分事化を目指す「飛び込む学び」をどうデザインし、どう効果的に実施していくかが、参加の自分事化に際して重要な論点となる。学生を対象に、地域で実施される実践的な学習プログラムが、このような学びをデザインするフィールドとして注目されている。

　内田（2019）によれば、これらの実践的な学習プログラムは、現実の地域社会における「われわれの地域」を創造する活動それ自体を研究対象に据え、参加した若者個人の発達と地域社会の変容を統合的に捉えられなければならない。しかし現状では、「若者を呼び込むことによる地域おこし・活性化の政策論的研究」が圧倒的に多く、「若者を対象とした教育・学習・発達論の視点からの研究はほとんど手つかずとなっている」と指摘し、若者の発達論的視点からの研究の意義を強調している。ただ、内田が想定しているのは地方に移住した若者であり、「普通の大学生」ではない。

　普通の大学生の学びの場となる地域プロジェクトに関する研究として、まず、社会参加を目標・方法として取り入れた「問題解決型授業」の開発・実践を行った福井大学の学習プログラムの事例研究（小玉ほか 2012）について見てみよう。福井大学で学部 1 ～ 4 年生を対象に、合計10時間実施されたこの学習プログラムは、社会科教育学者の唐木清志が構想する日本型サービスラーニングの学習プロセスに沿ってデザインされたという。すなわち、①問題把握、②問題分析、③意思決定、④提案・参加（現地調査を踏まえて各グループが発表するとともに、それらの発表内容を一つの冊子にまとめ、関連機関に提出すること）、⑤授業の全体的な振り返りをすることにより、自らの学びの深まりを確認する、という 5 つのステップである（小玉ほか 2012：32）。その結果、参加した学生の変化について、「地域社会の問題を自分の問題として捉え、討論するという市民性は向上したことが伺える。一方で、『地域社会で人々のためになる活動をする』という項目では、授業後にネガティブ傾向が見られた。地域社会の問題を自分の問題として捉え、話し合うことには積極的なものの、実際に問題の解決のために行動していくという市民性の向上までには至らなかった」との調査結果が報告され

た（小玉ほか 2012：41）。「討論はするが，行動はしない」という結果に関する深掘り
は当該研究には見られなかったが，合計10時間という期間の短さ，授業の一環とし
て，「よそ者として調査し，提言するにとどまる」という他者目線に課題が見出され
よう。

　実際，第1章でも触れたように，大学での学び・生活が就職後のプロアクティブ行
動にどう影響するかについて調査し解説と分析を行った舘野・中原ら（2016）におい
ても，実践型の授業に出るだけでは，卒業後のプロアクティブ行動だけでなく，大学
生活の充実に対しても有意なパスが残らなかったと指摘し，インターンシップや市民
活動，社会活動，NPO などの授業外コミュニティがプロアクティブ行動に決定的な
影響を及ぼすと論じている。大事なのは実践型授業に参加することではなく，「主体
的な行動を行うような経験」をどこでどう積むか，である。

　授業外で地域活動を行う学生に関する研究に羽田野（2014）がある。大学の授業を
きっかけに地域活動を行う学生団体に参加した若者たちを対象にアンケート調査を行
い，団体活動に参加した若者には，①もともと地域活動に熱心で機会提供の有無にか
かわらず継続的にさまざまな地域活動を行う「地域活動アクティブ群」，②地域活動
の機会提供によって地域活動への意欲を高め行動に移し始める「地域活動ウォーム
アップ群」，③（卒業後地域活動に参加する予定はないが），学生時代の地域活動経験を職
業キャリアの展開に活用する「地域活動ポテンシャル群」の3つの類型が見出される
という。3つの類型に共通する特徴として，地域活動への参加によって得た成長の実
感や自信と経験は，将来の「仕事」に対する展望を広げる効果があることが挙げられ
た。特に女子学生が主体の団体活動は，女性のリーダーシップを養う場としても意味
を持つと羽田野は指摘し，地域活動の機会提供は若者たちのキャリア形成を含む将来
展望とそれへ向けた行動に，おおむねポジティブな変化をもたらしているという見解
を示している。

　キャリア形成ではなく，若者における公共性の形成に着目した松山（2016）の研究
も興味深い。「存在論的な安心感を得られる親密な空間として地元を捉える基本的視
座」を示した土井（2010）と鈴木（2008）に言及しつつも，松山は親密圏として捉え
られてきた地元を「公共性が形成されるステージ」として位置づけた浅野（2011）や
阿部（2013）に同意し，若者自身が地域活動への参加を通して「公共性」をどのよう
に意味づけ，どのようなプロセスを通して関わっていくのか，またそれは経年的にど
う変化していくかについて，千葉県柏市のまちづくり団体で活動する若者へのインタ
ビューを通して描き出している。

第2章　自分事化はいかにして可能なのか　39

現代における公共性形成を実現する装置として「地域」に注目する多田（2006）が述べるように、「それは、（地域を）アダム・スミス（Adam Smith）などが提示している『公共性基準』である『同感を基礎としたコミュニケーション』による『公共性』を具体的に展開できる『場』と位置づけられるからである」（多田 2006：13）。松山が論じる公共性も、「個々人のコミュニケーション様式に照準した公共性」であり、「親しい人間関係を超えて、問題の解決に利害や関心を持つという以外の共通点が必ずしもない人々の間に協力関係を組織していくような付き合い方の作法」だという（浅野 2011：10-11）。このような「付き合い方の作法」としての公共性が、マクロ的な社会的次元における「新しい公共性（市民が担う公共性）」につながっていくとした松山は、まちづくり団体の若者がいかに集団内の相互作用を通して、公共性の作法を会得しているのかを分析している。結論として、漠然と何かやりたくて参加した若者がそのような作法を会得していくには、彼らに役割を与え牽引するリーダーシップの存在が必要であり、同質的な人間関係から得られる存在論的安心に固執し続けないために、多様性に開かれた人間関係に接触していき、視野を広げていける集団に出会うことが重要だと松山が強調する（松山 2016：60-61）。

このように、地域で実施される実践型の授業への参加だけでは、若者の積極的な市民性を高められるわけではなく、授業外で地域活動を行う団体に所属するなど、授業外コミュニティの中で、リーダーによる牽引や多様性に開かれた人間関係に接触していくことで、公共性につながる市民性を会得していくことが、上記の研究成果によって示されている。実践型の授業の実施が、いかに地域で授業外コミュニティを形成させていき、どんな要因が学生たちに主体的な行動の経験を積み上げさせ、認知レベルで学生たちの内的能動性を引き出すことができるのか、その学びのデザインと過程に関する解明が待たれよう。

2 市民育ちの場として期待される「地域」

近年、日本の地方と都市の両方で新しいタイプの地域プロジェクトがブームになっている。まちづくり事業の第一波が、都市化が進む1970年代以降、政策によって推進されてきたとすれば、90年代半ば以降、各地にNPOが誕生し、NPOが自治体や関連企業と連携してリードしてきた地域再生活動は、第2の波といえる。そして2015年頃から、地方創生への関心の高まりを背景に、特定の組織に縛られることなく、個人が地域でプロジェクトを起業することが多くなり、特定の共有空間や一定のつながり

を基盤に，個人同士の絆で進められる地域プロジェクトが徐々に注目されるようになった。本書では，それらを「新しいタイプの地域プロジェクト」と位置づけたい。第一波や第二波とは大きく異なるこれらの地域プロジェクトは，複製や定量化，スケーリングを求めるのではなく，つながる一人ひとりの価値観やライフスタイルに根ざし，「この人たちだからこそできる」パーソナライズされたプロジェクトのカラフルで多様なシーンを提示している。

　市民によるさまざまな地域実践を市民セクターの展開に位置づけていくと，地域は，常に非政府・非営利の参加と活動の主要な舞台であったことに気づく。市民セクターにおける地域実践の動向を下記の三段階に整理して示すことができる。

市民セクターにおける地域実践の位置づけと段階整理

「新しい公共性」が志向された
時代の地域（1995〜2005年）

　まず，1995年から2005年までの期間は，「新しい公共性」を追求する時代，すなわち，市民の実践活動が行政統治システムに参加し，影響を与え，政府の公共福祉から民間の公共福祉に移行していくことが志向された時代だといえる。先述のようにこの時期においては，NPO が，社会サービス活動やアドボカシー活動を行う市民団体やボランティア団体を統括する用語となり，NPO 概念によって草の根の市民活動が「見える化」「形式化」されていった。「特定の社会課題への貢献」と「非営利（利益と配当を伴わずに事業を継続して営むこと）」が，NPO を定義する基準となった。

　この間，NPO 法人の数は右肩上がりに増加を続けた。[1]1998年に23法人だった NPO 法人は，2005年には 2 万6,000社を超えた。活動分野は，福祉と教育の分野が最も多く，まちづくりはこれらに次いで三番目であった。活動分野は多肢選択式調査の結果であり，福祉・教育関連事業に取り組む NPO であっても具体的な地域を基盤に活動していることが多いと想定できる。つまり，NPO にとって「地域」は，活動や事業展開の舞台そのものである。

　この時期に出現した「新しい公共性」論は，おもに官僚に支配されていた「公共」が，市民とのパートナーシップや協働による公共に移行することを意味した。長谷川（2000）が指摘したように，日本では長い間，公共的な意思決定と事業の実施は政府の独占的領域であった。公共福祉は「国家と社会の公共の利益」とも定義され，それを統治し代表するのは常に「政府であり，中央政府」と考えられてきた（長谷川2000：438）。1990年代後半以降，NPO が行政機関や営利企業のパートナーとして広く認知され，公共福祉が「公共財」として認知されるようになったことは，公共性の定

第**2**章　自分事化はいかにして可能なのか　41

義と実践における画期的な転換を意味していた。

　この変容の中で，地域は新しい公共性を発展させるための土台とされ，地域が表す「共同性」の概念に対する理解も質的な変化を遂げた。日本の伝統的な地域社会では，共同性は特定の地域内で共有される認知，価値，行動パターンの性質を指し，その基本的な特性が外部世界に対する閉鎖性であり，共同性と公共性を統合することは困難であった（田中 2010：157）。しかし1990年代末以降は，地域政策の策定・実施に新しい公共性の考え方が反映され，各地域の NPO が自治体の部署や営利企業と連携し，社会課題や公共価値の観点から地域プロジェクトを実施してきたのと同時に，政策立案の提案を行い，伝統的な地域社会の孤立や排除性，政府との「トップダウンの関係」の払拭に貢献した。その結果，地域における共同性の実践は，公共性と調和できるものとなり，同時に，人々の「公共性」の習得を育むための実践的な基盤にもなるとされた（多田 2006）。

　このように1995年から2005年にかけて，日本全体で「公共性」や「公共福祉」に対する認識が画期的に変化し，地域における共同性も質的に変化したことが分かる。この変化は，地域プロジェクトの第二波のメインストーリーであると同時に，その後に生まれた新しい地域プロジェクトの序曲にもなった。

社会起業とソーシャルイノベーション時代の地域（2005〜2015年）

　2005年から2015年頃にかけて，市民実践の分野において「社会起業とソーシャルイノベーション」が台頭し，第1章でも言及した「商業化」の時代が現れた。NPO や社会的企業がビジネスの立ち上げと運営に参画し始め，公共福祉とビジネスを融合させることで社会課題を解決するための新しい考え方や方法を探求し，推進する事例が次々と生まれた。2000年に町田洋次が『社会起業家——「よい社会」をつくる人たち』（PHP 新書）を出版し，2002年には NPO 法人 ETIC が「社会起業家塾」プロジェクトを開始した。渡邊奈々が2005年に『チェンジメーカー——社会起業家が世の中を変える』，2007年には『社会起業家という仕事——チェンジメーカーⅡ』（ともに日経 BP）を出版し，この潮流の幕開けを印象づけた。2008年頃から，主流メディアが社会起業家に関する特集番組を放送するようになり，経済産業省も社会起業家に関する一連の研究報告書や事例集（2008〜2012年）を出版している。2009年，当時の民主党政権は社会起業家の育成を推進し，さまざまな中央省庁がソーシャルビジネスや起業家精神を奨励するための関連政策を実施し始めた。2010年には，日本を代表するような社会起業家の参加を得て，ソーシャルビジネスネットワークジャパンが設立された。2011年の東日本大震災を契機に，被災地復興において社会起業が重要な力とな

り，社会起業家が広く認知されるようになった。

　この間，NPO法人の数は2万6,000から5万1,000近くまで増え続け，NPOの数はピークに達した。2008年の公益法人制度の改革により，一般社団法人や一般財団法人は，政府部門の認証を受けることなく法人として登録できるようになった。その結果，より多くの草の根の市民団体が登録する際に一般社団法人を選ぶようになり，その数はNPO法人を上回り，6万を超えた。「社会起業」の法人化形態はさまざまで，NPO法人や一般社団法人に限らず，企業法人として登録された団体や，既存の法人・団体から派生した団体なども多く，第1章で言及したように，内閣府2015年の調査によれば20万5,000社を超えるとされた。

　社会起業家にとって，地域は起業家精神の最大の源泉であり，豊かな土壌だといえる。そもそも社会起業のトレンドに先んじて，日本ではさまざまな地域でコミュニティビジネスの実践があった。コミュニティビジネスという概念自体が浮かび上がったのは1990年代後半であり，細内信孝の『コミュニティ・ビジネス』（中央大学出版部，1999年）は初期の主要な作品であった。天明（2004）は，政府の失敗と市場の失敗を背景に，90年代後半以降，地域活性化と個人の自己実現を目的としたコミュニティビジネスが各地で頻繁に現れ始めたと述べている。ただ，「一部のコミュニティビジネスは循環型ビジネスモデルを創出するような，既存企業や政府が手を付けなかった領域に事業領域を求め，地球環境との調和や福祉社会に貢献している。しかし，こうした風潮を追い風としてビジネスチャンスと捉えただけのコミュニティビジネスも少なくない」という（天明 2004：15）。

　NPO法人コミュニティビジネスサポートセンターは，コミュニティビジネスを「市民が主体となって，地域が抱える課題をビジネスの手法により解決する事業の総称」と定義し，「ソーシャルビジネスは社会課題を対象とした広義の意味合い，コミュニティビジネスは地域課題を対象とした狭義な意味合いでありますが，定義はほぼ同義(2)」と指摘するように，日本では地域でのコミュニティビジネスが，社会起業によるソーシャルビジネスの具体形として考えられている。その実践過程において，地域の問題を発見する方法，問題を解決するための新しいアイディアを見つける方法，地域のリソースを探索する方法，関連する人々や組織を効果的につなぐ方法，そして問題を解決するという目的を持った行動ネットワークを形成すると同時に，関係するすべての人々に一定の効果と満足をもたらす方法が鍵とされる。それらはまさに，社会起業家によるイノベーティブな手腕が期待されるところであり，2006年にムハマド・ユヌス（Muhammad Yunus）がノーベル賞を受賞したことで人気を博したソー

第2章　自分事化はいかにして可能なのか　43

シャルビジネスと，その延長上にあるソーシャルイノベーションの考え方と見事に調和する。さらにコミュニティビジネスや社会起業の文脈では，地域の共同性は，ロバート・パットナムが提唱したソーシャルキャピタルと密接に関連していることが多く，地域内のさまざまなネットワークとそれに伴う信頼と互酬の関係性を指し，社会起業における特定の問題の解決に貢献できる「リソース」と見なされている。

「ソーシャルデザイン」と「セルフデザイン」がシンクロする時代の地域（2015年〜）　2015年以降，気候変動によるさまざまな自然災害，特に20年以降の新型コロナウイルスによる社会危機などを受けて，日本の市民活動は新たな潮流を見せており，「ソーシャルデザイン」と「セルフデザイン」の時代に突入したといえる。社会問題を解決することよりも，自分自身と世界との関係を再構築することにより多くの注意を払い，個人の幸福度に基づいた公共福祉を追求すべきとの意識が高まっている。そこで登場した新たなキーワードがソーシャルデザインである。

　ソーシャルデザインは，個人の幸せを追求しながら（組織を設立したり，何らかのビジネスを行ったりするとは限らず），特定のプロジェクトをデザインすることで社会問題を解決しようとする試みを指す。上記のコミュニティビジネスやソーシャルビジネスと重複する部分も多いが，コミュニティビジネスやソーシャルビジネスは経済的実体（組織体）とビジネスの部分に重点を置くのに対し，ソーシャルデザインはプロジェクトデザインの社会的性質（参加型デザインなど）をより重視し，組織体や事業体の形成よりも，実践における開放性と個々の参加者の幸福を大事にする。

　ソーシャルデザインの思潮を牽引する動きは2015年より前からあった。ウェブマガジンを作るNPO法人グリーンズ（greenz.jp）が2012年に『ソーシャルデザイン——社会をつくるグッドアイデア集』，13年には『日本をソーシャルデザインする』（共に朝日出版社）を出版した。同年に筧裕介の『ソーシャルデザイン実践ガイド』（英治出版）が出版され，そのサブタイトルが「地域の課題を解決する7つのステップ」であったことからも，ソーシャルデザインと地域との密接な関係性がうかがえる。14年，村田智明が『ソーシャルデザインの教科書』（生産性出版）を出版し，ソーシャルデザインの理論化と体系化が始まり，16年には，日本のソーシャルデザインの事例や啓発を多数集めて紹介した『ソーシャルデザイン白書2016』をgreenz.jpが発行した。

　ソーシャルビジネスが日本ではコミュニティビジネスに具現化されることが多いことからも推測できるように，ソーシャルデザインのトレンドとほぼ並行して「コミュニティデザイン」が提起されていたのは自然な流れだったといえよう。2011年の東日本大震災を契機に，地域コミュニティの大切さが改めて認識され，同年に山崎亮によ

る『コミュニティデザイン——人がつながるしくみをつくる』(学芸出版社)，翌12年に『コミュニティデザインの時代——自分たちで「まち」をつくる』(中公新書) が出版され，特定の地域内で実施されるソーシャルデザインプロジェクトが日本全国で花開いていった。

このようにソーシャルデザインとコミュニティデザインの関係は，ソーシャルビジネスとコミュニティビジネスとの関係と非常に類似しているが，21世紀への期待が高かった90年代後半から2000年代初頭の時期と異なり，コミュニティデザインが注目された時代背景には，地域の危機感や将来への不安のほうが大きかった。元総務相増田寛也が率いる民間団体「日本創成会議」の2014年の報告書によると，全国に1,800ある自治体のうち半数近くが2040年までに消滅の危機に瀕しており，そのうち523自治体が1万人以下となり，消滅の可能性がさらに高いという[3]。これらの自治体が実名で報道されたことは，日本社会に大きな衝撃を与え，地域社会は日本社会の将来の方向性を考え，模索する最前線に押し出された。

他方では，時代背景の変化として，都市や物質的な利益を中心とする考え方と価値観の変化も注目に値する。量的な統計データには反映されづらいが，主流の価値観に追随せず，他の場所に移り住み，自分の好きな地域で自分に合ったライフスタイルを追求し，他者やコミュニティと温かく交流する人が増えているという実感を多くの人が持っているのではないだろうか。田舎への移住や，都市と田舎の二拠点生活への関心の高さもその現れの一つである。例えば米田智彦『僕らの時代のライフデザイン——自分でつくる自由でしなやかな働き方・暮らし方』(ダイヤモンド社，2014年)，『いきたい場所で生きる——僕らの時代の移住地図』(ディスカヴァー・トゥエンティワン，2017年)，小林菜穂子『生きる場所を，もう一度選ぶ——移住した23人の選択』(インプレス，2017年) などの書籍や，移住をテーマにした専門誌『LOCALA』や『TURNS』などがその流れを示しており，さらにここ数年では，主要テレビ局によって田舎暮らしや地方移住の番組が多く放送されていることからもその傾向を確認できる。組織への依存を捨て，物質的な欲望に縛られず，自ら決定を下し，好きな環境で好きな人々とともに暮らし，自分で人生をデザインするという考え方がますます意識されるようになったことが，これらの動きによって示されている。

コロナ禍をきっかけに，価値観の変化が起きているのは確かであろう。経済成長に比べて，ウェルビーイングがより多くの人々にとって，生活の質を判断し評価する軸になり始めている。このような背景から，本書で取り上げるような，社会を自分事化できる市民が増え，市民的イニシアティブが実践される新たな仕組みが生まれる

第2章　自分事化はいかにして可能なのか　45

フィールドとなる、さまざまな地域プロジェクトが次々と生まれている。これらのプロジェクトの出発点は、誰かが自分自身のライフデザインを追求したことによるものが多く、周囲の人々や物事との関係性の中で、多くの偶然の出会いを通じて協力者やパートナーを得ていき、気づけばその蓄積と化学作用から継続性と仕組みが生まれている。

このような新しいタイプの地域プロジェクトは、日本各地で多く見聞きされる。本書のテーマとなる「市民的コモンズ」も、これらのプロジェクトにおける共同性と公共性の成り立ちを示そうとするものである。

では、例えば具体的にどのようなプロジェクトがあるのか。その一端を見てみよう。

新たな地域プロジェクトの具体例

上記では、地域プロジェクトを市民セクターにおけるマクロな潮流の文脈に位置づけ、過去30年間の地域の変化を俯瞰し、新たな地域プロジェクトの背景と特徴を示した。本書で提唱する市民的コモンズ概念が構築されるフィールドがまさにこれらの新しい地域プロジェクトとなるため、その具体的なイメージをつかむために、いくつかの例を見ていきたい（表2-1）。

新しい地域プロジェクトは、そのほとんどが個人によって始められ、時には組織や制度的背景がなく、登録システムもないため、数を知ることは困難である。だが、さまざまな書籍や、雑誌、その他のメディアの事例紹介を通じて、何百もの豊富な事例を集めることができる。ここでは、新しいライフスタイルや社会の仕組みを探求する専門誌『ソトコト』（2018年3月号、2019年4月号、2020年2月号）で紹介された事例を用いて、新たな地域プロジェクトの可視化を試みる。

表2-1　新たな地域プロジェクトの具体例

	名称／実施場所／実施主体	概　要	特　徴
A	のいえ食堂／神奈川県横浜市／株式会社ボーダレスハウス	共働き家庭を支えるため、毎晩、栄養価が高く美味しいディナーを低価格で提供。親子連れがカフェテリアで一緒に食事をし、会話する場。	「カフェテリア」と「ディナータイム」を媒介に、共働き特有の困難を解決し、互いの暮らしに根ざした具体的な絆の形成を促進。
B	佐久島アートピクニック／愛知県西尾市佐久島／地方行政、地域住民と企画会社	過疎地域だが、島の日常の風景にはデザイナーによる芸術作品が多くある。過疎と交通の不便さを弱点ではなく長所とし、島内各所のアート作品を巡りながら地域の魅力を知ってもらうプロジェクト。	行政が住民と協力して実施するプロジェクト。アートを媒介に、島のさまざまな関係者と協力関係を築くだけでなく、過疎の島を別種の美しい日常を体験できる素晴らしい場所に変えた。

C	雲仙たねの学校／長崎県雲仙市／オーガニックベース，農家	日本ならではの野菜の種を次世代につなげる活動。	オンライン授業が，種に興味のある人々をつなぐ媒体として活用されている。
D	「有松絞り」インターンシッププロジェクト／愛知県有松町／染色工場のインターン	有松染めの伝統を受け継ぐ後世を増やすため，工場視察プログラムを実施している。	江戸時代から400年以上続く伝統技術を媒介として，伝統技術の伝承に有効なメカニズムを探る試み。
E	リノベーション起業カレッジ／兵庫県神戸市／プロジェクトチーム，廃業する可能性がある店，事業継承に取り組みたい若者	廃業増加やシャッター商店街の出現に危機感を抱き，廃業する事業でも作り込んだ事業計画を実践して復活させ，その過程で若い人にチャンスを回すことを目的としたプロジェクト。	「古い建物のリノベーションのためのワークショップ」を媒体に，商店街の閉店した店と，そのお店に興味を持つ若者をつなぎ，商店街の再生を進め，新たな社会起業家の誕生につなげている。
F	Pop-up Commons 実証実験プロジェクト／福岡県福岡市／Mistletoe 株式会社	可動式コンテナを活用し，自由に組み合わせられる災害支援拠点を設置し，「防災・減災」の新たなモデルを提案している。	「自在設計の可動コンテナ」を媒介して，自治体，関係団体，個人をつなぎ，「共助」と「資源の開放」を基盤とした新たな防災・減災メカニズムを実証。
G	やまのおこめガチャ／山形県／東北芸術工科大学農業サークルの学生	もっと気軽にお米を食べられるように，ガチャガチャという誰にでも気軽にできるツールをもってさまざまな種類のお米にふれあえる機会を提供。	「ガチャ」は，米の文化を広め，米の産地経済に貢献するための媒体として活用している。
H	ただの遊び場ゴジョーメ／秋田県南秋田郡五城目町／「遊び大好き」運営チーム，大学生と地域住民	遊休不動産をリノベした，誰でも「ただで」利用できるオープンな場所。多様な人が集まる予測不可能な遊び場。	「自由な遊び場」を媒介として，遊ぶことが好きな人やこの場所が好きな人をつなぎ，遊びを通じて幸せをつくる取り組み。
I	UGO HOME PROJECT／秋田県羽後町／地域住民	居場所を作りながら人の流れを循環させる。	特定の場を媒体に，SNSを通じて，居心地が良く，カジュアルな「家のような感覚」を伝え，近くにいる人も遠くにいる人も時々来たくなるような場づくり。
J	ミコカフェ／群馬県山名八幡宮／神社，近所の子どもと親	安産子育ての神社として，神職がはじめたカフェ。マタニティヨガやベビーダンスも実施している。	「神社カフェ」と「安産信仰」を媒介に，親子をつないでいく取り組み。
K	花嫁行列／茨城県大子町／住民	若いカップルの結婚を町民挙げて祝福する。	「結婚式」を媒体に，住民同士の絆を築き，同時に商店街の顧客数を増やす。
L	EDIBLE WAY（食べられる道）／千葉県松戸駅と千葉大学を結ぶ道路／大学生，地域住民	1kmの道路脇には100個以上の大きな野菜の鉢が置かれ，住民と大学生が一緒に野菜を育て，収穫物を分け合う。	「道端の植木鉢」や「野菜を育てる趣味」を媒介として，隣人や異世代の人々の絆を築き，防災にも貢献。
M	映画製作『まちむすび』／富山市千石町／地域住民	脚本から撮影，出演者まで市内在住のスタッフだけで映画を製作するプロジェクト。	「映画を作る」ことを媒体に，地域の資源が明らかになり，若者たちに「一つのことを真剣にやる」機会と環境が与えられている。
N	KACCHEL PROJECT／鹿児島県いちき串木野市／シェアハウスに住んでいる方	留学生など，異なる文化的背景を持つ人々が一緒に暮らすシェアハウス。	「シェアハウス」を媒体として，異なる文化的背景を持つ人々を惹きつけ，長期または短期間で一緒に暮らす場づくり。

出典：筆者作成。

表 2-2　地域プロジェクト例の分類案

	非日常的な活動	日常的な活動
具体的な社会課題の解決が主な目的	B, C, D, E, F	A, G
特定の社会課題の解決を目的としたものではない	K, M	H, I, J, L, N

出典：筆者作成。

　表 2-1 の事例を，表 2-2 のように「特定の社会課題の解決が主な目的なのかどう
か」と，「日常的な活動なのか，それとも非日常的な活動なのか」の 2 つの視点から
分類することができる。

　特定の社会課題の解決を主な目的とする地域プロジェクトは，非日常的な活動に焦
点が当てられる傾向があり，特定の社会課題の解決を目指さないものが，日常生活に
溶け込みやすいことが分かる。本章で事例研究の対象として取り上げる地域プロジェ
クトは，まさに特定の社会課題の解決を目的とせず，非日常的な活動を日常に有機的
に組み合わせた新しいタイプの地域プロジェクトである。

3　おやまちプロジェクトの事例研究

　では，新しい地域プロジェクトの 1 つとしても注目されている，東京都世田谷区尾
山台ハッピーロード一帯をベースに，商店街の店主と東京都市大学坂倉研究室が連携
して実施してきた「おやまちプロジェクト」の事例を取り上げ，若者の「参加の自分
事化」がいかに実現できているのか見てみよう。

　地域プロジェクトに関わることで，大学生たちはいかに地域や社会への参加とつな
がりづくりを「自分事化」し，その後の生き方や価値観においてどのような影響を受
けているのか。在学中おやまちプロジェクトに関わっていた卒業生10名を対象とした
半構造化インタビューと 2 回のグループインタビュー，そしてプロジェクトのデザイ
ンに関わる 4 名のキーパーソンへの非構造化インタビュー調査を2021年 7 月から10月
にかけて行った。4 名のキーパーソンは承諾を得たうえで実名にて記載し，10名の卒
業生は記号で示す。

おやまちプロジェクトとは何か

　まず，おやまちプロジェクトがベースとする世田谷区尾山台「ハッピーロード尾山
台」商店街について紹介する。地域プロジェクトが展開される物理的な場と環境が，
しばしばプロジェクトの進み方や特徴を規定するからである。

48　第 I 部　市民育ちの現場

世田谷区は東京23区の中でも人口／世帯数ともに最も多いが，人口密度が14位であり，公園の数と農地面積は23区中２位であることから，緑が多くゆったりとした住宅地として人気が高い。大型店舗よりも古くからの商店街が多く，23区中３位となる128もの商店街が現在でも住民の日々の暮らしを支えている。また522に上る NPO 法人が活動しており，住民の力が強いまちとしても知られている。[4]住民の平均年収が23区中７位[5]という結果から，社会階層として中流以上の人が多く暮らす地域だといえる。

　ハッピーロード尾山台は，東急大井町線尾山台駅と環状八号線をつなぐ商店街であり，約150店舗が並び，石畳が車道と歩道両方に敷き詰められている（図２-１）。1949年に尾山台商栄会と称して発足した歴史ある商店街であり，世田谷区に多く存在した古墳をモチーフにしたアーチや，街路灯などもデザインが統一され，見上げれば空を交差する電線がなく，開放感と温かみの両方を兼ね備えた独特のイメージを作り出している。尾山台商栄会商店街振興組合ホームページ[6]によれば，1989年の商店街道路改造工事の完成をきっかけに始まった「尾山台フェスティバル」は，世田谷区内では官製イベントを除くと１位の人手を誇るイベントであり，住民パワーが強い地域だとうかがえる。

　この商店街の独自性として，毎日午後４時から６時までの買い物客が集中する時間帯を歩行者天国にしていることが特筆に値する。後述するように歩行者天国の存在によって，おやまちプロジェクトにおいて学生たちが日常的（毎週水曜日歩行者天国の時間帯）に商店街の道端で活動することが可能となり，「見える存在」として地域の人々に認識してもらい，地域の日常の一コマに定着していった。

　また，東京都市大学のキャンパスから尾山台駅に向かう通り道となっているというハッピーロード商店街の地理的な位置が，おやまちプロジェクトにとって重要な意味を持つ。学生たちにとっては，「わざわざ出向く必要はなく，そもそも通学路にある」という代えがたい利便性が，「日常化」という点で決定的に有利だと考えられる。

　しかし，毎日通る場所であっても，おやまちプロジェクトが始まるまでは，学生たちには単なる「通り道」でしかなかった。以下では商店街の理事も務めるタカノ洋品店の三代目で，本プロジェクトの仕掛け人の一人，高野雄太さんの話に基づき，インタビュー実施時までのおやまちプロジェクトの経緯について述べる。

　始まりは，漠然と商店街の未来を案じた高野さんが，2016年11月に，東京都市大学教員の坂倉杏介先生に相談を持ち掛けたことであった。どんな地域，まちがほしいかについて話し合うなかで，「一過性のものではなく，日常の延長線上で日常がもう少

図 2-1　ハッピーロード尾山台の風景
注：右端の写真は歩行者天国の時間帯で，手前に見える人工芝の部分が，学生たちがいつもブースを出すタカノ洋品店（現在のタタタハウス）の前である。
出典：筆者撮影。

し面白く，温かく豊かになっていくような活動がしたい。小さなことの積み重ねで，気が付いたら尾山台が変わっているような活動を。」というイメージで動き始めたという。とりあえず商店街の路上で坂倉研究室のゼミをやろうというアイディアから，2017年4月，歩行者天国の時間帯に「ホコ天路上ゼミ」を開催した。

そこから，尾山台小学校元校長のWと，小学校の「おやじの会」に所属していた慶應義塾大学大学院教授のK2が協力するようになり，「つながり」と「まなび」をキーワードに新しい地域づくりの構想を始めようということになった。2017年8月1日に，尾山台小学校の図書室で「尾山台のこれからを考えるワークショップ」を開催した。まちのさまざまな人に声をかけ，高野さんの母親である森美惠子さんの人脈を駆使し，商店街の重鎮たちにも参加してもらい，40人ほどが集まった。このワークショップがみんなで街について語る機会となり，それまでに会うことがなかった人同士のつながりができていったという。高野さんの高校時代の同級生で，当時尾山台でFLUSSというギャラリーを運営していたデザイナーの黒川成樹さんもこのワークショップに参加し，以来おやまちプロジェクトのホームページやチラシ，ロゴのデザインなどを手掛け，2021年現在は一般社団法人化したプロジェクトの事務局長を務めている。2018年3月，2度目のワークショップが開かれ，18年4月以降になると，坂倉研究室（ゼミ）の学生たちも本格的に参加するようになり，おやまちプロジェクトの初期メンバーとなった。以降，研究室の学生が代々関わるようになり，19年12月におやまちプロジェクトが一般社団法人となった。

プロジェクトの最大の特徴は，「特定の課題解決を目的としない」ところにある。活動内容を固めようとせず，関わる人が関わり合うなかで偶然に発生していく出来事

図 2-2　タカノ洋品店改築後のタタタハウスの入り口と内部
出典：タタタハウスの Facebook より（https://www.facebook.com/profile.php?id=100083382780498&locale=ja_JP、2024年10月5日閲覧）。

を大事に、やりたいことをやるというオープンで柔軟な姿勢が一貫している。結果、短期長期を問わず2021年の調査時まで約20の多彩なプログラムが展開されてきた。例えば、毎週水曜日に歩行者天国の時間帯に商店街の道端を自由に活用することで新しいつながりや地域の方との多様な交流を目指す「つながるホコ天プロジェクト」や、2019年1月末から3月末までの60日間、商店街の空き店舗を借りて、お店でもなく仕事場でもない、まちの人が気軽に立ち寄れるような場として、東京都市大学の学生たちが実験的に運営した「おやまちベース」。タカノ洋品店や FLUSS などを会場として、各地で刺激的な活動をしている方を招待し、参加者全員でディスカッションをする「おやまちサロン」や、商店街のワイン屋さんで開催される「イベントでもなく飲み会でもない、出入り自由な気軽な交流会」である「Bar おやまち」。Bar おやまちに参加していた地元主婦を中心に地域の野菜を使ってカレーを作り、一緒に食べながら多くの人と触れ合うことのできる場となる「おやまちカレー食堂」。2020年頃からは子どもがいる家庭に食材を配布したりするなど、フードパントリーも行っている。さらに、子どもたちが記者になって街の魅力を伝える「おやまち新聞プロジェクト」や多世代ワークショップといった取り組みを行う「飛び出せ！おやまち部」、半径500メートル圏内だけに届く微弱電波で放送されるローカル FM ラジオ「みんなトモダチ おやまちラジオ」、大学生が出前授業を行い、尾山台中学校の2年生を対象に14歳の視点から課題解決に取り組んでもらう「14歳のファーストプロジェクト」。2021年現在、プロジェクトの拠点となっているタタタハウス（元タカノ洋品店）のリノベーションも、「おやまちリビングラボプロジェクト」として実施された。図2-2の写真にあるとおり、現在1階は「タタタハウス」として誰もが集うオープンなコミュニ

ティ空間となっている。2階のリビングラボは坂倉研究室の「学外拠点」となっており，コミュニティづくりの場と学びの場がまさにここで不可分な一体となっている。

これが可能となっているのは，坂倉研究室だからこそという側面が大きい。坂倉研究室は，坂倉先生自身のテーマである「コミュニティ・マネジメント」「ウェルビーイング論」「ワークショップ・デザイン」の3つを軸にしており，人と人とのつながりを通じた新しい社会の創造を目指し，社会的相互作用の視点からさまざまなコミュニティの形成過程を解明するとともに，コミュニティ開拓／設計の実践的手法を開発している。おやまちプロジェクトは坂倉ゼミの学生たちにとっては，大学で学んでいる「専門」そのものでもある。

自分事化を可能にする要因の分析

おやまちプロジェクトのどのような要因が学生たちの「参加の自分事化」，とりわけ彼らの内的能動性を可能にしたのか，インタビューの結果を踏まえて，詳細に見ていきたい。

**参加の自分事化の　** 坂倉研究室がおやまちプロジェクトを始めた当初の2学年の学
**きっかけと過程　** 生12名中，インタビューの承諾を得た10名（2020年3月卒6名と2021年3月卒4名）の概要を，2020年卒→2021年卒の順で，表2-3に示す。

10名とも，おやまちプロジェクトについて，「自分事化できた」だけではなく，それぞれの人生において重要な出来事として位置づけている。T1は「遊びよりは尾山台での日々の暮らしが楽しい」と述べ，実際に居住している大田区は「住んでいる場所」だが，尾山台は「暮らす場所」だと語る。S1はプロジェクトを「人生の転換点」と位置づけ，授業の一環から「自分の日常」に変わっていき，卒業後の今でも尾山台は「いつでも帰れる場所」「心が救われる場所」「故郷のように感じる」と話す。Yは，プロジェクトへの参加によって「地域の人々と長く関わる仕事に就きたい」と考えるようになり，コミュニティづくりができるマンション管理の仕事に就職した。T2は現在おやまちプロジェクトだけではなく，自分が住む横浜でもまちづくり活動を行っている。Oはプロジェクトの経験を活かして，地域プロジェクトマネージャーとして任用されており，K1は今でもおやまちプロジェクトに参加しつつ，世田谷でまちづくりを仕事としている。Fは，憧れの大人像が見えた時期だったと語り，卒業後わざわざ尾山台に引っ越したUは「人生の転機」，S2は「自分のターニングポイント」，Mも「人生の中で最も生き生きしていた時期であった」と述べている。おやまちプロジェクトは彼らにとって，それぞれの暮らし方や生き方に刻み込まれたものとなって

表2-3　インタビュー対象者の概要（卒業生）

	人物の概要
T1	中高時代もボランティア活動に従事。プロジェクトでは学生リーダー。卒業後は大学院に進学し，おやまちプロジェクトで実践的な研究を行い，プロジェクトの事務局を担う。大学院修了後，就職した後もプロジェクトに日常的に関わっている。
S1	在学中は先輩からプロジェクトを知り，坂倉先生の考えに惹かれて坂倉ゼミに所属した。プロジェクトでは進んでアイディアを出して行動していた。現在，新潟で勤務している会社の本部でも地域を巻き込むようなイベント企画をしている。
Y	小さい時からボランティアに関心があった。生まれ育った街が寂れていくのをみて，そんな街を変えたいと思い，坂倉研究室に所属した。プロジェクトではチームのまとめ役を買って出た。現在は，不動産管理の会社でマンション管理の仕事をしている。
T2	現在は，3つの仕事を掛け持ちしてこなす一方で，住まいである横浜・妙蓮寺で，まちの本屋を地域の風景として残す活動に参加している。ラジオが好きで，おやまちプロジェクトではミニFMラジオの活動を行っており，卒業後もその活動に関わりを持っている。
O	おやまちプロジェクトでは，おもに居場所の運営やホコ天の運営を行っていた。卒業後も北海道に拠点を変えてまちづくりに関わっており，2021年10月1日に，総務省の地域プロジェクトマネージャー制度を活用し，中心市街地の活性化等タウンマネージャー業務を行う人材として，紋別市に任用された。
K1	現在は世田谷区の外郭団体，一般財団法人世田谷トラストまちづくりで働いており，まちづくりの推進や住民参加のサポートなどを仕事として行っている。ゼミを通して「人生が変わった」と実感しており，入る以前はバイトしかしていなかったが，ゼミに入ってからは模範的な学生と思われるほど活動に熱心であった。
F	高校まで北海道に住んでおり，大学を機に上京した。現在は不動産系の仕事で不動産の管理をしている。
U	坂倉ゼミではゼミ代表を務め，ゼミの運営だけでなく，各々のプロジェクトでも中心的な立ち回りをしていた。現在は地域密着型のスーパーに務めている。在学中は埼玉から通学していたが，大学卒業後わざわざ尾山台に引っ越して住んでいる。
S2	大学時代におやまち以外に用賀で行われている活動にも携わっていた。おやまちプロジェクトは自身の中でのターニングポイントであると認識しており，ゼミではサポート役に回ってリーダーを補佐してきた。食品業界の商社に勤めているが，現在でも高野さんなどとZoom上でのやりとりをするなどおやまちプロジェクトに関わり続けている。
M	小さい頃は親が町内会の役員であり，お祭りなどの手伝いをしたことがある。また，障がい者の方と触れ合うボランティアをしたことがある。ゼミの活動をしていた時が一番キラキラしており，卒業後も月1回のペースで尾山台を訪れている。現在は建設コンサルタントの仕事をしている。

注：2021年調査実施時のデータである。上から2020年卒6名，2021年卒4名。
出典：筆者作成。

いるのが分かる。

　しかし当初は「ゼミの一環」ということもあり，習い事であっても自分事ではなかった。当たり前のようにそこにいる，誰かと話をする，何かやりたくなり，やり方を模索する，プロジェクトの企画やイベントなどを己の責任として感じる，そういった自主性と責任感の達成には，きっかけとプロセスがあった。

きっかけの1つとして，複数の対象者から，坂倉先生が活動中に口にしたATI（圧倒的当事者意識）への言及があった。先生に評価されるために動くのではなく，自分がやりたいことのために動きなさいというメッセージである。だが，教員の言葉で一気にそれぞれの自主性と責任感をもたらす「内的能動性」が形成されたわけではない。自分事化に向かうプロセスに関する聞き取りから，以下の3つが要因として見出された。

　第1に，「自由にやりたいことをやっていい。肯定され，受け入れられている感覚」である。インタビュー対象者のほぼ全員がこの点に言及している。S1は「周りの大人たちが自分たちを肯定してくれて，対等な関係で多量な時間を確保できていたため，参加しやすい環境だった」と述べ，Yは「つらかった時は，雄太さんや美惠子さん，黒川さんなどが私のことを受け入れてくれて，何でも自由にやっていいよという雰囲気に救われた」と語っている。

　第2に，「自分を表現できる，自分の好きなことでほかの人を巻き込める楽しさ」である。例えばけん玉が得意なS1はホコ天でけん玉遊びを始めたところ，他のメンバーや関わる大人たちも全員けん玉を始めたという。いまではけん玉がおやまちプロジェクトの定番となっている。S1にとって，単なる自分の趣味が仲間や多くの人に認められただけではなく，それがプロジェクトでずっと受け継がれていくアイテムとなり，コミュニティのつながりを生み出す社会的なツールとなった達成感もある。この達成感が内的能動性につながり，さらに一歩進んだ「積極的な責任感」をも促したと考えられる。S1自身はそれを「使命感」と表現している。

　第3に，「顔見知りができた」（M），「毎日行っているので，生活の一部になった」（Y）ことである。Uが言うには，「本当に趣味でゼミをやっているみたいな感じになっていた」。T1も，「大学での学びと自分のプライベートとの垣根が消えていた」と語る。初期の段階で60日間実施された密度の高いおやまちベースと，毎週水曜ゼミの日に必ずホコ天でブースを出して地域の人と触れ合うこと，何より通学路にあるタカノ洋品店にいつ行っても，必ず美惠子さんがお茶を出して温かく受け入れてくれて，世間話をしてくれることが，プロジェクトの位置づけを「学校の勉強」から「プライベートの関わり」に転換させたのではないかと考えられる。この転換があったからこそ，尾山台を「地元」と感じるようになり，ほぼ全員卒業後も尾山台と関わり続けている。

　このように，「当事者意識」に関する教員の指摘は，実践可能な土壌と場を地域に持つことによって，「こうあるべき論」を超えて，学生の中で独自に解釈，吸収され，

それぞれが自分に合う形で，自分の流儀で地域に飛び込むことを実現できたように見える。宇賀田・佐藤（2018）は，自分事へ変化させるには「事実」「解釈」「主張」の3つの段階が必要だと指摘する。「事実」は，知識や経験を得ることであり，「解釈」は，獲得した知識や情報間の関係を整理し言語化することである。そして「主張」は，解釈の上に立つ考えや意見，提案を指し，自分ならどうするかを表現することである。当事者意識の重要性に関する「知識」は自分事化のきっかけになり得るが，自分にとって「当事者意識とは何か」を解釈し，自分のアイディアや考え方，主張を表現するための「無理のない適切な方法」を模索する経験がなければ始まらない。おやまちプロジェクトから，知識から各自の解釈および表現へと展開していく3つのステップ，すなわち「肯定され，受け入れられる安心感」⇒「好きや得意を表現できる達成感」⇒「実施頻度と滞在時間の量による日常化」が見出された。

　この3つのステップは早瀬の議論とも一部重なる。内側から湧いてくる意欲，内発的動機づけ（「内的能動性」）を高めるには，以下の3つが重要だと早瀬が主張する。1つ目は自律性を高めることである。活動への参加の入り口を広げたり，さまざまな参加のプログラムを用意したりすることで，参加のハードルを下げる。徐々に若者たちに役割を任せることで，自律的に活動を行えるようにする。自律性が高まることで発言しやすくなり，活動の意欲につながるという。2つ目は熟達できる状況を作り出すことである。活動において個々が成長を感じられるように成功体験を重ねることや，達成感を得られるような環境づくりが必要ということである。そして，3つ目は社会と自分自身にとっての意味づけを得ることである。活動や役割の意味を考えて理解することで，周囲から認められるだけでなく，自分自身の行動に対する意欲が高まるという（早瀬 2018：153-157）。本章の事例研究で見出したステップの1と2は，このような早瀬の議論と類似しており，そしてステップ3の「実施頻度と滞在時間の量による日常化」は，日常に近い地域プロジェクトならではの特徴だといえよう。

自分事化の内的能動性を可能にした要因　以上では卒業生へのインタビュー調査結果に基づき，地域プロジェクトに参加する学生が当事者になり，主体性と責任を獲得できた3つのステップを抽出した。ここではこれらのステップの成立を支える要因について，プロジェクトのデザインに関わるキーパーソンたちへのインタビュー結果を踏まえながら検討していきたい（表2-4）。

　まず，ステップ1である「肯定され，受け入れられる安心感」を可能にした要因について，卒業生たちが異口同音に「一切否定されない」点を挙げている。課題を与えられた学生はしばしば「正解」となる対応法を探る。「その必要は全くないよ」とい

表 2-4　インタビュー対象者の概要（プロジェクトデザインのキーパーソン）

	人物の概要
坂倉杏介	東京都市大学教員。コミュニティ・マネジメントと Well-Being に関する研究と実践で知られている。著書に『コミュニティ・マネジメント——つながりを生み出す場，プロセス，組織』など。
高野雄太	タカノ洋品店三代目で商店街理事。おやまちプロジェクト発起人で，現在は一般社団法人おやまちプロジェクトの代表。
黒川成樹	高野雄太さんの高校時代の同級生で，デザイナー。尾山台でピアノアトリエ FLUSS を運営。2019年から一般社団法人おやまちプロジェクト事務局長。
森美惠子	高野雄太さんの母親でタカノ洋品店を経営。地域での人脈が広く，学生たちには「いつ行ってもお茶を出して温かく受け入れてくれる地域のお母さん」的存在。

注：2021年調査実施時のデータである。
出典：筆者作成。

う安心感を与えたのが，高野さんや母親の美惠子さん，黒川さんなど地域のキーパーソンの「なんでも否定しない，学生の意見に対して常に『いいね，面白いね』と肯定し，どうやったらできるのか，誰と一緒にやりたいかと，一歩踏み出すように背中を押す」という姿勢である。

　高野さんは「ありとあらゆることを自分事化させたほうが人生は絶対に面白く，良くなるので，それが早いほどいいと常に思っている」という信念の持ち主である。「でも，『自分事化しろ』と言ってできることではないので，口に出して言うことはない。大事にしているのは，一人ひとりとコミュニケーションをよく取る，学生一人ひとりの話をよく聞くこと」だという。美惠子さんは「アドバイスをするというよりも，単に話を聞く，温かいご飯を出す」存在でいたいと述べ，「それが安心できる場所，という空気につながっているのかもしれない」と語る。「自分という人間は居ていい人間なんだ」という自己有用感が，自分事化にたどり着くためには必要だという。そして学生たちをおおらかに優しく包み込むことが，大人たち自身の幸福感にもつながるというプラスの循環が起きている。美惠子さんが言うには，「幸せを願う人の数がすごく増えた。そう思えるというのはすごく豊かですよね。日頃から彼ら（学生たち）には常に『君たちの幸せしか願っていない』と言っている」。

　黒川さんには，自分自身にとってこのプロジェクトが「ストレスにならないようにする」というこだわりがある。「イベントをやっていくうちに，欲が出て，次第に自分たちの首を絞めるようになる。おやまちプロジェクトって，そんなに立派な団体でなくていい。『ちゃんとしなきゃ圧』というのがあれば，それを跳ね返す」という。

　地域で受け入れる側の大人が「おおらかさ」を保てるのは，個々人の考え方による

56　第 I 部　市民育ちの現場

部分もあるが,「特定の目標を定めない」おやまちプロジェクトの特徴による部分が大きい。漠然と「ほんの1年しか住まない人でも『ふるさと』だと思えるような,あのまちに住んでよかったな,何年か経ったらまた寄ってみようかなと思ってもらえるようなまち」(高野さん)を理想形にしているこのプロジェクトは,具体的な目標設定よりも,人と人がつながるときに偶然生まれるものの積み重ねを大事にしているという。目標に縛られないからこそ,学生たちに対してはどんなアイディアでもやってみれ[7]ばいい,という包容力が確保される。

　次に,第2のステップ「好きや得意を表現できる達成感」を支えた要因について考える。前項ではけん玉の例に言及したが,ほかにもラジオが好き,文章を書くのが得意,イラストが得意,ゲームが好きなど,学生たちの趣味や特技がおやまちプロジェクトで遺憾なく発揮されていた。荒井・野嶋(2017)は,大学生のボランティア活動の推進やボランティア教育のあり方につながる知見を得ることを目的とし,大学生に対して質問紙調査を行った。その結果,自己成長・キャリア開発・精神的高揚・ヘルス／安寧・評価／承認の5因子が見出されたという。特に自己成長と精神的高揚が,内発的な参加志向動機を高めることが示されたと指摘している。好きなことや得意なことによる達成感が,このような自己成長の感覚と精神的高揚に大きく寄与すると考えられる。

　無論,「なんでもやりたいことをやればいい」という寛容な環境と安心できる空気感だけで達成感が得られるわけではない。実践し,手ごたえと評価を獲得していくことが必要となる。学生たちの「やりたい」をサポートしていたのはキーパーソンたちの人脈や能力,尾山台地域の豊かな資源,そして坂倉先生の専門性と実践スキルである。

　タカノ洋品店は三代にわたり商店街で商売をし,「まちの古い方たち,いろんな団体の人たちと馴染みがある」という。それだけではなく,高野さんに3人子どもがいるため長年にわたって小学校と中学校のPTAの中心メンバーであり,洋品店が学校で必要な各種用品を販売していることからも,地域の学校と密なつながりを築いてきた。

　黒川さんはデザイナーとして豊かな経験を持っていることから,ビジュアル化,言語化の能力が高い。「物を作る過程って,理解が進むというか,そのイベントを理解しないとチラシをつくれない,チラシを何度も作ったので理解が早くて言語化も早い。言語化が進むというのは自分事化が進むことで,自分の感覚と照らし合わせる過程でもある」という。黒川さんが創ったおやまちプロジェクトの各種ロゴ,学生たちと一

緒に模索しつつ作ったホームページは，プロジェクトにより多くの協力者や資源をもたらした。「最初はみんなどこにいて何をしているのか，何も見えない状態だったが，それを整理して，おやまちプロジェクトという大きい輪で言語化，可視化したことで，参加する人がすごく増えたんじゃないかな」と語る。黒川さんと一緒に言語化をしていた過程が，学生たちの自分事化を大きく促進したのではないかと考えられる。

　坂本（2020）は，2019年度宇都宮大学「地域プロジェクト演習」を事例に，サービスラーニングの効果を学生，教員，地域パートナーの3つの視点から量的に考察している。その結果，地域プロジェクト演習は学生の地域社会への関心を高め，個人の気づきを促すなどの効果が期待できる一方で，専門的な領域との接続が弱いことや，学生自身の知識・技能・能力についての評価に教員と地域パートナーとの間でズレがあることが確認された。おやまちプロジェクトの場合，まちづくりが坂倉研究室のテーマそのものであることから，「専門的領域との接続が弱い」点は見られない。坂倉杏介ほか共著の『コミュニティマネジメント──つながりを生み出す場，プロセス，組織』（中央経済社，2020年）が示すとおり，坂倉先生はコミュニティ・マネジメントに関する専門的で深い知見を持っていると同時に，チームビルディングやワークショップのスキルにも長けている。学生たちのやりたいことを実現に導く効果的なサポートができていたのではないかと考えられる。さらに，坂倉先生自身が尾山台の地域において，観察する研究者ではなく，タタタハウスの2階に自らの学外研究室を構えるほど「日常を送り一緒に活動する当事者」であることから，プロジェクトの他のキーパーソンたちとの役割分担や意思疎通にズレが生じにくい点も特徴的だといえよう。

　最後に，3つ目のステップである「実施頻度と滞在時間の量による日常化」を可能にした要因として，物理的な環境と機会（通学路にあるという利便性，タカノ洋品店という気兼ねなく気軽に出入りできる場，おやまちベースという毎日通う実験的基地での経験，毎日必ず行われる歩行者天国）以外にも，「まちは個と個に戻れる場所」と，「偶発性を楽しむ」というキーパーソンたちの考え方が挙げられよう。

　学生たちとの関係性について，黒川さんは「彼らを集団（学生）として見ていない」ことを強調している。「おやまち全体でそうだが，一人の個として見ている。身分や役職は全く関係なく話をしたり盛り上がったりする。学生とか，お母さんとか，会社員とかそういうのは関係なく，ただピザが好きというだけで共通しているとか。全然違うのに，共通点を見つけて面白がっている。まちの本質がそこにある」。「個と個に帰れる場所は本当に少なくて，家でも会社でも，学校でも，役割があり，目的を達成するための役がある。そこから解き放たれて会話できるのは人間としても喜びが

ある気がする」と語る。坂倉先生も，「おやまちの面白いところは，所属や専門を超えて，個人が個人として自由につながれるところ」だという。身分や社会的役割を脱ぎ捨てて「個」に戻れる喜びが感じられた学生たちが，日常的に「個」として出入りするようになったのではないかと考えられる。

「個」に戻れるからこそ，身分や役職による縛りや先入観がないからこそ，偶発性の余地が広がり，偶然の出会いや会話からアイディアや気づきが生まれやすい。「街の活性化のために集まると，どうして活性化するかの話になり，みんなの立場が前に出てくる。個と個，興味と興味，やりたいとやりたいが出会えない。原始的な根源的なモチベーションで人と人が出会うのが大事だと思う」と黒川さんがいう。坂倉先生も，「おやまちプロジェクトはあまり計画がなくて，現状は何で，次のアクションとして何があり得るのか，即興で考えることが多い」と語る。「毎年学生が違うので，来年またもっと新しいことをやることになる，もっと面白いことになるというように，プロジェクトを育てていく意識。それで一過性で終わらないようになっている」。

ただ，「新しい取り組みが起こりそうなときに，いいタイミングで仕掛けていくというコツが必要」と坂倉先生が指摘する。また，「ステージが変わる年というのがある。パーソナルなネットワークが続いていくと，企業や組織がそこに加わってくるような受け皿を作る必要が出てくる。客観的にプロジェクトを評価しつつやっている」と坂倉先生が述べているように，偶発性を大事にしながらも，決して「偶発性任せ」にしているわけではない。実際，T1が言うように，「ただやりたいだけではなく，きちんと振り返りも行っている」。「プロジェクト評価をしつつやっている」ところが，日常化し，プライベートとの垣根がなくなった学生たちの尾山台での滞在を，「学び」から分離しないものにしていると考えられる。

学びと社会づくりの実践は別物ではないことは，牧野（2018）において詳細に論じられており，「お客様社会」から「当事者性の社会」への道筋をとして，「当事者志向のまちづくり」の実践研究の重要性が強調されている。そのようなまちづくりとは，「〈学び〉という価値生成の営みが，人々の生活の営みでもあり，〈社会〉を生み出す営みでもあって，それは人々が社会に新たなプレイヤーを作り出して，そこに自らをきちんと位置付けていくこと，そしてそれをベースにしてさらに新たなプレイヤーを生み出し，その多重なプレイヤーの間を軽やかに移動しながら，新たな生活のスタイルや価値を生み出し続けること，そういうことに他ならない」と，牧野は指摘する（牧野 2018：239-240）。まちづくりについて研究することとは，すなわちそのまちの当事者になることであり，「当事者への自己生成こそが〈学び〉の営みなのだ」という

（牧野 2018：243）。「大学での学びから分離しない」ことが，学生たちにとって，日常的にプロジェクトに関わるモチベーションにつながったのではないかと指摘できよう。

4　参加の自分事化のデザイン

本章では，普通の若者たちを市民的実践に巻き込む場としての新しい地域プロジェクトに注目し，先行研究を検討したうえで，大学と地域の連携による実践的な学びのプロジェクトの事例研究を行った。参加した学生たちがいかにプロジェクトおよびまちとの関わりを「自分事化」したのか，そのきっかけと過程，そしてそれを支える要因について分析した。参加の自分事化のデザインを考えるうえで参考になる見解として，以下が見出された。

まず，先行研究の検討から3点挙げたい。

第1に，参加の自分事化とは，自主性と社会に対する積極的責任感の同時達成を意味し，その指標として「当事者意識」と「日常化／習慣化」が挙げられる。

第2に，自分事化しづらい状況は，現代社会のシステムがもたらす構造的な問題であり，その打破は，ハイ・モダニティとしての現代社会の特徴を踏まえつつ，一人ひとりを当事者として見る／語る姿勢，各自が埋め込まれている関係性に目を向け，それぞれが有する「人間の限界性」を自覚することから始めなければならない。その過程は，「学び」の営みそのものであり，知識のインプットだけでは達成できず，さまざまな社会活動に飛びこんでいくことが求められる。

第3に，地域で実施される実践型の授業への参加だけでは，若者の積極的な市民性を高められるわけではなく，授業外で地域活動を行う団体に所属するなど，「授業外コミュニティ」の形成こそが大事であり，「主体的な行動を行うような経験」をどこでどう積むか問われる。リーダーによる牽引や多様性に開かれた人間関係に接触していくことで，公共性につながる市民性を会得していくことが示唆されている。

次に，おやまちプロジェクトの事例研究から，以下が見出された。

第1に，「物理的にアクセスしやすい場所」の重要性である。通学路にあり，誰でも自由に通る商店街で，そこにあるタカノ洋品店という誰もが気軽に入れるお店であること，そして毎日開かれる歩行者天国があることが，「わざわざ通う」手間を省き，参加のハードルを大幅に下げたといえる。

第2に，大学で学んでいる専門との一致（関連性）が，大いに参加に利する。

第3に，参加の自分事化のきっかけは，教員の言葉など，当事者になることの重要

性への気づきから始まるが，内的能動性が引き出される過程として，「肯定され，受け入れられる安心感」⇒「好きや得意を表現できる達成感」⇒「実施頻度と滞在時間の量による日常化」という３つのステップが見出された。

　第４に，この３つのステップを支える要因を見出すことができた。

1．学生たちに，正解を探す必要がない「安心感」を与える受け入れ側の姿勢と空気感，受け入れる側の大人たちもストレスをためない，「ちゃんとしなきゃ圧」をかけないことである。それが可能なのは，「課題解決を目的としないまちづくり」だからであり，「特定の目標を定めない」ことが，このおおらかさと包容力をもたらしている。

2．学生たちの「好き」や趣味を活かしてもらい，「なんでもやりたいことをやっていい」状況を支え，学生たちの達成感を導く受け入れる側の人脈や能力，地域資源，スキルの存在が挙げられる。同時に，教員自身も受け入れる側と同じ目線に立ち，当事者として関わりながら，専門的な見地から学生をサポートしている点である。

3．身分や役職に関係なく，「個」としていられる喜びと解放感，個と個が共通点を見つけて盛り上がっていく面白さを学生たちが実感することで，プロジェクトの場が日常的な居場所になる。また，客観的にプロジェクトを評価する作業によって，「日常的なたまり場」が同時に学びの場でもあることが確保されている。

　このように，おやまちプロジェクトは有利な地理的・物理的条件と，地域のキーパーソンの力量と資源動員力，研究室の専門性と教員のパーソナリティ，教員を含むキーパーソンたちの考え方や価値観の一致など，いくつもの「幸せな結合」があるからこそ，人生が変わるようなインパクトを学生たちに与え，その後の人生でも学生たちはまちとつながり，コミュニティのある暮らし方をするようになった。ほかの地域で複製することは困難かもしれないが，上記で見出した諸要因を他の地域プロジェクトにおいて活かすことは十分に考えられよう。

注

(1) 「特定非営利活動法人の認定数の推移」内閣府（https://www.npo-homepage.go.jp/about/toukei-info/ninshou-seni，2024年10月５日閲覧）。

(2) NPO法人コミュニティビジネスサポートセンター　公式ホームページ（https://cb-s. net/about/ より，2024年8月15日閲覧）。

(3) 増田寛也が国土交通政策研究所「政策課題勉強会」における発言「『地域消滅時代』を見据えた今後の国土交通戦略のあり方について」（2014年11月5日）参照。（https://www. mlit.go.jp/pri/kouenkai/syousai/pdf/b-141105_2.pdf，2024年9月12日閲覧）。

(4) 「数字で見る世田谷の特色」（https://www.kanko-setagaya.jp/?p=we-page-entry&spot= 214210&nav=none，2022年8月29日閲覧）。

(5) 「東京23区の平均年収ランキングを発表！年収の高い区，低い区の特徴とは？」マイナビニュース（https://news.mynavi.jp/article/20220801-2411175/，2022年8月30日閲覧）。

(6) 尾山台商栄会商店街振興組合ホームページ（http://www.oyamadai.com/contents/history, 2022年8月30日閲覧）。

(7) 地方創生図鑑（https://www.chihousousei-zukan.go.jp/activity/0005，2022年9月2日閲覧）。

第3章
市民性を向上させる要因とは何か
──地域プロジェクトによる市民育ちの可能性②──

1 「市民育ち」という問い

第1章では市民はどこにいるのか，どうすれば若い世代を中心に市民を増やしていくことができるかが，日本の市民社会の次なる展開を考えるうえで最も重要な問いだと論じた。市民の育成については，シティズンシップ教育として日本でも分厚い研究の蓄積がある。しかしその多くは小・中・高校の教科や学校が推進する地域でのボランティア活動と関連づけられた研究であり，田中によれば，「わが国のシティズンシップ教育は市民性教育や市民教育と訳される中，社会科，公民または人権教育として位置づけられることが多い」（田中 2011：122-123）。そこで用いられる「市民」は，所与の政治と社会に積極的に参加する「主権者」として規定されており，シティズンシップ教育の実践例として，田中は「高齢者の人権問題を例に挙げながらの教材と学習プラン」「社会科としての位置づけの中で模擬投票授業による主権者教育」「裁判員制度等を例に挙げながら市民の司法参加と権利行使の力を培う法教育」「学校改革の過程での市民を育てる教育」「コンシューマーシチズン」といった消費者教育を挙げている（田中 2011：123）。

本書が想定する市民育ちは，メインストリームが描く主権者としての市民育成よりも，「持続可能な社会に向かう」という文脈を背景とし，既存システムのメインストリームに呑み込まれずに，自らが望む社会関係と社会環境について期待とビジョンを持っており，周囲に働きかけることができる市民の成長である。そのため，従来のシティズンシップ教育と必ずしも意味合いが一致しない。また，本書では，市民育ちの場として，地域プロジェクトに注目している。

若者をいかに地域プロジェクトに参加させるかについて，第2章で行った先行研究の調査の成果を見直せば，以下の4点が明らかになったといえる。

第1に，実践的な学習プログラムの成果に関しては，「教育・学習・発達論の視点

からの研究はほとんど手つかずとなっている」と指摘されていることである（内田2019）。

第2に，学生が自由に発想し行動するプロジェクトではなく，何らかの教育的デザインに沿って決められた学習プログラムの場合，参加した学生は地域の問題についてよく討論するようにはなるものの，更なる行動に結びつくような市民性の向上が見られないとの調査結果が報告されたことである（小玉ほか 2012：41）。

第3に，実践的な学習プログラムへの参加そのものではなく，それがきっかけとなって学生たちが「主体的に行動する経験を積む場／コミュニティ」ができるかどうかこそが大事だという指摘である（舘野・中原ほか 2016）。

第4に，主体的に行動する経験を積む場／コミュニティがあれば，そこで「（公共へのつながる）コミュニケーションの様式」を身に付けていくことによって，市民として公共性に接続していくことができる，という指摘である（松山 2016）。

このように，地域で実施される実践型の授業への参加だけでは，若者の積極的な市民性を高められるわけではなく，授業外コミュニティの中で，主体的に行動する経験を積み，他者と協力関係を築いていくコミュニケーションの様式を体得するのが大切である。したがって，主体的な行動経験を積む場の形成がいかに可能となるのか，その学びのデザインと過程に関する解明が必要となる。

その解明に向けて，前章では「参加の自分事化」をキーワードに，おやまちプロジェクトの事例研究を行った。発見として第1に，「物理的にアクセスしやすい場所」の重要性，第2に，大学で学んでいる専門との一致（関連性）の重要性，第3に，「肯定され，受け入れられる安心感」⇒「好きや得意を表現できる達成感」⇒「実施頻度と滞在時間の量による日常化」という「参加の自分事化」のステップ，第4に，このステップを支える3要因，すなわち，①課題解決を目的としないおおらかさと包容力，②学生たちの達成感を導くサポート，③個と個が共通点を見つけて盛り上がっていく面白さを実感できる「日常的なたまり場」が，同時に学びの場としても成立している点，である。

だが，今までの理論的調査と事例研究においては，市民育ちを問いとしながらも，市民とは何か，市民性とは何を意味するのかの詳細について，明確に示さずに考察を進めてきた。本章ではまず，しばしば理想化されがちな「市民」概念を日本の社会的文脈に根づかせた形で改めて定義し，概念の中核となる「市民性」を表す具体的な項目について検討する。そのうえで，市民性が育つと期待される地域の場に目を向け，前章で考察した事例とは性質の異なる地域プロジェクトを取り上げ，更なる見地を見

出していきたい。

2 「市民」概念の再検討と「市民性」の指標設定

「市民」概念を改めて考える

　教科書的な市民の概念規定はさておき，日本では1990年代に，NPOやボランティアをはじめとする「ボトムアップの社会づくり」の担い手として，「市民」に関する論考が矢継ぎ早に発表された。李（2024a）でも述べていることだが，市民の定義を考えるうえで示唆的ないくつかの代表的な議論を見てみよう[(1)]。

　まず，市民の政治的，生活的諸権利を実現し，確保するために著者自身が15年間さまざまな市民運動に加わりながら執筆した久野（1996）が挙げられる。そこで述べられる「市民」とは職業人としても地域の生活者としても国家権力から独立し，自主と自治と自由を体現する政治的な存在である（久野 1996：16-23）。

　次に，阪神・淡路大震災の救援活動における「一方での政府・官僚機構・自衛隊の対応の鈍さ・だらしなさと，他方での市民たちの想像を絶する苦境の中で示した勇気，ボランタリーな救援活動の頼もしさとの対比」を挙げ，1995年は「官僚的政治文化」に対して「市民的政治文化」が花開く「市民の時代の幕開け」だと指摘した今井（1998）が挙げられる（今井 1998：124）。今井の議論において市民とは，官僚体制に依存的な習慣，権威に依存するパターナリズムの心情から抜け出し，「独立した精神を持ち，自分で自分の周囲に発生した問題を処理できる」「自発的な問題解決能力を持ったコミュニティの一員」とされる（今井 1998：128）。久野が政治的に国家からの独立という「政治的立場」の側面を強調したとすれば，今井は具体的な問題・課題に精神的にも能力的に対応できる「資質と能力」の側面を描き出している。

　さらに，第1章で触れたように吉永（1999）においては，社会と個人の生き方について現状の変革を志し，未来と他者に向かって意図をもって働きかける点が強調され，「市民」は個人と社会の価値観について問いかけ，行動を通して新しい価値観を提案する存在とされた（吉永 1999：13-14）。このように市民は，国家に対して独立した精神を持ち，自律的に周りの課題に対応する能力のあるコミュニティの一員であり，かつ未来に向かって変革するために他者にも働きかけ，新たな価値観の樹立を模索する能動的で意欲的な主体として描かれた。

　このような積極的な社会参加の主体となる市民像が提起された一方で，他方では，それは虚構に過ぎないとする指摘もほぼ同時に展開された。代表的な議論として佐伯

（1997）と中野（1999）が挙げられる。佐伯は上記の久野による議論を念頭に，政治意識を持った個人という意味での市民は，そもそも「ヨーロッパの歴史的条件」下で生まれた概念であり，「ヨーロッパ社会は，一方で個人主義を生み出すとともに，他方では，彼らのもう一つの伝統である『共同体主義』もちゃんと残っているのだ。（中略）個人の内面に超越的な価値を持った，ある意味で激しい『個人主義』と，より生活の形と密着した『共同体主義』の両者が何とかバランスを崩さないで他方をけん制するところに，ヨーロッパの『市民』がある」と述べている（佐伯 1997：175）。「『私』の世界と『公』の世界の区別がきわめてあいまいな日本」において（したがって「公」に関する思考や判断ができる個人が少ない状況において），「市民」が政治的に意思を直接反映させることは「衆愚化」をもたらすのではないかと佐伯が危惧し，「果たして，われわれの目の前にある『市民』なるものは，民主主義における権力の主体という地位に耐えられるのだろうか」と疑念を示した（佐伯 1997：178）。中野は90年代の市民社会論の隆盛に対して，「『自発的』だからといってシステムから『自立』しているなどとは言えない」と反発し，自発的なボランティアは「むしろ無自覚なシステム動員への参加になりかねない」と警告した（中野 1999：76）。

どこまでの独立性，自発性，積極性，変革への意欲を市民の概念に求めるのか，どのように日本社会の文脈に根差した市民像を見出せるのか，必ずしも共通の見解には達していない。だが確かなのは，「市民」は受動的で依存的な「待つだけ」の「臣民」，社会的・公共的な出来事に無関心で他人任せにする「大衆」，私利私益と人情の範疇から出ない「庶民」といった概念に対するアンチテーゼだということである。独立独歩の西洋型個人の確立が市民概念の前提だという議論に賛否が分かれるだろうが，現に日本社会では，社会的・公共的な出来事やテーマに，なんら強制されることなく，思い思いの形で関わる人は大勢いる。程度やきっかけが多様でも，市民とは自分にとっての義務や経済的利益にとらわれることなく，社会的・公共的な事柄に参加する人々である。

このような人々は，とりわけ地域において多く活動している。陣内ら（2007）や大野（2005）においては，「地域社会を主体的により良く変革する実践者」と市民を定義しているように，日本社会では，国家からの独立や自律性，権力に対する監視や制御，抵抗の強調よりも，身近な地域社会で，地域環境や地域生活がよくなっていくような取り組みをしている人々を「市民」とする定義のほうがなじみやすい。本書は，「既存システムのメインストリームに呑み込まれずに，自らが望む社会関係と社会環境について期待とビジョンを持っており，周囲に働きかけることができる市民」の育

成に関心を寄せているが，そのような市民育ちのスタートラインは，高邁な理想を語る教科書ではなく，最もなじみやすい地域の現場から見出さなければならないと考える。

「市民性」を物語る指標の設定

無論，市民概念の中核となる「市民性」は，地域性をはるかに超えるものである。地域の場で育つ市民性を考察するには，地域性を超えた市民性の特徴を見据えておかなければならない。生島（2018）が指摘するように，市民性はローカルな視点だけではなく，これからの国際社会を支えるグローバルな概念でもあり，青年期・成人期にこそ実践を通して獲得していくべきものである。寺島（2009）「市民活動とシティズンシップ」においても，市民的資質として「他者感覚」「開かれた態度」「正義感覚」「対等な関係性」「非暴力の態度と規範」の5つが挙げられ，いずれも地域性では括られない性質となっている。

本書で目指したい市民育ちと，日本社会の地域の現場でなじみやすい市民像の両方を踏まえつつ，「市民」を以下のように定義したい。市民とは，人間と社会がもつべき新しい価値観を意識し，一定の市民的資質を持って，所属するコミュニティにおいて主体的に実践する者であり，かつコミュニティ内に限定されないフラットでオープンな感覚を持ち合わせている存在である。市民性を表す具体的な諸項目も，この定義に基づいて設定した。

まず，社会における新しい価値への意識を表現する項目として，周囲に対して興味を示す姿勢，共感する姿勢や異議をきちんと表明する姿勢を意味する「①ポジティブ／楽しむ姿勢と心」「②共感力と抵抗力」を設定した。この2つは「市民性」を示す指標の中でもある意味「前提」となる基本的な感性を示す項目である。次に，市民的資質およびフラットでオープンな感覚を表現する項目として，「③寛容さと開放性」「④対等性と多様性／他の尊重」を設定した。多く提示される資質の中でも③④の2つは「市民性」の土台となる価値観だと考える。そして「主体的な実践者」を表現する項目とした，「⑤行動力と自由度」「⑥多様な視点／批判的視点」「⑦言語化する力／話し合う力／熟議の力」の3つを設定した。これらは市民性を実践するうえでの基本的なスキルだと位置づけられる。最後に，市民性の成熟および達成を表す項目として，「⑧参加の意識と習慣／コミュニティ感覚／自主性」を設定した。この対応関係を表3-1によって示すことができる。

表 3-1 「市民性」を物語る諸項目

「市民」の概念	関わり	市民性の項目
人間と社会がもつべき新しい価値観を意識している。	市民性が獲得しやすい感性	①ポジティブ／楽しむ姿勢と心 ②共感力と抵抗力
一定の市民的な資質を持っている。かつ，コミュニティ内に限定されないフラットでオープンな感覚を持ち合わせている存在。	市民性の土台を成す価値観	③寛容さと開放性 ④対等性と多様性／他の尊重
所属するコミュニティにおいて主体的に実践する者。	市民性を実践するスキル	⑤行動力と自由度 ⑥多様な視点／批判的視点 ⑦言語化する力／話し合う力／熟議の力
上記で示したように，意識するだけではなく，行動する存在である。	市民性の成熟と達成	⑧参加の意識と習慣／コミュニティ感覚／自主性

出典：筆者作成。

3 用賀サマーフェスティバル（YSF）の事例研究

　市民性の形成は，上記の生島（2018）でも論じているように，知識の獲得や理解の深化のみでは達成し得ず，実践と経験を必須とする。したがって，地域性を超えた「市民性」の育成にも不可欠なフィールドとされるのが地域，特に市民のイニシアティブによる各種地域プロジェクトの実践の場である。

　本章は前章と同様に「主体的な行動を行うような経験をどこでどう積むか」を考察するための事例研究であり，同じく世田谷区内の地域プロジェクトを取り上げるが，日常的なたまり場，学生たちにとって居場所となるおやまちプロジェクトとはタイプの異なる「非日常的なイベント型プロジェクト」，用賀サマーフェスティバル（YSF）を考察対象とする（図3-1）。

非日常的イベント型地域プロジェクト YSF とは

　東京都世田谷区用賀地域は2022年時点では世帯数1万9,008，人口2万7,628人となっている。東急田園都市線を利用し，渋谷駅や二子玉川駅まで乗換なしで行けるという交通の利便性と同時に，緑が多いことや，昔ながらの商店街や個人経営の店が多いことから，落ち着いた，どこか気取らない雰囲気を持ち合わせている。用賀駅から徒歩20分ほどで広大な敷地面積を誇る砧公園や多摩川にアクセスでき，保育園や小学校などの施設も多く，子育てのしやすい街として人気のエリアとなっている。駅近の商店街に入っていくと，懐かしさを感じさせてくれるレトロな街並みの一角に，用賀

図 3-1　YSF 当日の様子

出典：筆者撮影。

商店街事務所がある。商店街では年に二度の祭りを開催したり，商店街の店舗をツアーのような形で紹介するイベントを行ったりするなど，コミュニティづくりの中心的な役割を果たしている。[4] 学生を主催者とする YSF が用賀地域で定番となりつつあるのも，商店街のサポートがあってのことである。

YSF は2005年当時，大学に在学中の新井佑さん（現 NPO 法人 neomura 代表理事）[5] が立ち上げた地域プロジェクトである。「若者がやりたいことを実現するお祭り」として，2005年以降，大学生や高校生が主体となって年に一度開催されてきた。2014年（第10回）には来場者数1万人を達成し，18年（第14回）には1万5,000人を突破した。2019年より企画変更や体制強化，コロナ禍による開催延期があったが，2022年に再開し，第15回が開催された。コロナの影響により時間短縮開催であったにもかかわらず，売り上げは過去最高額となった。学生主催のお祭りの珍しさや，過去に学生の発案から実現した地域通貨の発行などユニークな取り組みなどから，ラジオや新聞，ネットニュース，テレビなど各メディアから取材を受け，注目度の高さがうかがえる。[6]

YSF の最大の特徴は，企画，制作，運営，資金調達などをすべて学生が担うという「学生主体」なところである。そこには事前に決められたプログラムがあるわけではなく，日時が決まっている地域のお祭りという大きな箱に，参加した学生が自由に発想し，必要なものを整えていき，思いを実現していく。このようなプロジェクトに熱心に関わっていた学生に，市民性の成長が見られたのだろうか，どんな要因がその成長を促し，どんな課題があるのか。この事例研究では2022年6月から9月にかけて，筆者は指導する大学3年次ゼミ生（8名）とともに YSF の OB・OG（11名）への半構

第 **3** 章　市民性を向上させる要因とは何か　69

造化インタビュー，YSF のプロジェクトデザインに関わるキーパーソン（4名）への非構造化インタビュー調査を実施した。さらにゼミ生 4 名が2022年度の YSF の企画と実施の全過程に参与観察を行い，そのデータも参考にしつつ，調査の結果を考察していきたい。なお，キーパーソンの方は承諾を得たうえで実名を記載し，それ以外の方は記号で示す。

市民性の成長とその促進要因の分析

　かつて複数年度にわたって YSF に熱心に参加していた OB・OG に対して，YSF 開催のキーパーソンたちから紹介してもらう形で半構造化インタビューを積み重ねた。主な質問は以下のとおりである。

①Face 項目：大体の経歴と現在の状況，何年に参加したのか，きっかけはどんなことだったのか。

②市民性レーダーチャート用の 8 項目に関して，参加前と現在の自己評価。特に大事だと思う項目，思い入れがある項目があるか。参加前に比べると参加後とりわけ変化した（成長した）市民性の項目とは何か，なぜか。

③プロジェクトのどのようなところが自分自身の変化をもたらしたのかについて（レーダーチャートとの関連性を中心に）。

④上記以外に，YSF 活動のとりわけ興味深い，面白いと思ったところについて。

⑤当時，大変だな，困ったなと思ったところ。どうやって乗り越えたのか。

⑥続けられたモチベーション（力）の出どころ。

⑦参加の経験がその後の人生にどう活かされたか。

⑧若い世代がその後社会のさまざまな場面で主体的に参加していくうえで，地域プロジェクトの教育的効果や課題についてどう考えるか。

⑨補足質問

OB・OG の市民性に関する自己評価　OB・OG たちから，YSF での参加経験によって「市民性」がどれくらい変化したのかについて，参加前と参加後それぞれ10点満点で自己評価してもらい，その理由について語ってもらった。それをまとめたのが表 3-2 である。

　無論，インタビュー対象者となった OB・OG たちは，参加度という意味でかなり主体性が見られたがためにインタビュー対象者として推薦されたことをまず確認して

表3-2　市民性に関する自己評価（YSF の OB・OG，参加前と参加後の比較）

	ポジティブ／楽しむ姿勢と心	共感力と抵抗力	寛容さと開放性	対等性と多様性／他の尊重	行動力と自由度	多様な視点／批判的視点	言語化する力／話し合う力／熟議の力	参加の意識と習慣／コミュニティ感覚／自主性
I'さん	6/9	8/8	6/6	7/8	6/9	2/5	4/5	5/8
M'1さん	5/10	7/8	4/9	5/7	5/9	5/7	4/8	5/10
N'1さん	6/8	6/9	5/5	6/8	4/8	5/7	3/7	3/9
S'さん	7/8	7/8	6/7	8/8	5/8	7/8	8/8	9/9
K'1さん	8/9	7/7	6/6	6/7	8/8	6/7	4/5	5/6
K'2さん	3/10	10/10	5/8	7/8	5/9	3/6	2/6	3/8
T'1さん	5/7	6/6	5/8	7/7	6/9	5/6	4/7	8/8
U'さん	6/8	8/10	7/7	7/7	6/10	5/6	5/8	8/8
N'2さん	8/9	10/10	8/9	10/10	9/8	7/7	7/8	7/9
M'2さん	5/7	6/7	6/9	6/9	8/8	6/7	6/8	2/9
T'2さん	7/8	5/7	5/8	5/9	8/10	7/8	7/8	7/9

注：3度数以上の変化があった項目は薄いグレー，5度数以上の変化があった項目は濃いグレーで表示。
出典：筆者作成。

おく必要がある。「⑧参加の意識と習慣／コミュニティ感覚／自主性」の項目がどの対象者においても，もともと高いもしくは参加後たいへん高くなっていることが，その点を物語っている。その上で，YSF への参加が彼らにとって，市民性の獲得という意味でどのような影響を及ぼしたのか，とりわけ「行動」につながると考えられる項目に注目し，変化が大きい項目について考察したい。

「行動力」の変化とそれを促進した要因　　共通して変化の大きい項目はいくつかあるが，「行動力と自由度」の項目が一番多く変化が出ていることが分かる。行動力にフォーカスした発言をいくつか紹介する。

　　I'さん：行動力というところも，それまであまり人と群れた行動というのはないほうだったんですが，YSF に入って本当に色々なバックボーンを持つメンバーがいて，割と好き勝手やってもなんとかなることを学ばせてもらったため，このあたりは YSF に入ってから変わったところだと思います。

　　M'1 さん：YSF 自体がゼロから始まるんですよ。その年のリーダーが決まって，学生集めていって，そこから企画したり日程も決めたり色々するんですけど，そこで何もない状態からのスタートなので，もう行動するのみなので，（中略）

かなうかどうかわかんないですけどチャレンジはいくらでもできるって感じですかね。

　S'さん：私は新しいものを開拓するのが苦手で，一個一個積み重ねて，おそらく相手がこれを望んでいるのでこうしようと，それを意識してやっていた。不確定や飛び込みというのが苦手だった。当時とりあえずやってみようというのが，「え？」と思ったが，実際にやってみて，そのすごさを痛感した。

　インタビューデータから，行動力が身についたきっかけとして，おもに①何も生まれていないゼロの状態から関われる，②とりあえず行動してみるという機会が提供されている，③さまざまな人とコミュニケーションを取る機会がある，④自分の意見の主張ができる，という4つの要素が見出せた。行動力を養ううえで重要な点として，③と④は先行研究においてもしばしば強調されている。例えば今谷は，「主体的な行動力」の獲得には，「人々との活発なコミュニケーション」と「自分の意見の主張，的確な判断」が大切だと指摘している（今谷 2004：5）。今回のインタビューで発見した独自の要素としては，①と②，すなわち「ゼロの状態からとにかく行動しなければならないこと」と，「とりあえず行動してみる機会が提供されていること」だといえる。この2点は，YSF には「決まった期日にお祭りを開催しなければならない」という明確なゴールがあることによってもたらされていると考えられる。予定されている期日までに間に合わせなければならない，また「お祭り」という大きな枠組みしか定まっておらず，具体的なコンテンツを自由に構想できるため，「とりあえずやってみる」ことが可能となっている。

　お祭りという YSF の性質が「行動力」を促進するうえで効果的なだけではなく，地域で10数年来続けてきたという YSF の継続性，そして主催する NPO 法人という組織の継続性も，参加者の行動力を後押ししている。羽鳥・片岡・尾崎（2016）によれば，参加者の持続的な行動力が市民組織の持続性につながり，それが結果的に地域における市民活動の持続性にも結び付く（羽鳥・片岡・尾崎 2016：412）。裏返しとして，その活動がずっと継続されてきたこと，それを継続的に行っている組織があることは，新たな参加者にとっては「安心して参加できる，行動しやすい」環境を提供するのではないだろうか。市民組織において持続的に活動を行う人＝市民性が高い人が，行動力・自主性を求められる環境に身を置くことで，参加者と相乗効果が生じやすい。この環境こそ，YSF が担っている「機会提供」ではないだろうか。地域プロジェクトの中でも，しっかりと NPO 法人の組織が継続的に行ってきた活動でありながらも，

参加者たち自身で行動しないと何も起きない環境を提供する YSF のようなプロジェクトの下では，市民性が育ちやすい，といえるのかもしれない。

「寛容さと開放性」の価値観の獲得とその促進要因　「寛容さと開放性」も変化の大きい項目である。前項で指摘した行動力を養う③と④の要因，すなわち，「さまざまな人とコミュニケーションを取る機会がある／自分の意見の主張ができる」という状況を作り出すうえで，一人ひとりが思っていることを開示しようという気持ちと，その意見を否定しない寛容さが必要となってくる。寛容さと開放性の価値観がそれに大いに貢献すると考えられる。自分を開示し，それを受け入れてくれる存在があることで，自身も他人に対して寛容になれるという循環が生まれる。

この寛容さと開放性を一番実践しているのが，YSF を立ち上げた新井さんにほかならない。2017年から20年まで参加をしていた N'2 さんは新井さんについて次のように述べている。

> 代表の佑さんの考え方は，言った意見を絶対に否定しないで，いいじゃんと言ってくれるので，自由度があるし，（中略）佑さんの「いいじゃんやりなよ」という背中を押す発言で本気のレールに乗せられてしまうのが行動力につながるし，とはいえ自分の発言ではあるので本気になれて，そういうところが良かった。

これは N'2 さんだけではなく，他の OB・OG たちも同様のことを口にしている。プロジェクトの中心にいる人が意見を否定しない寛容さと開放性を前面に出すことが，関わる人々の間で解放と寛容の循環を生み出す。寛容さや開放性の変化を OB・OG がとりわけ語ったのは，新井さんのそのスタイルである。2018年に代表を務めた M'2 さんは，新井さんのおかげで YSF の中で自分の知らない世界を知り，どんな人とも仲良くなれたことと述べている。新たな世界を知ったことや他者と「仲良くなれた」体験が，さらに「寛容さと開放性」を押し上げていくと考えられる。

「言語化する力／話し合う力／熟議の力」の成長とその促進要因　最後に，変化が大きかった項目として，「言語化する力，話し合う力，熟議の力」が挙げられる。YSF は決められたやり方やレールがない状況で進めなければならないプロジェクトであり，アイディアを出す，説明／説得する，話し合う／議論することによってしか進められない環境を作り出している。

では，このような力は具体的にどう身に着くのか。複数のインタビュー対象者から，YSF のミーティングとそのあとの「飲み会」の大切さが述べられている。ミーティ

ングの場よりも飲み会の場で，地域の大人たちが率直で熱のこもった議論をする。「大人たちの真剣さ」に圧倒され，その熱意に動かされることが多いという。いつの間にか毎回飲み会に参加するようになり，議論に巻き込まれ，意見をぶつけ合うことで自分と他人の感じ方の違いを実感し，そうすることで企画内容にも多様な視点が反映されていく過程を知るようになる。

　もう1つ，これらの力が鍛えられる要因として言及されたのは，お祭りに必要な資金の調達，行政で許可を得る手続き，メディア対応，ステージに出演してもらうための交渉など，すべて学生たち自身で行わなければならないという「学生扱いしてもらえない」点である。YSF は学生主体でありながらも，地域の多くの立場，多様な人々から協力を引き出す必要があることから，「学生」という身分に甘んじられずに，学生たちは「容赦なく」巻き込まれていく。その過程で言語化する力，話し合う力，熟議の力が身についていったのではないかと考えられる。

　以上で変化が大きい項目を中心に考察してきた。これらの変化を促進した要因としては，上記の考察からは，以下の点を指摘できよう。

①ゴール（実施の期日）が決まっているイベントであり，とにかくそれに向けて進めなければならないという条件設定。

②「お祭り」という大枠だけ定まっており，自由にコンテンツを入れられるため，「とにかくやってみる」ことが許される環境。

③長年地域で継続してきて，中心となる組織（NPO 法人）や協力する商店街組織がある安心感。

④中心にいるキーパーソンが開放的で寛容。学生たちが「乗せられて」いき，開放的で寛容な循環が生まれていく。

⑤とにかく話し合う場面がたくさんあり，ミーティングよりも飲み会の場で「真剣で熱意ある大人たち」の魅力が存分に発揮されている。

⑥学生たちは「学生扱い」してもらえず，「ほんまもん」の社会環境の中で「がち」の交渉をし，実際に進めていかなければならない。模擬的な実践学習とは一線を画す。

YSF のキーパーソンとなる大人たちの市民性

　これらは「決まったプログラムがない」YSF ならではの特徴だが，そのスタイルは，このプロジェクトのデザインに関わった大人たちの考え方による部分が大きい。学生たちにおける市民性

表 3-3 YSF のキーパーソンたちの市民性に関する自己評価

	感 性		価値観		スキル			達 成
	ポジティブ／楽しむ姿勢と心	共感力と抵抗力	寛容さと開放性	対等性と多様性／他の尊重	行動力と自由度	多様な視点／批判的視点	言語化する力／話し合う力／熟議の力	参加の意識と習慣／コミュニティ感覚／自主性
新井　佑	10	10	10/7	10	10	10	7	10
星　裕方	7	10	9	5	3	7	10	8
相澤優太	5	8	10	7	8	9	10	6
齋藤久平	8	8	8	10	6/10	10	10	8

注：4名とも7点以上と評価した項目は塗りつぶしている。
出典：筆者作成。

の成長も，大人たちの市民性を照らし出したものだと考えられる。事例研究では4名のキーパーソンにインタビューを行った。表3-3が4名による市民性の自己評価である。

　総じて高い傾向にあるが，かなりばらつきがある。4名それぞれの市民性と価値観の形成の背景や，根底にあるものについて，インタビューデータを基に簡潔にまとめておきたい。

　新井さんは，成功体験と自分の居場所があるところに自分の行動力の源泉があるという。それらがあるために，「何とでもなる」というおおらかな気持ちになると語る。学生時代から続けてきた過去のYSFでの成功体験と，生まれ育った用賀というコミュニティを実感できていることが，新井さんの開放的で寛容な姿勢を支えているといえる。

　星さんは，「大人になっても学校の文化祭みたいなことをしたい」という気持ちが強くあり，それが心の原風景のように自分自身のキャリアにも大きな影響を与えているという。また，自然の摂理に反しているよう見える資本主義経済に対して疑問を抱くなど，オルタナティブ志向が価値観の根底に存在しているように思われる。「共感力と抵抗力」「言語化する力／話し合う力／熟議の力」の項目においてとりわけ自己評価が高いのは，その価値志向を反映しているといえる。

　相澤さんは，学生時代に新井さんと一緒に「サークルの延長」という感覚でYSFに関わっていたが，社会人になってからも関わり続けたのは，「とにかく仲間たちとの活動が楽しかった」以外にも，「自分の中に新しい風を入れたいという想いがもともとあった」と述べている。決められた役割をこなすのではなく，気の合う仲間と新

第3章　市民性を向上させる要因とは何か　75

しいことを，試行錯誤しながら作っていき，その中で自分が必要とされているという実感が，継続の理由だという。

齋藤さんは，地域の活動に熱中しているというよりも，広く浅く，ちょうど良い距離感の人間関係を保つことに価値を見出しており，そのためには「新しい人に会うことをとにかく大事にしている」という。

室田・小山（2020）が指摘するように，積極的に地域活動に関わり，地域の問題解決のために能動的に取り組んでいる市民はしばしば「強い市民」と考えられてきた。しかし，上記の4名へのインタビューからは，「地域の課題解決のために能動的に取り組んでいるとは言い切れない」市民の姿が浮かび上がった。YSFという地域プロジェクトにとっては欠かせない重要な役割を果たすキーパーソンでありながらも，彼らの人生をそのプロジェクトに結び付け，つなぎとめているものは全く異なっていた。生まれ育ったコミュニティで成功体験を積み重ねていきたい，学生時代の文化祭を大人になってもやりたい，気の合う仲間と新しいことを創っていきたい，新しい人にどんどん出会っていきたい。彼らの真剣さは「地域のために」「地域の課題解決のために」あるのだというよりも，それぞれの思いや価値観をまっすぐに表したところにある。

ただ，4名とも7点以上と自己評価した項目が，「共感力と抵抗力」「寛容さと開放性」「多様な視点／批判的視点」「言語化する力／話し合う力／熟議の力」の4項目となっている。そのうちの2項目，すなわち「寛容さと開放性」「言語化する力／話し合う力／熟議の力」が，OB・OGたちにおいて最も成長が見られた項目でもあったことは，偶然ではないと考えられよう。

4　市民性を成長させるもの

本章は「市民」がいかに育つのかという問題意識の下，日本社会では独立性や自律性，権力に対する監視や抵抗よりも，地域で具体的な実践に関わる市民のほうがなじみやすいこと，だが同時に，地域性を超えたものとして市民性を捉えなければならないこと，地域での実践活動による市民育ちの可能性と課題を考える場合は，そのような市民性を見据えたうえで事例研究を積み重ねていかなければならないことを提起した。

この事例研究は同じ問題意識に基づく前章に続く事例研究である。大学生が地域プロジェクトに関わることで，どのように市民性を成長させるのか，地域プロジェクト

のいかなる要因がその成長を促進したのか考察した。取り上げたのは，サービスラーニングなどでよく見られる「決まったプログラムのある」プロジェクトではなく，また，授業やゼミ活動の一環として実施されるものでもなく，学生たちが学外で自由に発想し行動できる地域プロジェクト，世田谷区の用賀地区で10数年来続けられてきた学生主体のサマーフェスティバル，YSF である。インタビュー調査と参与観察を経て発見したのは，市民として行動する力に結びやすい「行動力」「寛容さと開放性」「言語化する力／話し合う力／熟議の力」といった市民性の項目における大きな成長である。

　それらの成長を促進した要因として，第2節の第4項で指摘した6点が挙げられるが，このような YSF の特徴は，関わっていた地域のキーパーソンたちの姿勢と考え方，関わり方による部分が大きい。キーパーソンたちは「積極的な地域市民」というイメージでは捉えきれない個性と価値観を持っており，共通するのは，それぞれの思いを素直に真剣に表した先に YSF との結びつきがあり，そして市民性としては，「共感力と抵抗力」「寛容さと開放性」「多様な視点／批判的視点」「言語化する力／話し合う力／熟議の力」の4項目において自己評価が比較的高い，ということである。学生たちが彼らから少なからず影響を受けていたことがうかがえよう。

　このような大人たちによる地域プロジェクトは，若者たちに「市民活動っぽさ」を感じさせる。ともに調査研究を実施した筆者のゼミ生たちは，参与観察を通して見出した YSF の「市民活動っぽさ」について，多様な人が集まる点，偶然の出会いがある点，人のつながりのすごさ，一から作り上げる点，商売っ気がない点，ボランティアの力，さまざまなアイディア・意見に対する寛容さ，自主性が尊重され話し合いにより軌道修正が可能なところ，学生の挑戦の場になり得るところ，などを挙げている。おやまちプロジェクトのような拠点型の地域プロジェクトにおいては，学生たちがそこに滞在する時間の長さ，「居場所」につながる一種の「日常化」が重要な要因として浮かび上がったのに対して，YSF のようなイベント型の地域プロジェクトにおいては，学生たちにとって「それっぽさ」を感じさせる出会いや出来事が経験できるかがカギとなる。拠点型の地域プロジェクトでは，特定のゴールがない状況下において，学生たちの滞在時間を増やす環境づくりと工夫が問われるのに対して，イベント型のプロジェクトでは，明確なゴールに向かわなければならない状況下において，ゴールがあるからこそ得られる出会いと忘れがたい体験を増やす環境づくりと工夫が問われよう。

　非日常的なイベント型のプロジェクトにおいて特に問題となりがちな課題として，

参加後も継続的につながっていられるのか，一つの地域プロジェクトへの参加が成功裏に終わったとしても，卒業後ほかの地域に移ったら，同じように市民的な参加をする大人になっていくのか，が挙げられる。この課題を踏まえて，現在の YSF は，一過性の「学生たちのお祭り」に終わらない活動スタイルへの変身を遂げようとしている。2024年10月，新井佑さんにこの文章を確認していただいた際に，新井さんは現在の YSF の変化について，次のように述べている。

　　ここ（本書）での登場人物は，基本は YSF 立ち上げ期から成長期を支えたメンバーです。ゆえに「用賀」というフィールドよりも，「その時のノリや空気感，関係性」に重きが置かれたのかもしれません。
　　一方，YSF も時代により，どんどん変容しています。僕自身も家族ができ（同時に飲み会もある程度行きづらくなり），理事体制も変わり，今までの個人的なつながりから「用賀で生活するチーム」に一新しています。今は「用賀」という文脈の優先度がとても上がっています。
　　実際，2024年の YSF は学生が50名ほどいましたが，その中で地域のオトナの伴走者25名がサポートし，いかに「お祭りづくり」というプロセスを活用して，まちとのエンゲージメント，関係性を育んでいくのかを課題として走らせています。

　このように，YSF は「地域性」を強化し，より多くの地域の大人たちの巻き込みによって，まちへのエンゲージメントを強め，参加する若者たちのまちとの関係性を深化させようとしている。
　ただ，地域との関係性が強化されたとしても，地域プロジェクトへの参加経験による市民性の成長が，「既存システムのメインストリームに呑み込まれずに，自らが望む社会関係と社会環境について期待とビジョンを持っており，周囲に働きかけることができる市民」へと成熟していくことにつながるのか，また，どうつながるのかについて，さらなる探求が必要である。そのためには，個々の地域プロジェクトを覗き込むだけではなく，地域プロジェクトを横断的に仕組みとして捉えていく際に，どんな概念をもってそれを言語化できるのか，市民的実践の現場で多用される「NPO」というレンズで十分なのかどうかについて，考えていかなければならない。

78　第Ⅰ部　市民育ちの現場

注

(1) ここからの5つの段落は，李（2024a：147-149）「(1)市民とは誰のことか」の文章と重なる部分が多いことを申し添えておきたい。

(2) 世田谷区ホームページ（https://www.city.setagaya.lg.jp/index.html，2023年5月2日閲覧）。

(3) 「子育てがしやすい街『用賀』人気の理由と住みやすさを解説」（https://mitaina.tokyo/topics/89167/，2023年5月2日閲覧）。

(4) 用賀商店街ホームページ（https://helloyoga.jp/，2022年5月2日閲覧）。

(5) NPO法人neomuraは，世田谷区用賀を中心に活動しているNPOである。"neo"は新たな時代観を，"mura"は古き良きムラ社会を表しているという（https://www.neomura.or.jp/，2023年5月2日閲覧）。「チーム用賀」を運営し，さまざまなコミュニティづくりプロジェクトを通して，地域との関係性を一緒に育むことを目指している。YSFの他にも「用賀BLUE HANDS」という青い手袋を両手にはめて行う清掃活動や，空き地をコミュニティ農園にした「タマリバタケ」という取り組みが挙げられる。

(6) 「学生が生む夏の活気　企画運営の祭り　四年ぶりに復活　世田谷で27，28日レトロがテーマ『ぜひ来場を』」東京新聞（https://www.tokyo-np.co.jp/amp/article/197911，2023年5月2日閲覧）。

第Ⅱ部

市民セクターを捉える新たなレンズ

──市民的コモンズ──

第4章
ローカルとソーシャルを取り結ぶ
——市民的コモンズの概念提起——

1 日本における NPO 研究の20数年を振り返る

第1章で述べたように，20世紀90年代の後半から，日本では市民活動の領域は NPO というレンズによって可視化され，言語化され，「NPO 研究」は市民セクター研究を代表する領域となった。では，20数年間の NPO 研究をどう振り返ることができるのだろうか。1999年に成立した日本 NPO 学会が機関誌『ノンプロフィット・レビュー』を発行してきたが，学会設立20周年の節目において，2019年から20年にかけて「日本の NPO 研究の20年」という特集を掲載した。ここでは特集に収録された一部の論文，すなわち安立清史「日本の NPO 研究の20年——社会福祉と NPO」，桜井政成「日本の社会学における NPO・ボランティア研究動向」，小田切康彦「政治学における NPO 研究の展開——日本における1998年以降の文献レビュー」，そして粉川一郎「日本NPO学会の20年——何に興味を持ち，何を研究してきたのか」に依拠しながら，日本における NPO 研究の20数年を振り返りたい。

日本の NPO 研究の20年——社会福祉と NPO

安立（2019）は社会福祉と NPO に関する研究は1990年代から活況を呈していたが，2019年現在は「曲がり角に立っている」と述べ，4つの観点から社会福祉と NPO の20年間の動きを考察したうえで，今後の福祉と NPO 研究の理論的課題を指摘している。

第1の観点は，研究の活況をもたらした時代背景の分析である。仁平（2011）の議論に依拠しつつ，安立はグローバリズムの奔流と福祉国家の財政危機の顕在化を受けて，小さな政府を主張する世界的な新自由主義（ネオリベラリズム）的な政策動向と NPO セクターとの「共振」を指摘している。1970年代以降の福祉国家危機論という素地の上に，旧ソビエト連邦や東欧社会主義国家の崩壊がきっかけとなり，国家の代

わりに福祉サービスを提供するNPOセクター像が提起された。この中心にいたのが米国の巨大財団に支援されたジョンズ・ホプキンズ大学のレスター・M・サラモン教授らの「グローバル・シビル・ソサエティ論」による米国の非営利の仕組みの「布教」であったという。日本では，国家の代わりに福祉サービスを提供するということが「ボランティアやNPO側の意図とは真逆であったとしても，（中略）新たな参加や『創出』があったから（ありえたから）NPO側も『共振』した」と述べ（安立 2019：5），ボランティアやNPO側の意図がどうであれ，NPO法や介護保険の成立，政府・行政との協働が進んだのは，日本でも新自由主義的福祉政策が実施されていた時代背景があったこと，そこに新たな社会サービスの創出の空間があったことによると安立は主張する。「NPO研究と社会運動とが，交差しそうでしない」のは，「社会運動はネオリベラリズム的な政治や政策を真正面から批判する」からであり，「NPOは，その意図はともかく，サービス提供という次元で政治や政策に協力しているように見えてしまうからだ」と分析する（安立 2019：5）。

　第2の観点は，では福祉サービスを提供してきたNPOの活動をどう評価すべきかについてである。安立はサラモンによるNPOの4機能，すなわちサービス提供機能，価値の擁護，アドボカシー・問題発見，そしてコミュニティ形成という枠組みに沿って分析を行った。

　まずサービス提供機能という意味では，それまでの社会福祉法人や社会福祉協議会などの社会福祉組織に対して，NPOはサービスを提供しながら法律や制度自体を変えていこうとした点に新しさがあったと安立は指摘する。官庁によって許認可された法人ではないゆえの自由度と，介護保険制度のみならずボランティアの参加も得られるという強みを活かし，制度だけでは充足できないニーズにも対応でき，制度の欠陥に対して声を上げることも期待されていた。介護保険制度と制度外のボランティアという「クルマの両輪」こそが，新自由主義的な発想のもとでのNPOの役割理論であった。しかし現実的には20年の間に介護サービス利用者が急激に増えたことから，制度の存続が優先され，制度改正のたびに介護報酬やサービス内容が削られていった。NPO法人も他の法人と同様に介護サービス市場での競争に晒される「事業者」の1つに過ぎず，保険制度を踏み越えて，制度的な問題提起を行うことはほとんどなかった。だが同時に，安立が指摘した民家改造型の託老所の全国ネットワークや，幼児・障がい者・高齢者の総合的ケアといった新しい方法の開拓が見られ，そこから「地域共生型」「全世代対応」という新しい流れが創出されたこと，それが今日において「地域密着型多機能施設」や「地域包括ケアシステム」「子ども食堂」「ケアする人の

ためのケア」など，新たな仕組みとして定着していることが特筆に値する。

　次に価値の擁護という意味では，NPO は価値の多元化に寄与することが期待されている。しかし，米国の NPO における価値の強調は，宗教性を持ったミッションに基づくことが多いのに対して，日本の NPO による価値擁護の原点がきわめてあいまいである。安立は，中西正司・上野千鶴子の『当事者主権』を引用し，当事者性の弱さとそれに付随するパターナリズムの克服に，日本の NPO における価値の擁護の課題があるのではないかと提起する。

　そしてアドボカシー（社会的弱者の代弁）・問題発見という意味では，日本でも介護保険制度草創期に「介護の社会化を求める1万人委員会」のようなアドボカシー活動があったが，その後はほとんど制度と政策運営に影響を与えた形跡はないと安立は指摘し，理由としては，制度設計はひたすら財政上の問題や収益の問題が重視され，事業者どころか当事者の声も反映しないものとなっているからだと分析している。

　最後にコミュニティ形成（ソーシャルキャピタルの形成）という意味では，地域の中での「ふれあい・たすけあい活動」などによって新たなコミュニティの形成，社会関係資本が蓄積されたと安立は認めながらも，NPO の活動は，「一つ一つの島宇宙のようでもあって，NPO 相互のネットワークは濃厚にあるわけではない」とし（安立2019：7），その理由の多くは，NPO が活動している制度の体系自体が縦割りだからだと指摘している。

　以上が第2の観点，すなわち「福祉サービスを提供してきた NPO の活動をどう評価すべきか」に関する安立の分析であった。

　第3の観点は，NPO の経営をめぐる問題である。ピーター・F・ドラッカー（Peter Ferdinand Drucker）の『非営利組織の経営』が，「ミッション」を媒介にすればそれまで水と油の関係だと思われていた「非営利」と「経営」は両立可能どころか，「むしろ非営利だからこそ経営が必要だ」という斬新な主張をもって，日本の NPO 研究者を魅了したと安立が述べる。だが，米国の NPO の「ミッション」はキリスト教起源の概念であり，米国の NPO は「教会のような協会」と安立は大胆な喩えを打ち出し，「宗教的バックボーンのある環境で活動している」米国の NPO は，「『ミッション』をもち，その実現に向かって強くコミットしている『伝道組織』のような特徴を帯びていることを暗黙のうちに前提とされている」からこそ，営利性と切り離した経営が可能になるのではないかと指摘する（安立2019：8）。日本でしばしば見られる「定款上あるだけの単なるお題目」のような，成員が深くコミットしないミッションを掲げる NPO の場合は，経営しようとすると結局は組織の存続や拡大，事業高の拡

大などが目的となり，営利組織的な方向に向かってしまうと安立は指摘する。日本の NPO が経営をしようとすればするほど，非営利を営利に近づけていくというジレンマを抱えるのはそのためだという。

第4の観点は，政府と NPO との協働についてである。日本の NPO 研究に絶大の影響を与えたサラモンが，行政との協働，NPO と政府とのパートナーシップを主張し，それが「第三者による政府」を成立させると主張している。その実現には，「公的資金の支出や公的権限の行使をめぐる自由裁量権」をかなりの程度共有し合うことが条件であり，それが日本ではなかなか起こりそうもないと安立は指摘する。NPO に自由裁量権を与えなければ，共同モデルは実質上ないに等しく，政府と NPO の二者関係より上位の視点を，より普遍的で超越的なレベルを常に意識した自由裁量権が伴う協働ではなければ，「現実の政府を政府以上の政府，現実の NPO を現実以上の NPO へと変身させる」ことができないと安立は述べている（安立 2019：9）。

以上の4つの観点からの考察を踏まえて，結論として安立は，新自由主義の流れと超高齢化社会のなか，政府や行政だけではなく市民団体もサービスの提供と創出に参加しながら，介護保険の創設を皮切りに，新しい市民福祉を創り上げていこうとしてきたと述べ，そこにあった「陥穽」，すなわち，「『第三者による政府』のような，米国で政府と NPO との協働を機能させたベースとなる社会関係基盤が」日本において欠けていたことを指摘している（安立 2019：11）。政府のアウトソーシングの対象となってしまった NPO の現状を打破するためには，「第三者による政府」に秘められた発想が必要だと主張している。

以上が安立論文の論理展開の紹介となる。米国から輸入された NPO という概念は日本の市民セクターの顔とされてきたが，日本社会にはそもそも宗教的信仰に裏づけられた「ミッション」「伝道」といった文化的・社会的土壌がなく，現実的な二者関係を超越する「神の視点」も見出せないため，サラモンやドラッカーが主張する「ミッションの伝道のために経営される NPO」「現実的な政府と NPO の関係性を超越した普遍的視点から権限が付与され，自由裁量権のある協働関係」は実現できない，という安立の主張は頷ける。だが同時に，日本の NPO による新たな活動の創出に関する安立の指摘も見逃せない。それは，地域をベースに NPO が築いてきた「ふれあい・ささえあい活動」であり，その延長上に地域共生型の，全世代対応の新しい市民活動が多く生まれた点である。それこそが，本書で注目しようとしている地域プロジェクトであり，市民的コモンズという概念で改めて語ろうとする対象にほかならない。つまり，米国型の NPO 概念によって日本の市民セクターの次なる展開をもたら

すのが難しいのであれば，日本の NPO が得意とする地域での市民活動を最も活かせる新たな概念的枠組みを打ち立てていくべきだと考える。それを本書では「市民的コモンズ」と位置づけたい。

日本の社会学における NPO・ボランティア研究動向

桜井（2019）は，日本の社会学における NPO・ボランティアの研究動向を示すために，社会学系雑誌の掲載論文の傾向を分析し，中心的に焦点を当てられていたトピックや研究課題を明らかにしようとした。

まず，社会学系学術雑誌における掲載論文の傾向として，34の学術雑誌を対象に分析を行った。NPO 関連の論文83本，非営利組織12本，市民活動20本，社会的企業３本，ボランティア73本が抽出され，最も古い時期に発表されたのは，市民活動に関する1986年の論文だが，多くの論文が発表されるようになったのは95年以降であった。全体的に論文数が多かったのは，①NPO 法が成立した1998年度から99年度にかけての時期，②2007年度（理由は不明），③東日本大震災の影響を受けて，震災特集が組まれた2014年度だという。研究手法の分類から見ると，学説が34本，歴史が13本，質的研究が88本，計量研究が25本と，「学説研究から事例研究へのシフト」という社会学のパラダイムシフトが反映される結果が得られたという。しかし同時に，それは社会学者が「蓄積された文書記録などを通じた過去を振り返る研究よりも，現実的な現象に関心を持って対象を分析すること」に興味があったからだと桜井は指摘する（桜井2019：16）。

次に社会学の NPO・ボランティア研究における代表的なトピックを洗い出すために，桜井は KH Coder を使って，論文タイトルの頻出語句の関連性とパターンを調べた。その結果について見てみよう。

１つ目に，NPO は「福祉」と，また福祉は「コミュニティ」と多く共起することが分かった。NPO に関する研究では，NPO が福祉コミュニティの担い手として期待され，「相互性」が福祉 NPO への独特な信頼醸成メカニズムとなっていること，NPO のリーダーには地域社会の現状に対する社会変革志向を持つ者が多いことなどが論じられた。「そしてそれは，理念型としての『ネットワーキング』が市民の共感を獲得することで，実現されるものだという考察がなされている」という（桜井2019：18）。しかし，とりわけ介護保険においては，NPO は「行政の代理機関としての経済効果的に標準化されたサービスを提供する」ことにより，本来目指すべきミッションから遠ざかってしまうことが見られ，このような「ミッションの漂流」につい

てさらに論じる必要があると桜井が述べている。

　2つ目に，ボランティアは「活動」，そして活動は「市民」という言葉と多く共起することが分かった。ボランティア研究においては，社会問題を解決する手段的役割以外に，社会参加の機会を提供することも期待されていることが論じられてきたと桜井が指摘し，「ボランティアは市民活動，社会運動の担い手として，その役割や社会的インパクト，支援のあり方などを分析する研究とともに，ボランティア活動自身が参加に際して持つ動機や満足，参加自体の意味などの『社会的世界』を探る研究が行われてきている」と述べる（桜井 2019：19）。ボランティア活動については，そのアマチュア性が「手段」としての非効率性，不完全性を生み出すとして批判的に捉える立場もあれば，動機がさまざまでアマチュアだからこそ，個々人と社会的領域との関係性を豊かにするための「表出的な」運動として位置づけられると評価する立場もあり，桜井はそのような「手段的―表出的の分断」ではなく，連続的に捉えていく必要性を主張する。つまり，ボランティア活動の意味を再帰的に，連続的に捉えることで，「小さな物語」による活動意義の構築をしていくことである。それは「大きな物語」としての政治や諸権力との距離感，権力によるボランティアの動員の問題を論じるうえで，コストパフォーマンスとは別の論理で市民参加の意義を再確保していくという意味でも重要だという。さらに，ボランティアを一枚岩として見るのではなく，その内部の権力性や資源の不均等性，階層性にも社会学は目を向けてきたと桜井は指摘し，たとえ富裕層によって担われるボランティアでも，「自らのポジションを超えて，参加できない／したくない人々の声を十分な強度で媒介できるかということが，現実的なポイントとなってくる」という仁平（2005）の議論を紹介している。

　3つ目に，やや頻出する言葉として「環境」が挙げられ，それは「運動」「地域」と共起することが多いという。「環境運動の観点からの NPO 研究では，運動組織の公式化，制度化に伴う運動への影響の功罪が議論されている」と述べ（桜井 2019：19），80年代以降の環境運動は「体制編入」的な制度化よりも，地域環境主義のエンパワーメントを志向し，地域コミュニティとの関係性を重要視してきたと桜井は指摘する。また，地域住民による運動を対象とした研究も多く，例えば当事者としての障がい者と支援者としてのボランティアがどのように連帯しているのかを分析した例が挙げられた。地域コミュニティに「よそ者」として関わるからこそ果たし得るボランティアの役割と位置づけを問うことが，社会運動研究とボランティア研究の接点になり得ることが示唆された。

　このように，社会学におけるボランティア・NPO 研究の20年間の動向を分析する

ことで，桜井は結論として以下を指摘した。第1に，NPOは福祉と共起することが多く，福祉コミュニティの構築を目指し，福祉サービス供給活動を行う際の実態が分析されてきたこと，それに対して運動という言葉は「環境」と共起することが多く，環境運動の文脈で論じられがちであり，とりわけ地域環境主義を志向することが多いことが分かった。第2に，ボランティア研究においては，活動の手段的，表出的意義が検討されてきたと同時に，ボランティア集団内外の権力構造にも目を向けられてきたことが示された。

桜井論文は，対象とする文献の網羅性には限界があるものの，この20年間社会学の分野がどうNPO，ボランティア研究に取り組んできたのか，何を主要な問題関心としてきたかを捉える重要な手がかりを与えてくれた。事業としてのNPOを論じようとすると福祉の分野に偏り，運動としてNPOを見ようとすると環境分野が目立ってくる。社会学らしい研究として，手段としての効率性のみならず，表出の場としてのボランティア活動の意味を連続的に，再帰的に構築する「小さな物語」への関心や，団体内外の権力構造や階層への注目，社会運動とボランティアとの接点の模索が見出された点が興味深い。同時に，福祉NPO研究に見られた「福祉コミュニティ志向」，環境運動研究に見られた「地域環境主義」，ボランティア研究に見られた「地域コミュニティにおけるボランティアの独自の役割に関する議論」などが示すように，社会学の分野におけるNPO研究でも，地域とコミュニティがその中心に位置づけられていることは看過すべきではない。

政治学におけるNPO研究の展開

小田切（2019）は，1998年以降の政治学におけるNPO研究のレビューを行い，20年間の研究動向を示したものである。対象とした文献は，政治学系学会16団体の学会誌の4,178件の論文から選出されたNPO関連の論文89件と，日本NPO学会の学会誌『ノンプロフィット・レビュー』の合計121件から選出された政治学関連の論文26件であった。

論文数の分析として小田切はまず，政治学系学会誌におけるNPOの研究動向として，第1に数が少なく（全体に対する出現率は2.1％に過ぎない），政治学ではNPOそのものを主題として扱う研究が少ないこと，第2に，NPO関連語句のなかで，「利益団体」と「NGO」の出現率が多く，政治学では伝統的に利益団体としてNPOを捉えたり，国際政治の文脈でNGOを論じたりしてきたこと，第3に，論文数は特に2012年に多かったことから，東日本大震災の影響によりNPOへの関心の高まりがうかが

えたこと，以上の3点を指摘した。そして『ノンプロフィット・レビュー』の政治学関連のNPO研究については，第1に出現率が21.5％と，政治学的アプローチがNPO研究における主要なアプローチの1つだといえること，第2に論文数は2010年から減少している点が挙げられた。

　論文の内容に関する分析として，まず政治学系学会誌でのNPO研究については，小田切はそれぞれ①NPO，②NGO，③ボランティア，④地縁組織／地域自治組織，⑤住民組織／市民社会組織，⑥利益集団，⑦自発的結社／社会的企業／組合，⑧非営利法人をキーワードに，関連する論文を例挙した。『ノンプロフィット・レビュー』に関しては，「政治とNPO，国家と非営利セクターとの関係に関する研究」「政策実施過程ないし行政過程におけるNPOとの協働やパートナーシップ，NPO支援に関わる制度や動態の分析」「立法過程あるいは政策形成過程におけるNPO・市民の参加やアドボカシー，そこでのアクター間の相互作用に焦点を当てた研究」という3つのテーマに分類できるとした（小田切 2019：39）。

　そして政治学におけるNPO研究の今後の課題として，小田切は4つ指摘している。第1に，政治学とNPO論のインターフェースに当たる各種理論間の接合と体系化の必要性である。「近年政治学では，市民社会論，討議民主主義論，社会関係資本論，利益集団研究，ガバナンス論などの文脈でNPOが議論されている。細分化されており，必ずしも相互関係がない」と，小田切は研究の断片化の弊害を指摘している（小田切 2019：40）。第2に，NPO研究の達成度をどう評価すべきか，という問題提起である。特にNPO研究では関心が理論から実証に移っており，地縁に関する研究では分析対象が地縁組織から地域自治組織へと変化していることから，当初の理論研究の想定を再検証する必要がある。第3に，いかにテーマをもっと拡大していくか，である。特にボランティア，自発的結社，社会的企業，組合などを主題とした研究の増大が望まれる。第4に，方法論的に量的研究がさらに求められる点である。政治学的なNPO研究も社会学と同様に，質的研究が圧倒的に多く，量的研究との対話が必要となる。

　このように小田切論文は政治学におけるNPO研究の特徴として，政治学の学問分野ではNPO研究がマイナーな研究だが，NPO研究においては，政治学的アプローチは主要アプローチの一つだといえること，そこではNPOと政府との関係，協働とパートナーシップに関する制度的動態，政策制定過程への市民参加やアドボカシーがおもなテーマとなっていることを挙げた。しかし，2010年以降は論文数が減少傾向にあること，NPOを捉える政治学的な理論枠組みの接合や体系化の必要性，再検証の

必要性，研究対象の拡大の必要性，研究手法のアンバランス状態を是正する必要性も同時に提起された。NPO の実践を政治的な分析対象として考察するのがいかに難しいか，その一端を垣間見た。ただ，NPO への政治学的研究のなかで，近年は従来の地縁組織よりも，地域自治の組織への分析が増えているという小田切の分析は，自治の仕組みとなり得る「市民的コモンズ」に注目したい本書の問題関心にとって示唆的である。

日本 NPO 学会の20年──何に興味を持ち，何を研究してきたのか

　粉川（2020）は，日本 NPO 学会の年次大会における研究発表と学会誌の内容から，この20年間の NPO 研究の視点を分析しようとしたものである。方法としては，第1回から第20回までの学会年次大会での発表タイトルをテキストマイニングで処理し，さらに『ノンプロフィット・レビュー』の2001年1号から2017年2号までの論文の抄録部分に対しても同じ分析を行った。ここでは NPO 学会における研究をより広く捉えられる年次大会での研究発表に関する粉川の分析を取り上げたい。

　まず，20年間の年次大会の発表タイトル1,307文における言葉の出現頻度を見ると，第1位は無論 NPO（668回）となるが，第2位が活動（153回），第3位が地域（131回），第4位が課題（126回），第5位が事例（120回），第6位が支援（110回），第7位が協働（104回），第8位が研究（101回），第9位タイが分析と社会（同じく95回）であった。研究内容を指し示す言葉に限定して見れば，地域，支援，協働に関する研究が圧倒的に多いことが分かる。そして30位以内にランクインされた研究内容を示した言葉を見ると，役割（90回），ボランティア（81回），政策（81回），事業（77回），市民（76回），組織（75回），評価（70回），ソーシャルキャピタル（60回），企業（59回），コミュニティ（53回），行政（52回），市民社会（50回），福祉（49回）が挙げられる。全体的にはバランスの取れた研究の分布となっていると粉川は指摘しつつ，「理論」が20回と低調であり，理論研究に若干の弱さが見られると述べている。

　次に，大会報告タイトルを4年ごとに区切り，時期ごとの傾向が示された。第1回から第4回においては，ボランティア，市民，可能性，組織とパートナーシップが多く論じられ，第5回から第8回においては，地域，活動，協働，事例と支援が多く語られた。第9回から第12回は課題，活動，役割，協働，NGO，ボランティアが上位に入った以外に，ソーシャルキャピタルと政策が初めてキーワードとして現れた。第13回から第16回においては，課題，地域，支援，分析，事例，ソーシャルキャピタルが上位に入り，東日本大震災が初めて登場した。第17回から第20回は，事例，役割，

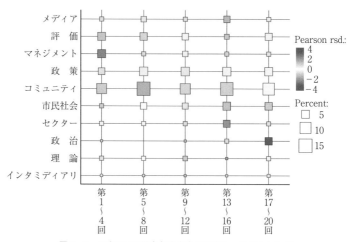

図 4-1 日本 NPO 学会年次大会の研究テーマのトレンド
出典：粉川（2020：33）。

東日本大震災，活動，研究が上位だが，課題や可能性，地域も挙げられた。4 年ごとの対応分析を行った結果，粉川は，「日本 NPO 学会で発表される研究テーマとしては，初期の情報やマネジメントに注目していた時期から，まちづくりや自治体との協働といった点に注目が移り，その後，東日本大震災の影響もあり，寄付や社会的企業，そして市民社会そのものに関心が移っていった様子が見て取れる」と分析している（粉川 2020：29）。

さらに，粉川はこの20年間の研究テーマのトレンドを示す言葉の変化を追うことで，テーマの変化を示している。ソーシャルキャピタルや評価，社会的企業や社会的インパクトなど，流行性が見られるテーマが見られた一方で，ボランティアや協働といった流行に関係なく取り上げられてきたテーマもある。ただ近年は，流行に左右されないテーマに関する研究発表が減ってきた点が気になると粉川は述べ，特にボランティアに関する言及数の減少に憂慮を示している。その代わり，東日本大震災をきっかけに，市民社会や市民セクターに関する議論が改めて行われるようになった点に期待を寄せた。

粉川の議論にはなかったが，流行に左右されないテーマはもう 1 つある。図 4-1 がテーマの傾向を示した図だが，明らかに「コミュニティ」が日本の NPO 研究においては一貫して最も多く論じられているテーマだと分かる。本書において，市民的コモンズ概念を市民社会の次なる展開を切り拓く概念として打ち出したいのは，このよ

うな日本の NPO 研究におけるコミュニティの研究の分厚さを踏まえたものでもある。

2　ローカルとソーシャルを媒介するもの

ローカルとソーシャルへの関心

　NPO 研究の20年の振り返りを終え，コロナ禍を経て，次なる時代の展望を示すかのように，2022年，『ノンプロフィット・レビュー』は特集テーマを「地域の持続的発展とソーシャルセクター」に定めた。新川達郎「持続可能な地域づくりにおけるソーシャルセクターの展望——社会起業によるコミュニティデザインの可能性」，津富宏「静岡方式による市民社会の組織化——支援から自治へ」，長谷川雅子「緩やかなコミュニティの醸成に向けて——目標・指標による持続可能な地域づくり」，中尾公一「条件不利地域のコミュニティビジネス——日本の文献を中心としたレビュー」，川島典子「地域共生社会とソーシャルキャピタル——橋渡し型 SC としての NPO などに着目して」の 5 本が収録された。NPO 研究におけるメインテーマである社会起業，ソーシャルビジネス，市民社会，自治，コミュニティづくり，コミュニティビジネス，ソーシャルキャピタルが，すべて「持続可能な地域」という一本の軸に位置づけられたこと，そして従来の市民セクターを，社会性のある事業を起業する営利企業も含めた「ソーシャルセクター」に置き換えられたことを鑑みれば，「ローカル（地域)」と「ソーシャル」という 2 つのキーワードに，NPO 研究の志向性が見て取れよう。ここでは，とりわけ NPO 研究において普遍性の高い話題を取り上げた新川論文，津富論文，長谷川論文について見てみよう。

　新川論文はソーシャルセクターによるコミュニティデザインこそが持続可能な地域づくりのカギであり，その中核的事業概念が社会起業家によるソーシャルビジネスであると述べる（新川 2022：11）。そこでは「地域への人々の思いをつなぎ直し，人と人との共同性を回復し，あるいはそこに到達できる事業」に取り組むためのデザイン力が問われるという。地域の社会起業家は，通常看過されがちな「地域内外の諸資源に新たな価値を与え，他の資源と結びつけて価値を高める」「地域のニーズやシーズを発見し，地域内外のリソースと結び付け直し，組織化し，事業化する」などといったソーシャルイノベーションのできるデザイナーでなければならないと新川は主張し，「ソーシャルイノベーションに基づくコミュニティデザインによって，コミュニティは個人の集合であるだけではなく，人々の協働の場であり，協働の成果として再構築される」と主張する（新川 2022：12）。このように，NPO 研究の代表的な潮流となる

第4章　ローカルとソーシャルを取り結ぶ　93

ソーシャルイノベーション，ソーシャルビジネス，社会起業家といった概念は，新川論文においてすべてローカル（地域）を舞台に，コミュニティデザインという概念に媒介される形で具現化された。

　長谷川論文はSDGsの実現というマクロレベルの課題をローカルでの実践に落とし込むための具体的な道筋を示している。それはすなわち「必要な時に支え合い，助け合うことのできる緩やかにつながる参加型コミュニティ」であり，その醸成のためには「地域の方向性の共有」「地域情報の分かりやすい提供」が必要不可欠とし，具体的な事例を通して，いかなる指標や目標によってそれを可能にするかを示した。ここで注目したいのは，長谷川が強調する「今の時代に求められている地域の形」である。それは密接な人間関係と同質性・排他性によって特徴づけられがちな従来の地域共同体ではなく，「必要な時」「緩やか」「参加型」に特徴づけられた，異なる参加レベルと参加の形態，異なる時間軸と温度差が許容され，「住民の主体性」が名目としてではなく，実態として見える地域実践の現場を意味する。

　今後のNPO研究の方向性を考えるうえで最も示唆に富んだ論考は，市民社会における普遍的かつ核心的課題，「支援から自治への転換」を正面から取り上げた津富論文である。この普遍性の高い論題を，津富はNPO法人青少年就労支援ネットワーク静岡というローカルなNPOの実践の文脈から論じている。働くことが困難な人たちに対する「個別支援」から始まった活動を，徐々に「地域における相互扶助の関係性を作り出す（自治）」という方向へと舵を切った「静岡方式」の活動スタイルは，「支援者／被支援者の関係を超えた相互変容」を通じて，新たな価値観を作り出し，自治の場をじわじわと拡張させていき，ミュニシパリズム（住民自治に基づく地域主権主義）を促進すると津富は論じている。

　「自治」はいかに可能かという市民社会の普遍的な問いに対して，津富が出した答えは「地域連帯をつくる」ことである。静岡方式が可能となったのは，さまざまな困り事は実はすべて連関しており，特定の問題に対する支援だけでは解決しないことへの気づき，さらに，単に既存のグローバリゼーションが支配する社会に適応していくために支援するのではなく，「ローカルに発して，グローバリゼーションに対抗しうる社会を『隙間』から染め返していくような，市民連帯が必要」（津富 2022：21）という考え方によるものである。「ローカルから染め返す」というのは津富理論の神髄たる主張だと考えられる。津富によれば，日本における市民社会は，ペストフの三角形として知られる「国家・市場・コミュニティ」の三角形の中間にある確固たる「第三領域」としては成立しておらず，国家にも市場にもコミュニティにも支えられ

94　第Ⅱ部　市民セクターを捉える新たなレンズ

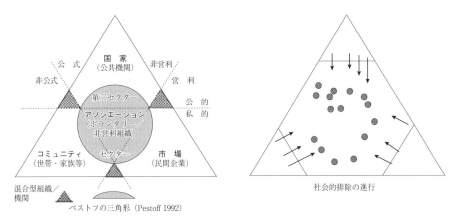

図 4-2 社会的排除が進行する時代の市民社会に関する津富のイメージ
出典：津富（2022：16）を基に筆者作成。

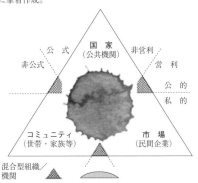

図 4-3 染みとしての私たち
出典：津富（2022：18）を基に筆者作成。

ない人々が放逐される「空白」「隙間」を多く含む空間だと考えられる（図4-2）。この隙間となる空間において，私たちは「分解者」として，既存の社会秩序を徐々に分解しつつ自己組織化し，新たな秩序を作り直していくための拠点とし，外側へと「染め返していく」ものでなければならないという（図4-3）。その「染み」となるのが，いわば本書でいう「市民」たる存在なのではないかと考える。

NPOという組織によって語られてきた市民社会を，どのようなキー概念を加えて語れば，次なる展望を切り拓いていけるのだろうか。隙間を拠点に，染みとなるべく，自治の仕組みを作り，新しい社会的価値と秩序を作っていき，周囲に染み返していく，という津富が思い描くストーリーは大いに魅力的である。このような隙間は，ローカルにこそ多く見出せよう。

第4章 ローカルとソーシャルを取り結ぶ　95

ローカルとソーシャルの距離とつなぎ方を描くために

2024年，NPO学会大会のシンポジウムのタイトルは，ずばり「『ローカル』と『ソーシャル』の間にある距離と可能性――群馬ローカルの新たな動きは，社会システムの変化へとつながるのか？」であった。2023年度大会のシンポジウムが「市民の力がつくる地域の姿――世界に広がるミュニシパリズムの視点から」であったことから，ここ数年，日本のNPO研究がいかに地域とローカルにおける自治とソーシャルに注目しているのか明白であろう。組織としてのNPOの可能性よりも，地域の現場で市民による「自生する秩序」がいかに可能かへの関心の転換が鮮明になってきたといえよう。

第2章で述べたように，実際に日本のさまざまな地域で，新しいタイプの地域プロジェクトが多く展開されている。サービスを提供するNPOが単なる事業者となっていくなか（安立 2019），サービスを提供する／提供される，支援する／支援されるという関係性を超えた，自分たち自身の居場所だと感じられるような，緩やかなつながり方によるコミュニティが，市民社会の形として人々を惹きつけるようになってきた。これらの地域プロジェクトやコミュニティを物語る枠組みは，もはや団体や組織，運営する法人ではなく，ボランティアでもない。その存在理由はもはやミッションやニーズ，社会的課題で語られるものではない。評価も問題解決の効率性や効果によって測ることができず，社会的インパクトも政策提言には反映されない。では，市民社会の形として，どのような言葉で，概念で，これらの地域プロジェクトや緩やかな居場所となるコミュニティを描き出せばいいのだろうか。

2023年大会シンポジウムで打ち出されたのが，ミュニシパリズムという言葉であった。津富論文においても，結論の部分ではこの概念に依拠しようとしている。だが，シンポジウムの基調講演を担当したのが東京都杉並区長の岸本聡子さんであったことからも，地域主権主義を日本で論じようとすれば，自治体の行政エリートが発話権を握りやすいことが分かる。また，発音しづらいカタカナ語であるという点も，説得力があり広がりのある概念にしていくうえでは障碍となる。

2024年の大会シンポジウムで改めてローカルとソーシャルの距離が問いとされたのは，現在盛んに展開されているローカルでの種々の新しい取り組みを，社会システムの変化につなげていくための「媒介」となり得る概念を改めて見出そうとした意図に基づくものであろう。シンポジウムの基調講演を行った高崎経済大学学長の水口剛さんからは，「心理的に機能的に広げる脱成長コミュニズム」を意味する「共助システム」が提起された。続く群馬で地域プロジェクトの実践を行う代表者たちからは，

96　第Ⅱ部　市民セクターを捉える新たなレンズ

フィランソロピー（人間愛）といったシンボリックな言語化によるコンセプトの共有，新しい中間支援のあり方を作る，「自分の住むまちも世界」という気づきの拡大と担い手のリレー，ローカルプレイヤーの輩出と微力（生活に支障が出ないマイクロプロジェクト）の持ち寄り，といったアイディアが示唆された。

　ローカル（地域の次元）とソーシャル（社会システムの次元）を媒介する仕組みとなり得る概念の提起は，市民社会の新たな展開を切り拓くうえではもはや急務となっている。本書で「市民的コモンズ」という新たなレンズを提起しようとしているのは，それを意図したものでもある。

3　3つのオルタナティブとその合流地点[1]

　では，なぜ「コモンズ」なのか。

　近代というシステムが私たちを載せてたどり着いたのは，金融資本主義と新自由主義，それを支える私的所有への信仰と成長志向の袋小路である。近年，世界各地で異常気象が常態化し，多く自然災害に直面せざるを得なくなり，耐えがたき社会的不条理，愚かなほどの不幸な出来事に見舞われることが多くなった。ここにきてようやく，「このシステムはもう限界ではないか，さすがに方向転換が必要ではないか」と，変革を求める機運が高まってきた。コロナ禍がさらにこの機運を高揚させ，今は近代史上最も資本主義的経済成長に対して，疑問視する声が主流化し，脱却とオルタナティブへの模索が盛んに提起される時代なのかもしれない。

　オルタナティブへの模索を試みる書籍は日本でもここ数年に集中的に，数多く出版されている。他国に比べてこの30年間ほとんど経済成長をしておらず，いち早く超高齢化と人口減少の社会に突入した日本の実情も，この潮流を後押ししていると考えられる。限定的な先行研究の調査に基づいていえば，オルタナティブに関する主張はおもに3つの方向性が提示されている。

3つのオルタナティブ

脱成長の思潮　　　　　1つ目は第1章の冒頭でも述べた「脱成長」の思潮である。比較的早い段階のものとして，フランスの経済哲学者セルジュ・ラトゥーシュの著作の邦訳，『経済成長なき社会発展は可能か？――〈脱成長〉と〈ポスト開発〉の経済学』（作品社，2010年）と『〈脱成長〉は，世界を変えられるか？――贈与・幸福・自律の新たな社会へ』（作品社，2013年）が挙げられる。ポスト開発思想の代表

的な論者として，ラトゥーシュは，「合理的経済人」「市場」「労働」「富」「効用」などの近代の経済的現実と構造を規定する概念と価値・原理を解剖し，それらを当然の前提とする西洋文明のパラダイムの普遍性に疑問を突きつけた。「開発＝西洋化」が戦後の世界で展開された結果，過剰消費や環境破壊，社会的不平等などの問題が無視できないほどに肥大化した。この状況に対してラトゥーシュが提示したのが，エコロジズムと地域主義を中心とした新たな「脱成長の社会発展」であり，軸となるのが，「生活圏の再ローカリゼーション」（Latouche 2010=2013：213）である。それは，「できるだけ地域内で生産や交易をすませ，外部市場への依存度を最小限にとどめる。また，人どうしの顔の見えやすい地域共同体を生活基盤として，人間と自然の間の循環持続的な物質代謝に依拠した生活を軸とする」という主張である（真崎 2015：23）。

　その後，ラトゥーシュの議論に対して「エビデンスが十分ではない」「非現実的」として批判する声も多くあるものの，脱成長というコンセプトへの関心は高まるばかりであった。2016年に NHK が世界を代表する学者や思想家に対して，資本主義の深部を掘り下げ，未来への転換と展望についてインタビューしたドキュメントシリーズ「欲望の資本主義」の放送が始まり，大好評につき書籍化され，2024年1月時点まで6冊発行されている。ラトゥーシュの脱成長論の受容もさらなる進展を見せ，2014年にラトゥーシュとディディエ・アルパジェス（Didier Harpagés）による『脱成長（ダウンシフト）のとき──人間らしい時間をとりもどすために』（未來社）の邦訳が出版された。「環境・農・食・アジア・自治」をテーマに，それらを貫く概念は商品化の「私」でも管理の「公」でもなく，人びとと人びとが結び合う「共」であるという確信から命名された出版社コモンズから，ラトゥーシュの翻訳を手掛けていた中野佳裕による著書『カタツムリの知恵と脱成長──貧しさと豊かさについての変奏曲』(2)(2017年）および編訳書『21世紀の豊かさ──経済を変え，真の民主主義を創るために』（2016年）や翻訳書『幸せのマニフェスト』（Bartolini 2010=2018）が刊行されたことも特筆に値する。だが，脱成長が世間一般の注目を浴びるきっかけとなったのは，やはり前述のとおり，2020年に斎藤幸平の『人新世の「資本論」』（集英社新書）が大ベストセラーとなったことである。その斎藤による推薦の言葉を帯にしたラトゥーシュの『脱成長』（白水社）が同じく2020年に出版され，斎藤による解説が掲載されたヨルゴス・カリス（Giorgos Kallis）らの『なぜ，脱成長なのか──分断・格差・気候変動を乗り越える』（NHK 出版）が翌21年に刊行された。

　このように集中的に刊行された脱成長の理論においては，政策面の具体的な改革案として，グリーン・ニューディール政策，ベーシックインカム，環境と平等のために

公的支出を増やすなどが提案されると同時に，トップダウンよりも「草の根から変革を起こす」重要性が強調されている（Kallis et al. 2020=2021）。「どうやって実現するかについては，社会正義や環境正義を求める歴史上のあらゆる闘争と同じく，ムーブメントが必要」（Hickel 2020=2023：245）とされる一方で，暮らしの中で労働時間を削減し「本来の時間を取り戻す」こと，そして周りとともに共進化するコミュニティを構築し，コモンズの復権を実現していくことが主張されている（Latouche and Harpagés 2010=2014；Kallis et al. 2020=2021）。

アソシエーションの復権　市場経済システム全体の転換を唱える「脱成長」に対して，2つ目のオルタナティブの方向性は，市場システムのアクターと資源の所有／活用の仕方の転換にフォーカスした「アソシエーション（結社）」の復権により，社会のバランスを取り戻すことを強調する。代表的なのが第1章でも触れたヘンリー・ミンツバーグの『私たちはどこまで資本主義に従うのか』である。市場経済に「第3の柱」が必要だと指摘し，それは政府でもなく民間営利企業でもなく，それ以外のNGOや社会運動，社会事業から構成される「多元セクター」だという。多元セクターを担う団体は「すべて，トクヴィルの言葉を借りれば『結社』」すなわち，「政府や投資家によって所有されていないすべての団体」であり，その多くは，「地べたにしっかり根を張っている」「強力なコミュニティを舞台に形成される」（Mintzberg 2014=2015：60）。NPOや協同組合はその主要なアクターだといえる。

　非営利組織や協同組合による経済の重要性と可能性を主張した著作として，経済学者の小西一雄『資本主義の成熟と終焉——いま私たちはどこにいるのか』（桜井書店，2020年）が挙げられる。小西は資本主義の限界に対して，金融の手段もデジタル化の手段も解決をもたらすことができず，ポスト資本主義を展望するには利潤原理を相対化し，「公共サービス産業」の拡大と非営利型経営の重要性を強調しなければならないと指摘している。協同組合などに象徴される社会的連帯経済に関連する諸議論も，この第2の方向性を示した研究として位置づけられる。これらの議論の中心に，2004年にモンブラン会議（現在の社会的連帯経済国際ネットワーク）に出席した粕谷信次や生活クラブ生協関係者たちが，翌年に設立した社会的企業研究会の存在がある。100回以上の研究会を積み重ね，2022年7月に集大成となる藤井敦史編著『社会的連帯経済——地域で社会のつながりをつくり直す』を出版し，研究会自体も「社会的連帯経済推進フォーラム（JFP-SSE）」に改名された。

　社会的連帯経済の代表例としてスペインの「つながりの経済」が注目され（工藤

2020），労働者協同組合など市民による各種協同組合が，つながりによって「もう一つの経済」を創り上げるという「現実的な変革」の方向性が示された。それは，「社会経済構造のあらゆる領域とレベルから，『グローバル・市場経済化』に立ち向かい，『諸個人の自立とアソシエーション』をそれぞれの場で構築していこうとする新たな動き」だという（芦田 2021：369）。

日本発の循環再生型
地 域 資 本 主 義　そして3つ目のオルタナティブの方向性として，とりわけ日本発の模索に注目したい。脱成長の主張にある「地域主義」と相通ずる性質を持っていながら，日本独自の「里山」や「地縁」「共同体」などの社会的・文化的要素を軸に据えている点が特徴的である。なかでも，2013年に出版された藻谷浩介と NHK 取材班の共著による造語「里山資本主義」が，中国大陸でも翻訳出版されるなど，広く知られている。この造語は「マネー資本主義」のアンチテーゼとして提起され，日本の中国地方のさまざまな地域で始まっていた地域循環型の経済活動への取材から生まれたコンセプトである。その後，藻谷は英字紙ジャパンタイムズの経営に携わるようになり，世界に向けて里山資本主義を発信するために Satoyama推進コンソーシアムを立ち上げ，そこでの活動を踏まえて2020年に出版したのが『進化する里山資本主義』である。里山資本主義の成功要因を事例から分析するにとどまらず，「日々のニュースからは見えてこない日本の経済と社会のありように深く切り込み，日本ひいては世界が歩むべき道を明らかにする」のがその目的だという（藻谷監修／Japan Times Satoyama 推薦コンソーシアム編 2020：5）。そこで定義された里山資本主義とは「農林漁村に限らず都会でもどこでも実現できる，"里山"的な資本主義」であり，「『多様なものが共生し，循環再生が健全になされているような社会』を支える経済思想である。『ヒト・モノ・カネ・情報が，使い潰されず，淀まずに，循環し再生され，次世代に続いていく社会』を目指す主義，と言い換えてもよい」という（藻谷監修／Japan Times Satoyama 推薦コンソーシアム編 2020：18）。

　面白法人カヤック CEO 柳澤大輔による造語「鎌倉資本主義」も興味深い。そこでは，まちを「ジブンゴト」として面白くしていくことが，結果的に新しい資本主義となる「地域資本主義」につながることが主張されている。それは，地域経済資本（財源や生産性）と地域社会資本（人とのつながり），そして地域環境資本（自然や文化）の最大化を求め，従来の GDP のような指標では計測できなかった価値や豊かさを追求していく資本主義だという（柳澤 2018：128-129）。このような「まちの自分事化」を，新世代の生き方として論じたのが柳澤の『リビング・シフト——面白法人カヤックが考える未来』（KADOKAWA，2020年）であり，新しい資本主義への転換は，人々がそ

れぞれのまちでどう生き方を転換させるかとは別物ではないことを説き明かしている。

　日本ならではの要素を資本主義のオルタナティブの構想に取り入れた議論として，ほかにも，昔から重視されてきた「関係が実体を作る」という日本的な考え方を説得的に展開した哲学者内山節の『資本主義を乗りこえる』と『新しい共同体思想とは——内山節と語る未来社会のデザイン』（ともに農山漁村文化協会，2021年），東京工業大学未来の人類研究センターによる「利他研究プロジェクト」の一連の出版物，人類学者の松村圭一郎による『くらしのアナキズム』（ミシマ社，2021年）をはじめとする「自分たちの手で下から作り出す秩序」を描き出す著作などが挙げられ，古きから新しきを見出すわくわく感を与えてくれる。

合流点としての「コモンズ」

　以上で整理した3つの方向性に共通するのが，「ローカル」「コミュニティ」「生き方の転換」そして「草の根からの秩序形成」だといえよう。池田が「近年の社会学的『コモンズ』論に関する覚書」をまとめる際に述べているように，「コモンズ論者に見られるほぼ共通の論調は，市場メカニズムの限界を指摘し，市場メカニズムを重要な媒介として破壊されようとしてきた人間にとっての外部環境とりわけ自然環境を市場作用の前提条件となっている私的所有（private ownership），あるいは私物化ないし私有化（privatization）の制度の欠陥を指摘しようとする強い志向性である」（池田 2006：4）。それを踏まえれば，種々のオルタナティブの思潮と実践の探求の合流点が「コモンズ思考」であると言明した山本の主張も納得できよう（山本 2022）。

　伝統的には「入会地」という意味で捉えられがちな「コモンズ」だが，「最近になって，さまざまな分野で，社会設計を考える上での1つのキーワードとして，コモンズ概念が見直されるようになっている」と山本が述べ，「異なる分野からコモンズの可能性を探ろうとしている研究者や活動が世界中から集まって，分野横断的な発表と討議を行うワークショップや会議が各地で開かれるようになっている」という（山本 2022：8）。それらのコモンズ思考は異なる分野から生まれているが，「考え方には共通の方向性がある」と山本は指摘する。1つは「近代的な所有権の思想に対する批判をふくみ，資源の所有の視点より資源の使用，管理の視点を重視する仕組みづくりを目指しているということ」であり，もう1つは，「資源を管理する仕組みの一環として，コミュニティの自治能力を高めることを目指すという点が特徴的だ」ということである（山本 2022：8-9）。

　このように，コモンズという言葉は，「ローカル」「コミュニティ」「生き方の転換」，

そして「草の根からの秩序形成」に呼応するものである。ローカルとコミュニティにおける人々の生き方の転換が，草の根からの秩序形成につながっていく過程と仕組みそのものを示した言葉が，「コモンズ」である。

4 NPO 研究の振り返りと「市民的コモンズ」の提起

本章は日本において，NPO として語られてきた市民社会の研究が，過去の20年余りでどのような傾向と動向を示してきたのかを振り返ることから始まった。その振り返りに恰好な素材を提供してくれたのが，日本 NPO 学会の学会誌『ノンプロフィット・レビュー』が2019年と翌20年に掲載した「日本の NPO 研究の20年」と題する特集論文である。本章はこの特集に収録された社会学領域とそれに近い社会福祉，政治学領域の NPO 研究を総括した3本，さらに NPO 学会全体の研究動向を考察した1本の，合計4本の論文を取り上げ，内容の紹介と検討を行った。

社会福祉と NPO の20年を振り返った安立（2019）は，なぜ日本で米国型の非営利組織（NPO）が市民セクターを語る代表的な用語となったのか，なぜ日本では NPO は米国と異なり，ミッションを実現する組織というよりも営利企業と類似した事業者もしくは行政の下請けになりやすいのかについて，宗教的社会環境や神の視点の欠如といった点から論じている。しかし同時に，福祉と NPO の20年に見出せる成果として，地域での新しい活動形態とその延長上にあるネットワークや仕組みの創出が挙げられた。

社会学における NPO とボランティア研究について調べた桜井（2019）は，社会学研究において，NPO の事業性と運動性はそれぞれ異なる分野，福祉分野と環境分野と別々に共起していることを指摘し，そのいずれにおいても「コミュニティ」や「地域」が研究の柱となってきたと示している。ボランティア研究でも地域を舞台によそ者としての価値や連帯の可能性が論じられており，NPO への社会学的アプローチではいかに「ローカル」が中心に位置づけられてきたかが分かる。さらに，桜井が述べた NPO やボランティアグループ内外の権力構造ないし社会階層への着目も，社会学ならではの特徴だといえよう。

政治学と NPO の研究を分析した小田切（2019）は，政治学の理論的枠組みが NPO 研究においては結合と体系化がなされていないこと，研究対象も利益団体や NGO など特定のタイプの NPO にとどまりがちで，さらに拡大させていく必要があるなどといった課題を指摘した。そのなかで，地縁組織よりも地域で自治に携わる組織が研究

対象として多く取り上げられるようになったという指摘が，本書にとっても示唆的である。

　最後に，20年間にわたる日本NPO学会大会の発表を中心に，NPO研究の20年を振り返った粉川（2020）のデータからは，いかにコミュニティが一貫して「流行に左右されない」研究トピックとしてNPO研究の中心に位置づけられてきたかがうかがえた。

　NPOという用語を名称にも用いた日本NPO学会では，これらの振り返りを経て，2022年には学会誌で「地域の持続的発展とソーシャルセクター」と題する特集を組み，「ローカル」と「ソーシャル」をキーワードに，未来に思いを馳せた。本章ではその特集から，市民セクター全体における普遍性の高いトピックを取り上げた3本の論文を選び，検討した。

　新川論文は，この10数年来市民セクターを席捲しているソーシャルビジネスや社会起業家，ソーシャルイノベーションの考え方を，「コミュニティデザイン」によってローカルの文脈に落とし込み，その具体形を示そうとしたものである。

　長谷川論文は，SDGsというグローバルな目標がいかに具体性を持ち得るかについて，ローカルにおいて緩やかで参加型のコミュニティを作る重要性を指摘している。

　そして最も本書にとって示唆的であった津富論文は，「支援から自治へ」という市民社会の普遍的な問いに対して，「地域連帯をつくる」という回答を明確に打ち出し，そのためには私たちが「染み」となり，システムから放逐される人々が入り込める隙間となる市民的空間を作り，支援—支援されるのではなく，自治的な自己組織化を実現していき，発酵し，自生する秩序を成立させ，システムに対して染み返す存在となるべきだと主張した。この考え方は，本書が主張しようとする市民的コモンズと大いに親和性を持つものである。

　ローカルにこそ日本の市民社会のリアリティがあり，強みがあるとすれば，いかにそれがソーシャル（社会システムの変革）へとつながるのか，その媒介となる仕組みを物語る概念の構築，言語化が急務となっている。NPO学会2023年度大会のシンポジウムでは，地域主権主義を意味するミュニシパリズムという言葉がフォーカスされたが，言葉自体の難解さと，自治体にリードされやすい点が懸念となる。そして2024年度大会のシンポジウムでは，ローカルとソーシャルとの距離と可能性が改めて問いとして提示され，その間の媒介について，有益なアイディアがいくつも提起された。

　本書で主張する市民的コモンズは，まさにローカルとソーシャルを取り結ぶ仕組み・媒介として構築される概念であり，それを新たなレンズとすることによって，日

本の市民社会の次なる展開を模索したいというのが，本書の願いである。

　なぜコモンズという概念を中心に据えるのか。本章第3節では，現在のグローバルな資本主義システムの行き詰まりとそのオルタナティブへの模索の動向を論じている。津富（2022）がいうように，市民社会は，格差と排除を常態化するグローバリゼーションに抵抗しうる拠点を内包する領域でなければならない。種々のオルタナティブを3つに類型化してみたところ，その合流地点にまさに「コモンズ」概念が浮かび上がっていることが明らかとなった。

　このように，「コモンズ」は持続可能な未来への各種アプローチの合流地点として期待されている。だが，それを市民社会の新たな象徴的なコンセプトにしていくためには，あまりにも多様で，広範だという現在のコモンズ概念の課題に対応しなければならない。伝統的コモンズと現代のコモンズ，西洋の文脈と日本的文脈でそれぞれ語られるコモンズなど，きわめて多義性に富む概念だからこそ，結果的に「魔法の言葉」と化し，魅力的でありながらも無力な概念となってしまう恐れがある。それを回避するためには，幅広い先行研究に対する理論的な整理と検討，実践者とのアイディアの交換と共有，さらに丁寧で豊富な事例研究の積み重ねという3つのステップが求められよう。本書は第1と第2のステップを踏まえた成果物として構想したものであり，4〜5年後には事例研究の積み重ねを踏まえてさらに2冊目を上梓し，第3のステップを完成させたい。

　次の第5章と第6章においては，先行研究に対する理論的調査に基づき，市民的コモンズ概念の明確化を目指す。

注

(1)　第3節は李（2024b）の「1. なぜコモンズか」の文章とほぼ重なることを断っておきたい。

(2)　出版社コモンズホームページ参照（http://www.commonsonline.co.jp，2024年7月20日閲覧）。

(3)　プロジェクトのホームページ（https://www.fhrc.ila.titech.ac.jp/project/，2024年10月1日閲覧）。出版物例として，例えば中島岳志（2021）『思いがけず利他』（ミシマ社）などがある。

(4)　伝統的なコモンズを入会地として解釈することについて批判的見解も示されている。例えば井上は，「入会地は権利者が限定されているがゆえに排他性をもつわけで，その性格上，コモンズであるはずがない」と述べている（井上 2018：253）。本書は法学的にコモンズの性質を論じるものではないため，この点については深く追究しない。

第5章
コモンズ研究の俯瞰と系譜

1　日本におけるコモンズ研究

横断的論文検索から

　日本におけるコモンズ研究を俯瞰するために，まず CiNii の論文データベースにおいて，戦後から現在に至るまでの，タイトルに「コモンズ」が含まれた論文を検索した。

　全体では2,000件を超え，最も早期の論文の1つに，経済倫理学を専門とする永安幸正の「コモンズの原理と贈与システム──非市場システムへの模索」（1980年）が挙げられた。検索結果のうち，1980年代に刊行された論文は9件ときわめて少なく，90年代も96件であったが，2000年代は517件，2010年代985件，2020年から24年8月現在まではすでに401件に達しているところから推測すると，2020年代も1,000件近い出版数が予想され，コモンズ研究は2000年代に入ると大幅に増加し，さらに2010年代は2000年代よりも倍増していたことが分かる。

　データベースの検索条件で「学術雑誌論文」と「紀要論文」だけに限定してみた結果，400件の学術論文に絞られた。それらの学術論文の掲載雑誌名から，コモンズを論じる多様な学問分野の傾向が見出せた。表5-1にまとめて示す。

　このように，社会学を学ぶ人にとってなじみのある環境社会学や公共政策，コミュニティ研究以外にも，農学，経済学，法学，建築学，教育学，人類学，歴史学，福祉学など，多肢にわたる研究領域においてコモンズが重要な研究対象となっていることが分かる。400件の論文から重複したものを適宜取り除きながら，論文タイトルをテキストマイニングソフトにかけて，語句の出現頻度に基づいたワードクラウドを求めたところ，図5-1となった。

　無論「コモンズ」の出現頻度が最も多いが，それ以外に出現頻度の高いワードとして，伝統的コモンズを論じる際に用いられる「入会」や「管理」「森林」「資源」が挙

105

表 5-1 コモンズ研究の学問分野

キーワード	雑誌名（例）	分野
コモンズの悲劇，管理	『民族自然誌研究会』『社会心理学研究』『コミュニティ心理学研究』	社会心理学，博物学
ルール，法，入会，総有，市場親和的コモンズ，土地制度	『法社会学』『法と民主主義』『法の理論』『農業経済研究報告』『龍谷大学経済学論集』『財政学研究』『日経研月報』『経済理論』『東南アジア——歴史と文化』	法学，経済学，歴史学
森，海，山，里山，漁業，林業	『環境社会学研究』『農林水産政策研究所レビュー』『森林環境』『林業経済』『月刊漁業と漁協』『高知論叢』『東京農業大学農学集報』『国立歴史民俗博物館研究報告』	農林漁業研究，環境社会学，環境経済学，民俗学
グローバルコモンズ，持続可能	『資源人類学』『慶應義塾大学湘南藤沢学会』『ワールドウォッチジャパン』『国際公共経済研究』	人類学，経済学
地域，都市，ローカルコモンズ，空間，建築	『月刊自治研』『コミュニティ政策』『建築雑誌』『すまいろん』『Local Commons』『都市住宅学』『日本造園学会誌』『景観生態学』	都市研究，コミュニティ研究，建築学，空間研究
福祉コモンズ	『賃金と社会保障』『社会福祉学部論集』『共生社会システム研究』『公共研究』	福祉学，公共政策研究
クリエーティブコモンズ，オープンソース，知識コモンズ，文化コモンズ，知的所有権，情報資源	『知的財産法政策学研究』『サイバーメディアHPCジャーナル』『民博通信』	情報学，メディア研究
ラーニングコモンズ，図書館，学習，教育	『図書館雑誌』『名古屋大学附属図書館研究年報』『島根大学附属図書館報』『早稲田大学図書館年報』	教育学，図書館学

出典：筆者作成。

げられたと同時に，コモンズを世界的に有名にした「コモンズの悲劇」[1]，地球環境問題を論じる際に欠かせない「グローバルコモンズ」，資本主義システムの課題や限界，オルタナティブを論じる際のキー概念となる「ローカルコモンズ」や「社会的共通資本」，そして図書館や大学を中心に展開される「ラーニングコモンズ」や「学習」も挙げられた。伝統的コモンズ研究に対して，「現代的」「新たな」「新しい」「創造」「拓く」といった言葉が多く含まれていることも目を引く。

　本書が想定する市民的コモンズは，市民が育っていく場となる地域プロジェクト，人々にとって身近で，それぞれの暮らし方に組み込まれた生活実践を具体的にイメージしているため，既存のコモンズ研究で取り上げられていたラーニングコモンズや，オープンソースとしての知識コモンズや情報コモンズ，そして地球全体を視野に入れたグローバルコモンズは，本書が対象とする市民的コモンズの範疇に含まれないことを断っておきたい。さらに，法学，経済学，人類学，福祉学，公共政策研究など，多様な学問的アプローチが見られるなか，本書は社会学的アプローチを志向するもので

106　第Ⅱ部　市民セクターを捉える新たなレンズ

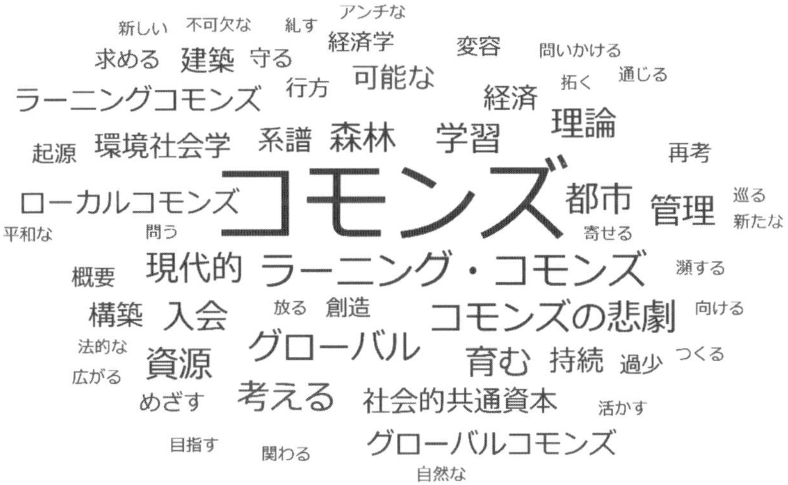

図5-1　コモンズをテーマとした論文のタイトルワード出現頻度の傾向

出典：テキストマイニングサイト https://textmining.userlocal.jp/ を利用（2024年8月7日閲覧）。

あり，それもコモンズ問題をおもに自然資源と地域資源の利用と保全の文脈で扱ってきた環境社会学的視座ではなく，市民性の成長や自分事化のデザイン，ローカルな地域プロジェクトがソーシャルな変革につながっていくための仕組みに着眼点がある「市民社会論」的視座からのアプローチとなる。

日本のコモンズ研究を整理した先行研究から

日本におけるコモンズ論に関する文献の整理　日本のコモンズ論を整理した最新の先行研究として，中川（2023）「日本におけるコモンズ論に関する文献の整理——多様な展開の理解のための覚え書き」がある。その内容を踏まえながら日本のコモンズ論の流れを改めて確認してみよう。

日本におけるコモンズ研究は，2009年にノーベル経済学賞を受賞したエリノア・オストロム（Elinor Ostrom）のコモンズの研究 *Governing the Commons*（Ostrom 1990）[2]の影響を受けており，そして，議論の発端であったギャレット・ハーディン（Garrett Hardin 1968）の「共有地の悲劇」がしばしば参照されてきた（中川 2023：93）。だがそれ以前に，「入会地」「共有地」とされるコモンズについては，「入会の実態を踏まえた考察」を中心に法社会学や林学などの分野ですでに一定の蓄積があり，なかには，「ハーディンに先駆けた共有地における資源の枯渇を論じた研究もあった」と中川が指摘する（中川 2023：93）[3]。

この文献整理における中川の目的は，コモンズに関する日本語の書籍の刊行状況を考察することで，コモンズ研究の傾向を明らかにすることである（中川 2023：94）。1990年から2021年末までに，「コモンズ」をキーワードに日本国内において刊行された日本語の著作（単著26冊，編共著27冊の計53冊）をリストアップし，中川は日本におけるコモンズ論の展開と傾向について，まず90年代と2000年代以降に分けて考察した。

　それによれば，90年代にはエントロピー学派[(4)]と制度派経済学[(5)]の並走が見られたという。前者に関しては，多辺田政弘『コモンズの経済学』（学陽書房，1990年），そして多辺田も寄稿している中村尚司・鶴見良行編著『コモンズの海——交流の道，共有の力』（学陽書房，1995年）が例示され，いずれも「民俗学や歴史学，農学などの研究が明らかにしてきた入会慣行に関する研究に，エントロピー学派の継承者が着目し，現代的意義を見いだしたもの」だという（中川 2023：95）。後者については，自然環境を管理する仕組みとしてのコモンズに対する関心に立脚しながらも，都市を中心に「社会的共通資本」[(6)]を提示した制度学派の経済学者による研究が挙げられた。代表的な著作が，宇沢弘文・茂木愛一郎編（1994）『社会的共通資本——コモンズと都市』（東京大学出版会）であり，「そこでは社会的インフラストラクチャーあるいは社会資本，さらには教育，医療，司法などの制度も含めた概念としてコモンズを社会的共通資本として再定義して」いたという（中川 2023：97）。この本には都市計画を検討した間宮陽介の「都市の形成」が収録されており，都市に関係する議論にコモンズ論の広がりが見られたと中川が評している。

　このように，「1990年代はコモンズ論再興の時期であり，生態人類学や環境社会学，林政学の研究者らが日本における独自性のあるコモンズ研究が勃興し始めた時期であった」が，2000年以降の展開を見れば，それは「まだ序章に過ぎなかった」と中川が述べる（中川 2023：98）。「2000年代以降，とりわけ2006年から10年間近くにわたって，コモンズに関する著作が次々と刊行され」，単著だけではなく，「編著あるいは共著が特定の時期に集中して刊行されているのが目をひく」という。それらの編著や共著には130人を超える多数の分担執筆者が参加していることから，2000年以降は「多くの研究者がコモンズに関する研究に参画するようになっていった」と中川は指摘している（中川 2023：98）。

　厚い層を成すコモンズ研究者たちがどのようにコモンズを研究しているのかを探るために，中川は執筆への関わり方に基づき，A〜Dの4類型に分類している。「単著1作のみの著者は11名（B類型），編共著1作のみの著者は26名（C類型），分担執筆1作のみの著者は139名であった（D類型）。そのほかに，この対象となる資料のうちで

複数の単著，編共著，分担執筆を行っている著者（Ａ類型）は25名であった」（中川 2023：95）という。

Ａ類型を中心とする研究の動向について，入会諸制度に関する法社会学分野などによる入会権や入会集団の研究蓄積を踏まえつつ，「1990年代以降は，エントロピー学派の経済学研究者らが先導して，林政学や民俗学などの分野による学際的な研究が進展し，学術的なコミュニティ」が形成されたという（中川 2023：105）。「そこでは多様な自然資源を視界におさめながら，商品化された私的な領域と対比されるエコロジカルな領域の資源管理のあり方をめぐる議論が深まり，協治論や日本のコモンズ思想のような多くの成果をあげるに至っている」という（中川 2023：106）。このように，Ａ類型の25名は，日本のコモンズ思想の中核を担っているといっても過言ではない。

単著一冊のみというＢ類型の著作には，Ａ類型の動向を参照しつつ実証研究によって自然資源管理活動の実態を明らかにした研究が見られたと同時に，「独自の視点からコモンズ概念を広げる著作」「新たな動向を踏まえた文化や情報資源を取り上げた研究」など，「コモンズ概念の拡張を図る取り組みが多くみられた」（中川 2023：105）というのが特徴だと考えられる。つまり，伝統的なコモンズ研究に加えて，コモンズ研究の広がりへの試みがＢ類型の著作に反映されているといえよう。

編著作（Ｃ類型とＤ類型）は，2011年以降に活発に刊行されるようになったと中川は指摘する。傾向として顕著なのが，「それらは，都市との関係性という現代的な文脈の中に生成されるものとして新しいコモンズを位置づける視点から論じられていた」ことである（中川 2023：106）。新しいコモンズの範疇には，もはや自然資源にとどまらない多様なものが含まれるようになり，それが，2010年代以降のコモンズ研究のトレンドだということが明らかとなった。

4類型の動向を整理したうえで，中川は，2021年と22年にはますます多くの単著が刊行され，コモンズに関する議論がさらなる展開を見せていると指摘する。Ａ類型で深められたコモンズ論として，日本の森林と社会を論じた三俣学・齋藤暖生『森の経済学——森が森らしく，人が人らしくある経済』（日本評論社，2022年），気候変動を地球史的な観点から捉えた海のコモンズ論である秋道智彌・角南篤編著『コモンズとしての海』（西日本出版社，2022年），日本の土地所有制度の歴史的過程をたどり，現在の土地制度が限界的局面を論じ，個人でも国家でもない土地の共同利用，「現代総有」[7]こそが求められる真の土地所有だとする五十嵐敬喜『土地は誰のものか——人口減少時代の所有と利用』（岩波新書，2022年）が例示された。他方では，非伝統的な，現代的コモンズを論じた著作例として，「文化的コモンズ」の形成を中心に文化政策を語

る藤野一夫『みんなの文化政策講義——文化的コモンズをつくるために』(水曜社, 2022年), そして本書第4章でも言及した, ポスト資本主義的ガバナンスの仕組みとなるコモンズを, 生態系や都市, デジタルコモンズといった多様な対象から示した山本眞人『コモンズ思考をマッピングする——ポスト資本主義的ガバナンスへ』(BMFT 出版部, 2022年) が挙げられ, これらの最新の動向は, 日本におけるコモンズ研究の2つの方向性を示していると中川が結論づけている。1つは「自然資源を『コモンズ』とする狭義の概念に基づいてより広い文脈の中にコモンズを位置づけていく方向」であり, もう1つは「関連する人文・社会科学における概念を導入することで文化や情報資源をも包含するようにコモンズ概念を拡張しつつ整理する方向」だという (中川 2023:107)。

コモンズ論の系譜とその広がり 同じく日本のコモンズ論を整理した茂木愛一郎 (2022)「コモンズ論の系譜とその広がり」も日本におけるコモンズ研究を俯瞰するうえで大いに参考になる。

茂木はコモンズの範囲の拡大とコモンズ論の学際的な広がりに言及し, 「今やコモンズの範囲は伝統的なローカルコモンズのみならず, (中略) 都市のコモンズや, 地球大の大気やデジタル資源, 知的財産権や文化にまで及んでいる[8]」と述べる。コモンズが外延的に広がるなかで, 伝統的コモンズの資源やそれに関わる社会集団とは違うものでもコモンズと呼ばれる理由について, 茂木は「その取組みや領域が社会的にみて重要な公共性を有しているからと考えられる。それも政府など公的セクターが担うのではなく市民セクターが担うか, そのイニシアティブをとるところに共通の特徴がある」と指摘する。コモンズの形態を根本から左右するのは, 「個人的な私的所有権の厳密なレジームにも, 国家的な所有システムにも基づいていない」性質にほかならないというクリスチャン・ベッシー (Christian Bessy) の指摘 (Bessy 2021=2021:3) も同じ趣旨であり, これらの指摘は, コモンズ概念の「市民的」特徴にフォーカスし, 市民的コモンズのコンセプトを打ち出す本書にとって大変示唆的である。

日本のコモンズ論の独自性について, 茂木は, 国際的コモンズ学会 IASC (International Association for the Study of the Commons) の2013年の世界大会が日本の富士吉田市で開催されたこと, オストロムとともにコモンズ研究を率いてきたマーガレット・マッキーン (Margaret A. McKean) による北富士の入会研究と世界への紹介を挙げ, 日本の入会が国際的なコモンズ研究でも注目されてきたと紹介している。実際「入会」は, 間宮・廣川によれば, 「日本固有のコモンズとして広く認識されている」(間宮・廣川 2013:8[9])。それは「一定地域 (集落) の住民が, その集団の規制に従って,

山林原野その他の土地や資源を共同で利用し，収益行為を行う慣行」であり，これら
の慣行に基づいて共同利用される土地が「入会地」と呼ばれ，「収益行為を行うため
の権能」として「入会権」が民法によって認められているという（間宮・廣川 2013：
9）。

　「日本における入会研究は，歴史家，法社会学者によってコモンズ論とは無関係に
膨大な蓄積を有していたことは周知の事実である」と茂木が指摘し，そのような入会
研究による影響，エントロピー学派による影響，海外のコモンズ研究から受けた影響
を記載した1990年代以降の日本のコモンズ論の系譜図を，茂木が三輪大介・三俣学
（2010：226）の図を基に作成し，図5-2のとおり示している。

　ちなみに中川（2023）の整理においても三輪・三俣（2010）によるこの図（出所：三
俣・管・井上編著〔2010〕226頁）を引用しており，A類型（複数の単著を刊行している日本
におけるコモンズ研究の中心人物）の研究者がこの図に多く登場していることが分かる。

　このように1990年以降の日本のコモンズ論について茂木は，「多辺田政弘や室田武
などエントロピー学派の経済学者による独自の問題提起に始まり，宇沢弘文の提唱す
る社会的共通資本の理論，そして鳥越皓之ほか環境社会学者や人類学者による豊富な
事例研究，林政学など農学分野，（中略）入会研究に関する法社会学からの寄与」を
列挙し，海外のコモンズ論からの影響を受けながらも，それより以前の1970年代から
独自に展開してきたと示す。日本をフィールドにするマッキーンが積極的に関わった
ことで，これらの学問分野と海外のコモンズ論との交流が一挙に進み出したが，「日
本のコモンズ研究は，北米型コモンズ論とは相当に異なった問題意識とアプローチに
よって研究と実践がなされてきていた」という。その独自性について茂木は，コモン
ズの機能を自給的機能，地域財源機能，環境保全的機能，弱者救済機能の4点に分類
した三俣（2009）の知見を引用し，「北米系のコモンズ論のように単に『社会的ジレ
ンマ』研究に帰結するものではなく，自然と人間が不即不離に関わりをもつその総体
を研究対象にするという特徴がみられる」と論じている。

　ただ，図5-2に示されたコモンズ論は「伝統的なコモンズ」を考察したものが多
く，茂木は論文の後半においてむしろ「伝統的ローカルコモンズとは異なる，都市に
関わるコモンズの問題」に強い関心を示している。都市のコモンズ研究について茂木
は2つの基本的な視点を軸に紹介している。第1に「従来のコモンズ論の延長として
都市内のミクロの空間（緑地・住居，商業集積など）がコミュニティベースで管理さ
れている現象に注目して，それらを個々のコモンズ（commons in the city）として捉え
る見方」と，第2に「都市空間全体をコモンズ（urban space as commons）と捉える見

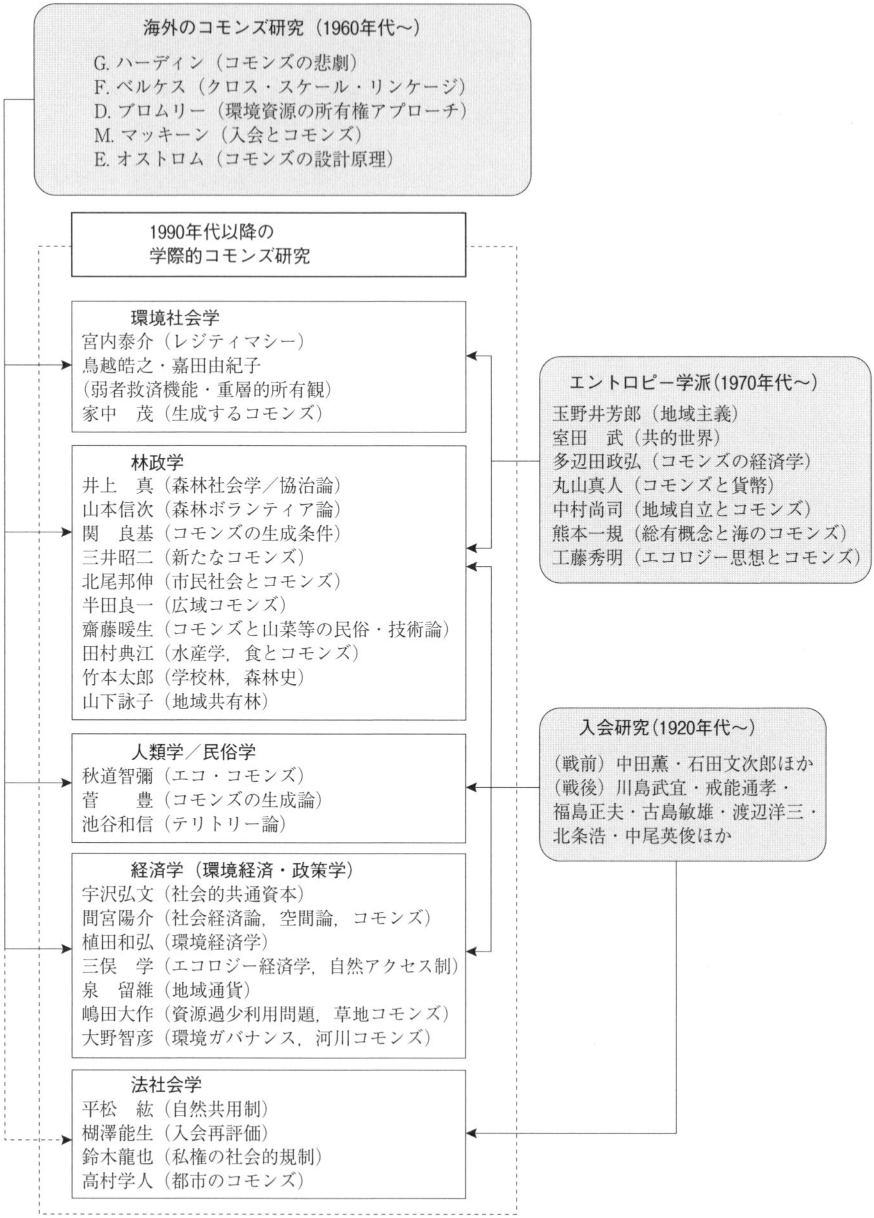

海外のコモンズ研究（1960年代〜）

G. ハーディン（コモンズの悲劇）
F. ベルケス（クロス・スケール・リンケージ）
D. ブロムリー（環境資源の所有権アプローチ）
M. マッキーン（入会とコモンズ）
E. オストロム（コモンズの設計原理）

1990年代以降の
学際的コモンズ研究

環境社会学
宮内泰介（レジティマシー）
鳥越皓之・嘉田由紀子
（弱者救済機能・重層的所有観）
家中　茂（生成するコモンズ）

林政学
井上　真（森林社会学／協治論）
山本信次（森林ボランティア論）
関　良基（コモンズの生成条件）
三井昭二（新たなコモンズ）
北尾邦伸（市民社会とコモンズ）
半田良一（広域コモンズ）
齋藤暖生（コモンズと山菜等の民俗・技術論）
田村典江（水産学，食とコモンズ）
竹本太郎（学校林，森林史）
山下詠子（地域共有林）

エントロピー学派（1970年代〜）

玉野井芳郎（地域主義）
室田　武（共的世界）
多辺田政弘（コモンズの経済学）
丸山真人（コモンズと貨幣）
中村尚司（地域自立とコモンズ）
熊本一規（総有概念と海のコモンズ）
工藤秀明（エコロジー思想とコモンズ）

人類学／民俗学
秋道智彌（エコ・コモンズ）
菅　豊（コモンズの生成論）
池谷和信（テリトリー論）

入会研究（1920年代〜）

（戦前）中田薫・石田文次郎ほか
（戦後）川島武宜・戒能通孝・
福島正夫・古島敏雄・渡辺洋三・
北条浩・中尾英俊ほか

経済学（環境経済・政策学）
宇沢弘文（社会的共通資本）
間宮陽介（社会経済論，空間論，コモンズ）
植田和弘（環境経済学）
三俣　学（エコロジー経済学，自然アクセス制）
泉　留維（地域通貨）
嶋田大作（資源過少利用問題，草地コモンズ）
大野智彦（環境ガバナンス，河川コモンズ）

法社会学
平松　紘（自然共用制）
楜澤能生（入会再評価）
鈴木龍也（私権の社会的規制）
高村学人（都市のコモンズ）

図 5-2　日本におけるコモンズ研究の系譜

出典：茂木（2022）の図 1，「コモンズ論の系譜とその広がり」一般財団法人日本経済研究所 HP『日経研月報』
　　　特集より，2024 年 8 月 1 日閲覧。

112　第Ⅱ部　市民セクターを捉える新たなレンズ

方」である。1つ目の視点に基づき，広場や公園，私有地の連なりとして成立する都市景観，地元組織が管理に加わっている中心市街地の商業空間，マンションなどの集合住宅の共用施設などを対象に議論を進めるまちづくりの専門家・建築家，コモンズ論研究者たちがいる一方で，2つ目の視点に基づき，経済学者の宇沢弘文の社会的共通資本の概念に象徴されるように，「道路，交通機関，ライフラインといった社会的インフラストラクチャー，教育，医療，司法といった制度資本，そして人工的な都市にあってもそれを包む自然環境，それら総体が都市を形づくっている」と捉え，サスティナブルな都市のあり方を目指す政策をコモンズの視角から行う研究も多く見られるという。

中川の整理と茂木の整理に共通していえるのは，日本のコモンズ論には入会研究に代表されるような，海外のコモンズ論と交差しながらも確固たる独自性を有する伝統的コモンズ研究の蓄積があることと，都市の文脈や情報ネットワークの文脈などにおいて新しいコモンズの提示と研究が拡大しているというトレンドではないだろうか。

2　海外におけるコモンズ研究

欧米を中心とする英語文献のごく一部に限られた調査となるが，本節では海外のコモンズ研究の俯瞰と系譜の発見を試みたい。まずは，海外のコモンズ研究を網羅的に考察したいくつかの先行研究の論文・書籍に依拠し，海外のコモンズ研究が日本の論者たちによってどのように整理され，紹介されているのかを確認する。そのうえで，Laerhoven and Ostrom（2007）"Traditions and Trends in the Study of the Commons"という論文，国際コモンズ学会（the International Association for the Study of the Commons）（IASC）によるオンライン雑誌 *International Journal of the Commons*（IJC）のバックナンバーの目次，そして Routledge が出版している *Routledge Handbook of the Study of the Commons* というコモンズ研究全体を視野に入れた総覧的な書籍を参考にしながら，海外のコモンズ研究の系譜を見出していきたい。

海外のコモンズ研究を網羅的に考察した先行研究から

コモンズ論の
射程拡大　　日本のコモンズ論に見られた範囲の拡大は，海外のコモンズ研究の動向と切っても切れない関係にある。ここではまず三俣学（2010）「コモンズ論の射程拡大の意義と課題」を取り上げ，とりわけ海外のコモンズ論に関

する彼の整理を中心に見てみよう。

　三俣は，コモンズの悲劇を提示したハーディン論文に対する批判や是正の流れを紹介したうえで，「ハーディン論文是正という目標が達成され，国家（公）・市場（私）とならぶ『第三の道』としてのコモンズの可能性が議論されるようになる」という成果があった一方で，他方では「非常に多分野にわたる研究者間での議論において使用される語の概念や定義をめぐり，混乱をきたすようになっていった」と指摘する（三俣 2010：150）。この混乱は，コモンズ概念の射程が大きく拡大したことによるという。三俣はこの射程拡大について，①対象資源自身の拡大，②対象資源の規模の拡大，③対象資源の管理制度の拡張の３点から総覧的に把握し，分析した。

　まず，対象資源の拡大について，とりわけ重要なのはオストロムによる「コモンプール資源（以下，CPRs）」という概念の創出だという。「1985年のアナポリス会議の成果を踏まえ，オストロムは，CPRs を『十分に大きな自然あるいは人工的な資源システムであり，その利用から得られる便益の潜在的受益者を排除するのに（とはいえ不可能ではない）費用のかかるもの』（Ostrom 1990：30）とし，さらにその CPRs は純粋公共財・私的公共財・クラブ財との比較において，排除性が低く競合性を持つ資源と定義された（Ostrom 1992）」と紹介し，このような定義によって，「川，湖，海洋，その他の水域，漁場，地下水層，農地，灌漑システム，橋といった環境資源やそれに関連する資源や財だけでなく，『駐車場，大型コンピューター』などの人工物」も対象資源に含まれるようになったと三俣は説明している（三俣 2010：150）。なお，オストロムによる定義はしばしば図５−３のように示される。

　コモンプール資源として定義されたコモンズの広がりについて，前山も「多数の研究者が（中略）2000年頃から，オストロム，C. ヘス（C. Hess）らとともに，いわゆる自然コモンズといった『伝統的コモンズ』のみならず『非伝統的』な『新しいコモンズ』new commons に研究を広げた」と述べている（前山 2017：97）。実際，北米のコモンズ論では，「住居空間，都市空間，医療サービス，景観，希少種の遺伝子など，CPRs の性質を潜在的に有するもの一般へその射程を拡張していった」と三俣が指摘し，それにともない，対象資源の規模についても，「ローカルからリージョナルさらにはグローバルへと拡大を遂げた」という（三俣 2010：151）。

　規模がグローバルへと拡大すると，CPRs の管理制度についても議論の射程が拡張するのは自然な流れであろう。「コモンズの内部分析から，外部主体・外部環境がコモンズに与える影響など，『コモンズとその外部社会・環境との相互連関』に関する分析へと研究の重点をシフトさせる傾向となった」と三俣が指摘し（三俣 2010：151），

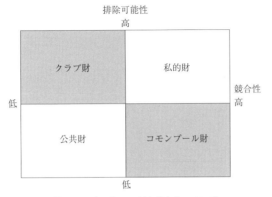

図5-3　オストロムが定義するコモンズ
出典：寺田（2015：65）。

この管理制度の議論の拡大について，従来の凝集性の高い「共同管理論」からクロス・スケール・リンケージ論，協治論への転換が見られたことを明らかにしている。

そこで紹介されたのが，「政府と地方共同体（community）など多様なアクターが，互いに権限を分かち合い，公正に管理機能を共有することを明確化し保障する『共同管理（co-management）』」の考え方を基に，クロス・スケール・リンケージの枠組みを明示したF. ベルケス（Berkes 2002）の議論である。「それは，地域・自治体・NGO／NPO・国・国際機関など多様なステークホルダーが重層的かつ横断的に『つながり（link）』を持つことについて理解を深め，それら制度間で生じかつ動的に変容する相互作用が，持続的な資源管理の枠組みを作るうえで重要である，という考え方である」（三俣 2010：154）。ただ，この重層性について，ガバナンス論を牽引してきたオラン・ヤング（Oran R. Young）とは志向性に違いが見られると三俣は分析している。ヤング自身はベルケスから大きな影響を受けているが，協治については，「制度には水平方向（同じ規模・水準の社会組織）と垂直方向（規模の差を超えて，地域レベルから国・国際のレベルまで）があり，その双方向において相互作用が計られねばならない（Young 2002）」と主張しているにとどまっているのに対して，ベルケスはボトムアップの視点を重視し，コモンズの管理は，クロス・スケールによって，すなわち「より小さな規模の組織を，より大きな規模の組織とともにさまざまなメカニズムを通じて介入したり，支援したりする形」（Berkes 2002：300）によって行ったほうが望ましいと述べているという（三俣 2010：155）。日本のコモンズ論においても「協治」が中心的なテーマとなっているが，「クロス・スケールの支援によるボトムアップの視点」

は大いに示唆的だと考えられよう。

コモンズマップの試み　このように多様な資源形態を含み，重層的なレベルで展開されるようになったコモンズだが，コモンズ研究の系譜をどのように把握すればいいのだろうか。庄ゆた夏（2021）による「コモンズマップの試み」からヒントが得られる。

　非営利建築の研究と実践に携わる庄は，「環境破壊と差別の重複が明白になるたび，建築の仕事をコモンズ化したいと考え」，「つまり建築を，町や村の環境を共同で作る場所，時間，社会的構造として，その仕事に関わる人々に開けないかと考える」ようになり，そのために，コモンズ概念のおさらいとなるマップを作り始めたという（庄2021：93）。作業はやはりハーディンによる「コモンズの悲劇」論から始まるが，ほかの研究でもしばしば指摘されるように，ハーディンの悲劇論は「実証するエビデンスを一切提示しない」仮定に過ぎず，「実践されているコモンズの大半はそうではなく，共有される土地や資源にはっきりした協会と会員制度を設けている」というオストロムの豊かな実証エビデンスに立脚した批判的見解が紹介されている。世界中の実在するコモンズを5,000以上調査したオストロムは独自の研究法「制度的分析発展構成（Institutional Analysis and Development：IAD）」を開発し，「どのように組織が持続可能的にCPR（＝CPRs：共有プール資源）を管理し，コモンズの会員が公平に資源を使用するかをゲーム理論に基づいて説明，予測し」，結論として長期間持続するコモンズの8つの設計原理を提示したと紹介している（庄 2021：94）。

　オストロムとインディアナ大学の同僚たちはコモンズの組織や制度，会員規則やそれを破った際の罰則等に重心を置いていたため「制度派コモンズ研究者」と呼ばれることが多く，研究過程でオストロムはヘスらとともに国際コモンプロパティ学会（International Association for the Study of Common Property）を立ち上げ（1989年），共有資源概念の範囲の広がりにともない，2006年に国際コモンズ学会（International Association for the Study of the Commons：IASC）に改名し，世界的な影響力を有するコモンズ研究の中心的な研究者ネットワークとなった。しかし，制度派はコモンズの統治における不平等や差別，権力関係に無関心だと，「もう一つのグローバリズム派（AG派）」に批判されていたと庄が提示し，AG派は「資本中心のグローバリズム経済発展，それに協調する都市計画者やデベロッパーを批判し，否定し，コモンズを資本にとらわれない新しいグローバリズム構築の手段と捉える」主張であったという（庄2021：94）。そして制度派とAG派を合わせたアプローチを打ち出したのが「多様な経済派（DE派）」であり，「資本主義と並列して，もしくはその一部を利用しながら，

資本中心の囲い込みが作り出した格差や差別を縮小し新しい生活方法を提案していく」という立場を取り，「資本主義以外の生活活動を可視化」し，「資本主義と共存できるコモンズを作ってしまう」ことを研究目的の一つとしているのが特徴だという（庄 2021：94-95）。

　このように庄は海外のコモンズ研究の流れを「制度派」「AG派」「DE派」に整理したうえで，特定の資源の存在を前提とする制度派のコモンズ論に対して，「本当に資源がないとできないのか」「町やコミュニティも資源になるのだろうか」という問いを提起し，また，AG派が推奨するような，社会から排除された人々に対しても開かれたコモンズ，DE派が提唱するような，「資本主義と共生できるコモンズ」とはどのようなものなのか，海外のコモンズ研究に基づきながら検討した。その成果が，庄によって整理したコモンズ研究マップの図である（庄 2021：96-97）。煩雑な図であるためここには掲載しないが，おもな論者たちが関わる分野として，「経済」「法律」「技術」「科学」「都市計画・まちづくり」「食」「アート＆デザイン」といった日本のコモンズ研究と共通する分野が挙げられた一方で，「テラポリス／ワン・ヘルス概念」や「黒人研究」も挙げられた。注目すべきは，AG派ないしDE派が主張するようなコモンズを実現させる手段もマップに記載されたことである。手段として，日本のコモンズ研究でもよく取り上げられる「環境保全運動」や「共有土地信託」以外に，「国際開発業界批判」「人種差別・植民地反対運動」「フェミニズム」「ベーシックインカム」が論じられていたことが明示された。これらは，日本におけるコモンズ研究とは異なる特徴だと指摘できよう。

**コモンズ思考を　　　**コモンズ論のマッピングの試みとしては，山本眞人の『コモンズ
**マッピングする　　　**思考をマッピングする──ポスト資本主義的ガバナンスへ』（BMFT出版部，2022年）は欠かせない著作だといえる。デービッド・ボリアー（David Bollier）の *The Wealth of the Commons: A World Beyond Market and State* から啓発を受け，さまざまな資本主義のオルタナティブな探求が「コモンズ思考」に合流しているという見解に立脚し，ポスト資本主義のガバナンスのあり方を見出そうとした一冊である。本のタイトルにわざわざ「コモンズ思考」という言葉を使っているのは，多種多様に広がりを見せる「コモンズ」の種類を横断し，その相互関連を示そうとした著者の意図が現れている。

　「コモンズ思考」を描き出すために，山本は国際的にコモンズ研究を牽引してきたオストロムらが開発してきた理論的枠組みに注目するだけではなく，それ以上に「コモンズ的な発想からの草の根的な活動の事例をたくさん発掘し，それらを横にネット

ワーク化していき，さまざまな『コモンズ思考』どうしの相互触発を促す役割をはたしている」活動家，ジャーナリストであるボリアーと，彼が作った Commons Strategies Group という組織の活動，そしてボリアーの同志であるミッシェル・バウエンス（Michel Bauwens）が P2P Foundation という組織を拠点に展開する P2P 運動[17]といった実践例を重要視している（山本 2022：14）。マッピングする作業も，オストロムの著作から彼女の「思考法」を把握すると同時に，ボリアーやバウエンスが紹介したコモンズ，P2P 運動の事例に関連する文献を読み込み，事例どうしを結ぶ「重要なつながり」を読み取ることによって行われた。[18]

　近代化以降，人々の間に存在してきた「共的領域」は，行政が管理する「公的領域」と市場が支配する「私的領域」に挟み撃ちされてきたが，経済的価値の創出が物的生産から情報・知識のイノベーションへと移動したことと，世界的な環境問題の深刻化を背景に，1990年代に共的領域が再び注目され，「共の潜在力（有休資源の発見と情報共有による有効利用）」が拡大してきたという。しかし共の潜在力をめぐって，市民主導でそれをコモンズとして利活用していくというシナリオとともに，その資源を囲い込み，解体し，商品化していこうとする「新たなエンクロージャー（囲い込み）」のシナリオも並走しており，両者間に抗争が起きていると山本は指摘する（山本 2022：17-19）。この本で軸となるのが，このような資源に対してエンクロージャーする側と，カウンターヘゲモニー（コモンズの復権）を主張する側との対抗関係である。オストロムの研究やボリアーとバウエンスが紹介している事例は，この対抗軸においては，コモンズの復権の道筋を示すものとして位置づけられている。

　オストロムの理論から山本が見出したコモンズ思考とは，「利用者コミュニティの自治能力」に対する主張にほかならず，コモンズ思考の重要性を再発見するには，コミュニティ概念を再考していかなければならないと指摘する（山本 2022：23）。コモンズが長期持続型で維持していくための8つの原理について前節でも言及したが，なかでも山本は第8の原理，「入れ子構造のガバナンスシステム」を詳細に考察し，「自治コミュニティに基づく『入れ子構造のガバナンス』」を「コモンズ思考」の重要な主張として強調する。なぜなら，「入れ子構造のガバナンス」というアイディアが素晴らしいのは，「上位の仕組みが作られていっても，基本ユニットなる小さなスケールのコミュニティの自立性と固有性が妨げられることがない」からである（山本 2022：43）。「オストロムの著作が，コモンズ論が『さまざまなオルタナティブな探求の合流点』となる重要なきっかけとなったが，その理由のひとつは，共有資源（CPR）の研究を通じて，主流派の政治経済学が過小評価してきた庶民の自治能力に

しかるべき位置を与えただけでなく，それを踏まえて，分権的ガバナンスの可能性を考える道筋をつける点にある」と，山本は「入れ子構造のガバナンス」をこのように位置づけ，評価している（山本 2022：45）。

　逆に，新たなエンクロージャーをする側の思想背景として挙げられたのが「ハイ・モダニティ」の思想である。これはジェームズ・スコット（James C. Scott）が *Seeing Like a State* で批判した概念であり，「単純化」と「把握しやすさ」を志向するのが特徴であり，「自己完結的な政策科学と中央政府によるトップダウン的政策を根拠なく信頼するイデオロギー」のことを指すという（山本 2022：52）。ハイ・モダニズムに対抗するための「コモンズの復権」側の思想として，山本はスコットが提示した「複雑性」という対抗軸を強調し，イヴァン・イリイチ（Ivan Illich）による「ヴァナキュラー（Vernacular）な領域」と「コンヴィヴィアリティ（Conviviality）」の思考を紹介している。

　ヴァナキュラーは学校で教師が教える「国語」に対して，「方言」を意味するが，イリイチはそれを「自給的」「〜に根差している」という意味で使うことを提案しているという。その領域はまさに「資本主義的な生産の領域の拡大にともなって，浸食され縮小していく伝統的な生業の領域」だが，脱工業化の局面では，「政策次第で拡大させていくことができる領域」だとイリイチは主張しているという（山本 2022：67）。このように，オストロムが提示したコモンズの復権への道筋がルール作りにおける自治能力であったのに対して，イリイチが強調したのは「生業」の領域において，資本主義経済に浸食された部分を取り戻すことであり，それは「適正技術によって適度な生産性を保持しながら，ヴァナキュラーな価値を重視する小さなコミュニティを基礎にした暮らしを目指す人たちが増える」ことによって実現すると考えられている（山本 2022：76）。

　もう１つのキーワードであるコンヴィヴィアリティについては，由来は19世紀の哲学者ブリア＝サヴァラン（Brillat-Savarin）が，皆で食卓を囲みながら，打ち解けた会話を楽しむという雰囲気を表す言葉として「コンヴィヴィアル」を使ったことであり，コンヴィヴィアリティとは，「親しい人々がともに協力して何かを行うときの自由で喜ばしい関係と，自然やモノとの活き活きとした関係を意味する」という（山本 2022：92）。この言葉によってイリイチが問うていたのは，産業化と工業化，制度化の進行によって人々の行動や意識が操作され，自律的に考え，行動する自由が奪われたことである。それらの「操作的な道具」に対して提示されたのが「コンヴィヴィアルな道具」であり，「稼ぐために，命令にいやいや従うような働き方から，働き手が互

いに協力し合い，創意工夫を重ね，活気に充ちた働き方への転換」が主張されている（山本 2022：89）。コンヴィヴィアリズムは「脱成長社会における，人々の暮らしと仕事の充実感を表す言葉」であり（山本 2022：91），富の集中や政治的腐敗，地球規模の環境問題などの問題を克服するために，末端からの各種運動，例えば「環境保全運動，連帯経済，NPO，協同組合，地域通貨，シェア・エコノミー，P2P 運動，先住民運動，スローフーズ」といったさまざまな分野のさまざまな運動を，「コンヴィヴィアリスト的活動」と呼ぶことができると，山本は述べている（山本 2022：94）。

　山本（2022）では，生態的コモンズ，都市コモンズ，デジタルコモンズそれぞれにおいて展開されている新たなエンクロージャーとそれに対抗するカウンターへゲモニーの動向や事例，議論を詳細に論じているが，本書が考えようとする市民的コモンズにとって，「コモンズ思考」を代表する理論として紹介されたオストロムとイリイチの議論が最も興味深かった。多様化し，拡大してきたコモンズの根底にある「礎」をどこに求めるべきか。オストロムが示した「自治能力」と同時に，イリイチによる「生業の領域を産業化から取り戻す」ことを意味する「ヴァナキュラーな領域」，そして脱成長の働き方と暮らし方，生き方と価値の実践を概念化した「コンヴィヴィアリティ」は，「コモンズ」概念の土台を考えるうえで大いに示唆的ではないだろうか。

総覧的な英文論文，データベースおよび著書から

Traditions and Trends in the Study of the Commons　"Traditions and Trends in the Study of the Commons"（Laerhoven and Ostrom）の発表時期が 2007年であったことから最新の動向はカバーされていないが，重鎮でありオストロム自身による整理であり，国際コモンズ学会というコモンズ研究の拠点が成立した経緯や当時の研究トレンドの変化を知るための貴重な素材となる。

　それによれば，複数の分野にわたって多様なコモンズを研究する研究者同士がコミュニケーションをとるようになったのは1980年代の半ばからである。重要な役割を果たした取り組みの１つは，ボニー・マッケイとジェームズ・アチソン（Bonnie McCay and James Acheson）が1983年と84年に開催した一連のシンポジウムとワークショップに，文化と生態学両方に関心を持つ研究者たちが参加したことである。もう１つは，National Research Council（NRC）Committee on Common Property（NRC のコモンズ委員会）が設立され，1985年にアナポリスで複数分野の多くの学者が参加する会議が開催され，報告書が出版されたことだという（Laerhoven and Ostrom 2007：4）。オストロムによる CPRs の定義も，1989年に設立された International Association for the Study of Common Property（IASC［P］）も，85年アナポリス会議による影響が大きい。

　前項でも触れたように，コモンズ概念がデジタルの世界にも広がったことを受けて，IASC（P）は2006年に IASC に改名したが，その結果コモンズ研究の広がりは一気に拡大したと考えられる。オストロムによれば，当時，オンラインで公開され，毎年更新される IASC Comprehensive Bibliography of the Commons には4万5,000件を超える研究記録が収録されており，そのうち，2万600件は査読付きのジャーナル記事だという（Laerhoven and Ostrom 2007：5）。1985年に発表された査読付きの学術論文は200件未満であったが，90年には200件を超え，95年には倍の約400件，2000年からは毎年1,000件を超えて加速度的に増加し，同時に，研究分野も論文数順に環境研究，政策科学，経済，法学，歴史，開発学，地理学，人類学と，多岐にわたるようになったとオストロムが紹介している（Laerhoven and Ostrom 2007：6）。

　これらの研究を俯瞰し，オストロムは「ビッグファイブ」（漁業，林業，灌漑，水管理，畜産）と呼ばれる従来のテーマは，引き続き研究者たちの関心のかなりの部分を占めているが，トレンドとしていくつかの新しい学術的関心分野の重要性が高まっていると指摘する。すなわち，「生物多様性，気候変動，知的財産と著作権，特にコンピューター，ソフトウェア，インターネットに関連するコモンズに関連する出版物の増加」である（Laerhoven and Ostrom 2007：8）。だが当時，これらの研究成果は数多くの異なるジャーナルに分散して掲載されていたことから，コモンズ研究の蓄積が急務だとオストロムが主張し，*International Journal of the Commons*（IJC）が創刊されることとなった。2007年に発行された Volume1 から2024年現在の Volume18 に至るまで，すべてサイト上で閲覧可能であり，まさに知のコモンズとなっている。[19]

IJC のバックナンバー　コモンズ研究の傾向を捉えるためには，*International Journal of the Commons* のバックナンバーが恰好な素材となる。その目次にある掲載論文のタイトルを調べ，タイトルのキーワードを抽出し，そこから Volume ごとの研究対象（どのような種類のコモンズか），焦点（注目するポイントや論点），関連理論という3つの項目に沿って整理を試みた（表5-2）。

　長い整理となったが，そこから読み取れる傾向についてまとめると，まず，年ごとの研究論文の発表数を示したグラフが図5-4となる。

　最初の大幅増が2010年であり，インターネットコモンズ，遺伝子情報や生物学的材料が，コモンズとして論じられるようになった影響が大きいように見受けられる。次の大幅増が2015年と16年であり，グローバルコモンズとアーバンコモンズ，近隣コモ

表 5-2　IJC のバックナンバー目次から見るコモンズ研究の傾向

Volume	Issue	論文数	傾　向
1(2007)	1	6	対象：自然資源 焦点：マネジメントとガバナンス 理論：Common Property Theory
2(2008)	1	6	対象：自然資源，グローバルコモンズ
2(2008)	2	7	焦点：コミュニティベースド，多元的視座，集合的権利と公平性，ルール選択と制度的枠組み 理論：CPR の制度分析，入れ子状のコミュニティガバナンス，自己組織化，アンチコモンズ
3(2009)	1	6	対象：生態資源，特に environmental services 焦点：生態系サービスに対する支払い 理論：PES 関連理論
4(2010)	1	24	対象：自然資源，生物学的材料，微生物遺伝資源，グローバルコモンズ，オープンアクセスの情報資源，インターネットコモンズ
4(2010)	2	7	焦点：コミュニティベースド，共同管理，合法的交換，オープンアクセス，制度的イノベーション，ベンチャーやコミュニティ企業 理論：適応型ガバナンスの理論，CPR制度分析，階層分析，戦略分析
5(2011)	1	7	対象：土地，自然資源，放送用周波数，グローバルコモンズ，ゲノム
5(2011)	2	16	焦点：財産権，コモンズガバナンスのデザイン，協調戦略，サステナビリティ，社会 - 生態システム 理論：財産権に関する法的理論，集合行動論，ゲーム理論，ソーシャルキャピタルの理論，持続可能な発展論
6(2012)	1	2	対象：自然資源，近隣コモンズ，緑地，残余居住スペース
6(2012)	2	12	焦点：多中心的／マルチスケール／マルチレベルのガバナンス，分権と権限委譲，レジリエンス 理論：ランドスケープの理論，CPR 制度分析
7(2013)	1	8	対象：自然資源，農業，灌漑，土地，森，都市の道路，植物遺伝子資源，遺伝子情報コモンズ，サイバーセキュリティ，デジタル情報資源
7(2013)	2	13	焦点：新たなタイプのコモンズ（デジタル情報や遺伝子情報など），グローバリゼーション，制度改革，コミュニティ，先住民 理論：社会生態学的フレームワーク，遺伝子情報資源の理論，デジタル情報資源の理論
8(2014)	1	10	対象：生態系，公共財，共有地，知識コモンズ，オゾン層，気候変動，大規模生態系システム，生物多様性，都市の道路，基礎教育
8(2014)	2	16	焦点：社会 - 生態システム，レジリエンス，コミュニティベースド，自己組織化，大規模ガバナンス，国際的ガバナンス，国際的メカニズム，集合行動における誘因 理論：CPR 理論，SES フレームワーク，合理的選択理論
9(2015)	1	19	対象：自然資源，灌漑システム，グローバルコモンズ，インターナショナルサプライチェーン，インターネットフォーラム
9(2015)	2	18	焦点：持続可能なガバナンス，社会的責任，アセスメント指標の開発，ローカルコミュニティのルール，民主的正当性，闘争や妨害への対応，協力的行動の誘因，生計への影響，リース権 理論：政治経済分析，批判的制度主義，社会的責任論，SES framework
10(2016)	1	15	対象：自然資源，牧畜産業，歴史的コモンズ，村落コモンズ，アーバンコモ

10(2016)	2	29	ンズ，近隣コモンズ，ニューコモンズ
			焦点：脱集権化，制度デザイン，ローカル政治，制度的要因，政治生態学，安定的な自己管理制度，フォーマルな制度だけではなくインフォーマルな近隣行動，大規模な事例研究への模索
			理論：事例研究など質的研究の理論，費用―効果分析，制度デザイン論，SES framework
11(2017)	1	19	対象：自然資源，共同放牧地，水道，ランドスケープ，精神的コモンズ
11(2017)	2	13	焦点：レジームやシステムの適応と転換，コーディネーションやコラボレーション，マルチステークホルダーと公衆参加，人権，キャパシティとコミュニティビルディング，ウェルビーイング
			理論：SES framework，ソーシャルキャピタルの理論，コーディネーションやコラボレーション論
12(2018)	1	21	対象：自然資源（鉱山，野生動物を含む），農業漁業，流域，水への権利，アーバンコモンズ，コミュニティガーデン
12(2018)	2	11	焦点：シェア・エコノミー，政治と権利への注目，コンプライアンスや腐敗問題，不平等問題の提起，市民参加のキャパシティ，コミュニティの結束，自己組織化過程の重視
			理論：SES framework，CIAD Framework
13(2019)	1	29	対象：自然資源，農業，灌漑システム，保護区，グローバルコモンズ，遺伝子コモンズ，知識コモンズ
13(2019)	2	19	焦点：持続可能と開発，ガバナンスとマネジメント，集合行動の誘因，社会規範の効果，社会的包摂，ジェンダーと階層，ポスト資本主義，コモニーング
			理論：IAD framework，SES framework，FPE Perspective
14(2020)	1	43	対象：自然資源，食，生物多様性，ガーデニング
			焦点：長期的ガバナンスとマネジメント，権利基盤，競争と公平の関係，ルール変更
			理論：財産権，CPRマネジメントの理論
15(2021)	1	26	対象：自然資源，食，アーバンコモンズ，住宅，世界遺産，オープンソースハードウェア，知識コモンズ，文化コモンズ
			焦点：ガバナンス，制度と政策言説，商業化，移民コミュニティ
			理論：オストロムの理論
16(2022)	1	20	対象：自然資源，オープンソースソフトウェア，知識コモンズ，生物多様性，ヘルスケア
			焦点：脱集権化，産直，移民とジェンダー，社会的弱者，イノベーション
			理論：アクションリサーチ，価値理論
17(2023)	1	30	対象：自然資源，灌漑システム，農耕，グローバルコモンズ，都市空間，宇宙空間と宇宙資源
			焦点：インターナショナルレジーム，集合的意思決定，ミクロ政治，フェミニズム，コミュニティレジリエンス，集合行動
			理論：国際政治に関する理論，フェミニズム
18(2024)	1	32	対象：自然資源，宇宙
			焦点：エンクロージャーへの抵抗，民主化，反覇権主義，ジェンダー不平等，政治的参加，NGO
			理論：社会-生態システム，ジェンダー理論，公共管理の理論

注：研究論文（Research articles）に限定してタイトルのキーワードを抽出し，整理したものである。
出典：筆者作成。

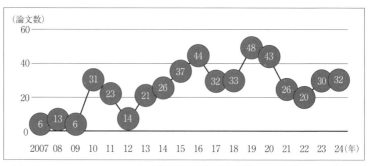

図 5-4 IJC バックナンバー（2007年から2024年8月現在）における年ごとの論文数
出典：筆者作成。

ンズに関する議論の増加，サステナビリティという世界情勢を反映した論点の明確化が議論の活発化をもたらしたと考えられる。そして2015年頃から一貫して，先進国と発展途上国を問わず，世界各地における事例研究が豊富に掲載されている点も注目に値する。3つ目の高まりは2019年と20年であり，気候変動や生物多様性への関心，ジェンダーやフェミニズム，社会的弱者への社会的包摂やポスト資本主義などの論点の浮上による影響がうかがえる。

コモンズ研究において研究対象として取り上げられてきた資源の種類に目を向けると，当初から変わらないのは水や大気，森や鉱山などの自然資源，そして農業，林業，漁業などの一次産業と関連する資源や人工的な灌漑システム，耕作システム，河川管理システムなどである。これらはしばしば「伝統的コモンズ」に分類される。同時に，ニューコモンズとされる資源は途中でどんどん現れてきたことが読み取れる。インターネットの普及によるデジタルコモンズや情報コモンズ，知識コモンズ，都市コモンズや近隣コモンズ，気候変動や生物多様性，宇宙空間利用に関わるグローバルコモンズなどが挙げられる。

コモンズ研究の焦点も，一貫して変わらないのは集合行動をめぐる各種論点の分析，コミュニティへの着目，資源のマネジメントとガバナンス，公平性や権利をめぐる制度形成とダイナミズムに関する分析だといえるが，時代時代の問題関心の推移を反映した焦点の多様化も見られた。例えば2010年頃はソーシャル・ベンチャーの潮流を反映し，イノベーションに関する研究焦点が浮かび上がり，その後2015年頃にかけて分権や権限移譲，サステナビリティに関する論点が目を引くようになった。2017年と18年頃にはマルチステークホルダーやコーディネーション，コラボレーション，ソーシャルキャピタルやウェルビーイング，コンプライアンス，社会的包摂などといった

流行りの言葉も多用された。2019年以降はジェンダーや移民，ポスト資本主義や運動としてのコモニーングが多く提起された。

コモンズ研究の理論として目立ったのは，人々の協力的な集合行動を実現する制度的枠組みとしてのコモンズを分析しようと，オストロムを中心に研究者たちが開発してきた IDA や SES などのフレームワークである。それらについては，*Routledge Handbook of the Study of the Commons* における解説を参考に見てみよう。

Routledge Handbook of the Study of the Commons　Blake Hudson, Jonathan Rosenbloom と Dan Cole の3名の編集によるこのハンドブックは，「現在のコモンズ研究に関する全体的な（holistic）パースペクティブ」（Hudson et al. eds. 2019：1）の提供を狙いとして，3つのパートから構成されている。パート1 "Theoretical frameworks and alternative lenses for analyzing commons" は9章構成であり，コモンズ研究の多様な理論的枠組みと研究手法が取り上げられている。パート2 "Commons interdisciplinary case studies" は19章構成であり，世界各国のフィールドからのコモンズに関する学際的な事例研究集となっている。パート3 "A global context" は2章のみだが，コモンズ研究の背景となるグローバルコンテクストを検討している。ここではパート1の理論的枠組み（分析フレームワーク）を中心に見ていきたい。

コモンズ研究分野で最も有名でよく用いられるフレームワークとして，パート1の導入部としての第2章 "Bridging Analytical Frameworks and Disciplines to which They Apply" において，Institutional Analysis and Development（IAD）Framework, The Social-Ecological Systems（SES）Framework，そして Institutions of Sustainability（IoS）Framework が紹介されている（Hagedorn et al. 2019：11-14）。

庄の論文を取り上げた際にも紹介したように，オストロムが開発した IAD framework はコモンズ研究の主要な枠組みとされている。その目的は「さまざまな資源管理における自治的な仕組みの可能性と限界について」考察することであり，コモンズの悲劇に対する「国家もしくは市場による解決」の主張を批判し，その代替案となる自治的な仕組みを，制度論的な概念を用いて説明しようとするものである（Ostrom 1990=2022：2）。ハーディンが提起したコモンズの悲劇というジレンマに対して，中央政府による自然資源の管理を推奨する解決策か，私的所有権を設定し私有化を推奨する解決策のいずれかが主張されてきたとオストロムは指摘し（Ostrom 1990=2022：10-14），最適な制度的選択肢は，外部の権威主体によって単純化され設計されるのではなく，「時間や場所に関する十分な情報に加えて，文化にも根ざしたさ

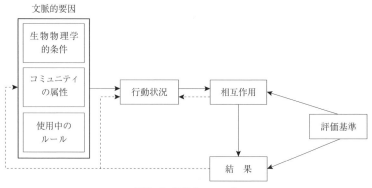

図 5-5 IAD framework
出典：Hagedorn et al.（2019：11）の図を基に筆者作成。

まざまなルールの引き出し」をも備えていなければならないと述べる（Ostrom 1990=2022：16）。

このような制度的解決策の成立もしくは失敗について論じることは，すなわち，「誰もがただ乗りや責任逃れ，あるいは機会主義的な行動の誘惑に晒される中で，個人の集まりがどうしたら共通の利益のために自らを組織化し，統制することが可能なのか」（Ostrom 1990=2022：35）を問うことであり，そのために開発された IAD framework は，「行為者が行動状況で相互作用し，同時に文脈的要因（生物物理学的条件，コミュニティの属性，使用中のルール）の影響を受ける行動アリーナを中心に」分析しようとするものだという（Hagedorn et al. 2019：11）。「制度的（Institutional）」で用いられる「制度」とは，「意思決定が行われる際の有効なルールの組み合わせ」として定義されており（Ostrom 1990=2022：59），IAD は何よりも人々の集合行為における意思決定の過程とその結果を分析する枠組みである。この枠組みは図 5-5 によって示されることが多い。

SES framework は Anderies et al.（2004）において最初に提案された分析枠組みであり，オストロムとその同僚たちが主催していた Ostrom Workshop および SES Club と呼ばれるグループでの議論によって推進されたという（Hagedorn et al. 2019：12）。それは，オストロムが生態学者と学際的な交流を進めてきた中で啓発を受け，IAD framework の改善を試みた結果たどり着いた枠組みである（図 5-6）。

IAD では「文脈的要因」として一括りにされていた生態学的な要因が，社会的要因と区別して明示され，マクロレベルとミクロレベルの間の関係性も整理され，設定（生態的と社会的）⇒条件（資源とガバナンスシステムによる）⇒インプット（参加行動や資

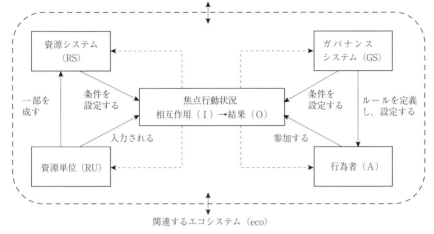

図 5-6 SES framework
出典：Hagedorn et al.（2019：12）の図を基に筆者作成。

源の投入）⇒展開される相互作用とその結果（最も重要な分析対象）⇒インプットや条件にフィードバックしていく、という分析図式が提示された。これは IAD を含む上位の理論モデルとして考えられている（Hagedorn et al. 2019：12）。

最後に、IoS framework について見てみよう。S が Sustainability を指し示すことからも、この分析枠組みは「グリーンセクター」、すなわち自然生態資源に関連する経済、例えば農業や園芸、漁業や林業などの、自然生態システムと頻繁に接しなければならない領域のコモンズ分析に多用される枠組みだということは納得できよう。分析の焦点は、生態システムと社会システムの関係性の転換を実現していくような人間の行動をいかに常態化できるか、にある。そのような行動は、行動状況における相互作用や取引の特性、関与する行為者の特性に依存し、その結果として概念化され、社会的に構築されるという（Hagedorn et al. 2019：13）。図 5-7 によって示すことができる。

SES framework に比べると、中心（分析の焦点）が「行動状況」である点は変わらないが、行動アリーナに食い込むサブアリーナ（領域や規模の違い）の存在とその影響を可視化しようとした点、また、制度やガバナンス構造といった相対的に静態的で安定的な影響要因と同時に、行為者の個性や取引過程といった動態的で不安定な影響要因によるイノベーションも枠組みに取り入れた点が特徴だといえよう。このようなイノベーションをもたらし得る動的過程にもフォーカスしていることから、IoS

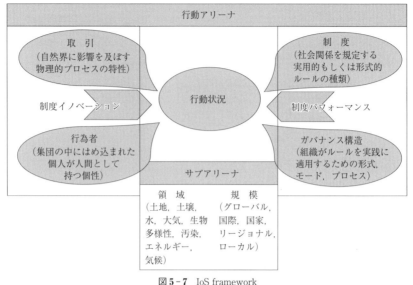

図 5-7 IoS framework
出典：Hagedorn et al.（2019：13）の図を基に筆者作成。

framework はグリーンセクターにとどまらず，消費者牽引の食品経済や農的取引，サプライチェーンマネジメントなどに対する考察においても用いられているという（Hagedorn et al. 2019：14）。

　この 3 つの主要な分析枠組みの展開過程とそれぞれの特徴を見れば，「コモンズの内部分析から，外部主体・外部環境がコモンズに与える影響など，『コモンズとその外部社会・環境との相互連関』に関する分析へと研究の重点をシフトさせた」というコモンズ論の射程拡大に関する三俣（2010）の指摘も頷ける。IJC に掲載された研究論文の整理から分かるように，コモンズ研究では対象とする資源の種類が大きく広がってきただけではなく，研究の焦点もきわめて多様化してきた。単一の枠組みの適用は明らかに不十分であり，3 つのフレームワークを紹介した著者たちは，フレームワークの拡張と融合を主張している。特に，生態的な要素が行動状況に影響を与えるだけではなく，技術的な要素も無視できない今日においては，分析フレームワークのさらなる開発が求められる。例えば著者たちは取引―相互依存―制度の間のつながりを示すのに，物理的なリンクの活性化の重要性を強調している（Hagedorn et al. 2019：19）。そのような具体的で特定の空間やモノなどが媒介として存在するということが，コモンズという概念の成立を規定するものなのかもしれない。

3 コモンズ研究を俯瞰する

本章は多分野にわたり膨大な蓄積があるコモンズ研究を俯瞰し，その系譜や傾向を見出そうとする無謀な試みであったが，いくつかの総覧的な論文や書籍，そして国際的なコモンズ研究の中心となるオンライン雑誌のバックナンバーデータベースの力を借りながら，日本におけるコモンズ研究，海外におけるコモンズ研究（英語文献）それぞれについて大まかに現段階の整理を示すことができた。

日本におけるコモンズ研究については，CiNii の論文データベースにおいて，戦後から現在に至るまでの，タイトルに「コモンズ」が含まれた論文を検索した。その結果，多様な学問分野にわたって多彩なトピックによってコモンズが研究されている様子がうかがえた。伝統的コモンズ研究と同時に，「現代的」「新たな」「新しい」「創造」「拓く」といった言葉が多く含まれていることが分かった。本書は，社会学的アプローチ，市民性の成長や自分事化のデザインや，ローカルな地域プロジェクトがソーシャルな変革につながっていくための仕組みに注目する「市民社会論」的視座からのアプローチ，という位置づけが明白となった。

日本におけるコモンズ論の展開と傾向について，まず中川（2023）を用いて検討した。それによれば1990年代は生態人類学や環境社会学，林政学の研究者らによる日本の独自性のあるコモンズ研究が勃興し始めた時期であり，2000年以降はさらに大きく展開を見せていた。日本独自の入会権や入会集団の研究蓄積を踏まえつつ，エントロピー学派の経済学研究者らが先導し，林政学や民俗学などの分野による学際的な研究が進展し，学術的なコミュニティが形成されたという。「そこでは多様な自然資源を視界におさめながら，商品化された私的な領域と対比されるエコロジカルな領域の資源管理のあり方をめぐる議論が深まり，協治論や日本のコモンズ思想のような多くの成果をあげるに至っている」という（中川 2023：106）。日本のコモンズ思想の中核がまさにそこにある。最新の動向としては，「広い文脈の中にコモンズを位置づけていく方向」と，「関連する人文・社会科学における概念を導入することでコモンズ概念を拡張しつつ整理する方向」という2つの方向性が見られると中川が指摘している。

次に，茂木（2022）は日本におけるコモンズ研究の系譜を把握するうえで大いに示唆的である。コモンズの外延が大きく広がっても，「コモンズ」として一様に定義され扱われる理由について，茂木は「市民的である」点こそがコモンズを規定する決定的な要素だと提示した。茂木も日本における入会研究は，海外のコモンズ論の影響を

受ける以前から膨大な蓄積を有していたと指摘し，入会研究による影響，エントロピー学派による影響，海外のコモンズ研究から受けた影響を記載した1990年代以降の日本のコモンズ論の系譜図を整理した。そのうえで，日本のコモンズ研究は「北米型コモンズ論とは相当に異なった問題意識とアプローチによってなされてきた」と主張し，北米系のコモンズ論は「社会的ジレンマ」研究に帰結するものが圧倒的に多いのに対して，日本のコモンズ研究の独自性は，「自然と人間が不即不離に関わりをもつその総体を研究対象にする」ところにあると論じた。

　海外のコモンズ研究については，まず三俣（2010）を参照した。三俣は①対象資源自身の拡大，②対象資源の規模の拡大，③対象資源の管理制度の拡張の3点からコモンズ論の射程拡大を総覧的に把握し，分析した。コモンプール資源としてコモンズを定義したオストロムが非伝統的なニューコモンズに研究が広がるきっかけを作り，それにともない，対象資源の規模もグローバルへと拡大を遂げた。結果としてコモンズの管理運営に関する研究も，コモンズの内部分析から外部社会・環境との相互連関に重点がシフトしたと三俣が指摘し，従来の凝集性の高い「共同管理論」からクロス・スケール・リンケージ論，協治論への転換が見られたことを明らかにした。

　庄（2021）からもコモンズ研究の系譜を理解するためのヒントが得られた。庄は海外のコモンズ研究の流れについて，オストロムらが代表する「制度派」以外にも，「AG派」と「DE派」に整理できるとし，特定の資源の存在を前提とする制度派のコモンズ論に対して，「本当に資源がないとできないのか」「町やコミュニティも資源になるのだろうか」といった問いを提起し，開かれたコモンズ（AG派の主張），資本主義と共生できるコモンズ（DE派の主張）はどのようなものなのか，海外のコモンズ研究から答えを探った。それを実現する手段として，日本のコモンズ研究でもよく取り上げられる「環境保全運動」や「共有土地信託」以外に，「国際開発業界批判」「人種差別・植民地反対運動」「フェミニズム」「ベーシックインカム」も挙げられていたことが明示され，日本におけるコモンズ研究とは異なる特徴が見えた。

　山本（2022）は，さまざまな資本主義のオルタナティブな探求が「コモンズ思考」に合流しているという見解に立脚し，ポスト資本主義のガバナンスのあり方を見出そうとした。「コモンズ思考」を描き出すのに，山本はオストロムの理論的枠組みだけではなく，コモンズ的な発想を有する草の根の事例とその相互触発の実践活動を重要視した。新たなエンクロージャーに対抗できるコモンズ思考として，山本はオストロムの理論から「利用者コミュニティの自治能力」の主張を見出し，スコットが提示した「複雑性」という対抗軸を強調し，イリイチによる「生業の領域を産業化から取り

戻す」ことを意味する「ヴァナキュラーな領域」，そして脱成長の働き方と暮らし方，生き方と価値の実践を概念化した「コンヴィヴィアリティ」の思考を紹介している。このようなコモンズ思考こそが，多様化し，拡大してきたコモンズの根底にある「礎」だという主張は大いに示唆的である。

　Laerhoven and Ostrom（2007）は，国際的にコモンズ研究が大きく広がった時期の経緯と，それを受けて国際コモンズ学会がどのように研究拠点となっていったかを示した。ビッグファイブと呼ばれる従来のテーマにとどまらず，多様なコモンズに関連する出版物の増加を受けて，*International Journal of the Commons*（IJC）が創刊されたことを紹介している。

　IJC のバックナンバーの論文タイトルを調べ，タイトルのキーワードから Volume ごとに研究対象，焦点，関連理論という3つの項目に沿って整理を試みた。論文数の最初の大幅増が2010年であり，インターネットコモンズ，遺伝子情報や生物学的材料がコモンズとして論じられるようになった影響が大きいと分かった。次の大幅増が2015年と16年で，グローバルコモンズとアーバンコモンズ，近隣コモンズに関する議論の増加，サステナビリティという論点の明確化が原因だと見受けられる。3つ目の高まりは2019年と20年であり，気候変動や生物多様性への関心，ジェンダーやフェミニズム，社会的弱者への社会的包摂やポスト資本主義などの論点の浮上による影響がうかがえた。

　この整理から，コモンズ研究の研究対象として各種ニューコモンズがどのように登場してきたか一目瞭然となった。コモンズ研究の焦点についても，一貫している論点とともに，時代背景の推移を反映した多様化が見られた。そしてコモンズ研究の理論として目立ったのは，IDA や SES などのフレームワークである。

　最もよく用いられる理論的フレームワークとして，IAD framework，SES framework，IoS framework が紹介された。IAD framework は個人および集団の選択が行われる制度プロセスの分析枠組みであり，SES framework は，IAD で「文脈的要因」として一括りにされていた生態学的な要因と社会的要因を区別して明示し，マクロレベルとミクロレベルの間の関係性も整理した改善版とされる。IoS framework は自然生態資源に関連するコモンズ分析に多用され，制度やガバナンス構造といった相対的に静態的で安定的な影響要因と同時に，行為者の個性や取引過程といった動態的で不安定な影響要因によるイノベーションも取り入れた点が特徴だと考えられる。

　以上の俯瞰と整理から，日本におけるコモンズ研究の独自性が見出せたと同時に，

範囲が絶えず拡大してきた傾向は，海外のコモンズ研究と共通していることも明らかとなった。

　では，適用範囲が広がり続ける「コモンズ」を根底から規定する要素とは何か。

　今までの文献調査を振り返り抽出できたのは，「市民的性質」（茂木）や「協治」（中川・三俣），「自治能力」への信頼（オストロム），資本主義市場システムの相対化（庄），単純化や効率よりも複雑性を重視した「生業の領域を産業化から取り戻す」実践や，「脱成長の働き方と暮らし方，生き方と価値の実践」（イリイチ），「具体的で特定の空間やモノなどが媒介として存在すること」（Hagedorn et al.），といった要素である。また，集合行動の制度的枠組みとガバナンスの仕組みとして考察されがちな海外のコモンズ論に対して，日本ではコモンズは人と自然，人と人との関係性そのものを反映する生活実践の場として捉えられやすいことも，コモンズとは何か，市民的コモンズをどう定義すべきかを考えていくうえで貴重な教えを与えてくれよう。

注

(1)　生物学者ギャレット・ハーディン（Garrett Hardin）が1968年に『サイエンス』に論文「The Tragedy of the Commons」を発表したことで一般に広く認知されるようになった概念。「共有地の悲劇」とも呼ばれ，私的利益のために共有資源を過度に利用する人が増えてしまうと，資源の枯渇を招いてしまい，結果的に全員の利益が損なわれることになる状況を意味する。社会学では「社会的ジレンマ」を示す典型的な概念として知られる。

(2)　Ostrom（1990）では世界各国にある地域共有資源の管理を考察し，ハーディンが提起した「コモンズの悲劇」の回避方法，すなわち国家の集約的管理か私有地化かの二者択一ではなく，それよりもコミュニティが共同で行う自治的管理のほうが，効率的であり持続可能であることを解明した。

(3)　日本のコモンズ思想を論じた秋道も，ハーディンやオストロムの提起する議論だけがコモンズ論ではないと述べ，「日本では民俗的な世界のなかに，自然と人間がともに自然を構成するとみなす思想や観念が広くゆきわたっている」と語る。それらの思想や観念を生み出しているのは「山野河海に展開したさまざまな生業」であり，「自然の恵みへの感謝とともに畏敬の念が深く人びとの日常生活に埋め込まれ，儀礼的なふるまいとして消化されてきたことと深く関わっているといえる」と主張している（秋道 2014：8）。

(4)　エントロピー学派とは，中川によれば「物理学のエントロピー概念を導入することで地域の環境問題に対峙する地域主体の社会を構想する地域主義や内発的発展論のような1970年代の社会科学研究の潮流」だという（中川 2023：93）。

(5)　制度派経済学は非正統派経済学の一つだとされる。主流派経済学は市場を最も重視するのに対して，制度派経済学は経済システムの組織と管理を重視し，市場を「経済活動を調整す

る数多くの制度の一つに過ぎない」と見なす。その関心は市場のメカニズムだけではなく，「効率的に資源を配分し，所得を分配する経済の全組織構造」にあるという。例えば「制度の形成」「経済システムと法システムの間の関係」「権力と信念体系の間の関係」「技術変化の権力構造への効果」をテーマにする（小野 2005）。

(6)　社会的共通資本には，大気や水，森林や河川，海洋や土壌のような自然資源，道路や交通機関，上下水道や電力・ガスなどの社会的インフラストラクチャー，そして教育や医療，金融，司法や行政などの制度資本が含まれる。それは「一つの国ないし特定の地域に住むすべての人々が，ゆたかな経済生活を営み，すぐれた文化を展開し，人間的に魅力ある社会を持続的，安定的に維持することを可能にするような社会的装置を意味する」（宇沢 2000：4）。社会的共通資本は，「決して国家の統治機構の一部として官僚的に管理されたり，また利潤追求の対象として市場的な条件によって左右されてはならない」と宇沢は主張し，「職業的専門家によって，専門的知見に基づき，職業的規範に従って管理・維持されなければならない」と述べている（宇沢 2000：5）。社会的共通資本をコモンズとして捉える場合，その管理に際して，職業的専門家と市民との関係性，協治のあり方が問われる。

(7)　法社会学では，個人でも法人でもない集団のことを「実在的総合人」と位置づけ，それによる集団所有形態を「総有」という（間宮・廣川 2013：11）。総有の場合，「利用権は個々の構成員に属するが，管理及び処分の権能は団体としての入会団体そのものに属する」とされる（間宮・廣川 2013：12）。

(8)　「『日経研月報』特集より　コモンズ論の系譜とその広がり　2022年11月号」と題するサイトに掲載された文章を参照しているため，この部分で茂木の文章から直接引用した場合でも掲載のページ数を記載していないことを断っておきたい。なお，この論文の印刷版は，『日経研月報』（533：14-21）にある。

(9)　ただし，「入会地は権利者が限定されているがゆえに排他性をもつわけで，その性格上，コモンズであるはずがない」（井上 2017：303）と，入会地とコモンズは別物だと主張する議論もある。

(10)　入会権には「共有の性質を有する」ものと「共有の性質を有しない」ものに分かれており，入会団体によって共有されているものではなく，他人の土地において入会権が行使されることもあるという。いずれのケースでも具体的な入会権の行使は各地方の習慣に従うと決められており，法的な取り決めはされていない。これは，近代的な市民法体系である民法に入会権の地位を確立すると同時に，その行使に当たっては各地域の慣行・習慣を認めるためのものだと間宮・廣川が指摘している（間宮・廣川 2013：9-10）。

(11)　例えば Daniel Bromley（1991）*Environment and Economy: Property Rights and Public Policy* や National Research Council（1985）"Proceedings of the Conference on Common Property Resource Management," *Panel on Common Property Resource Management* が挙げられている。

(12)　茂木（2022）は日本のコモンズ論の系譜を論じる際に，井上真（2004；2009）による協治論を取り上げている。井上はコモンズの自然条件やそれを取り巻く社会関係の多層性をみる

2つの原則を提案している。1つは「開かれた地元主義」であり，外部との関係性や外部からの技術・知識を必要とする際には，意識的に外部者との協働関係を受け入れるという原則を意味する。2つ目は「関わり主義」であり，外部者がコモンズと関わる際の原則，心構えともいえる責任意識を指すという。これら2つの原則を統合するものとして「協治」のガバナンスがあり，それは「とかくありがちなリーダーシップ重視の外部者によるトップダウンの圧力に歯止めをかけ，ボトムアップの地元の意思決定と内容充実の契機を作ろうとするもの」だという。

(13)　8つの設計原理とは，①CPR を専有する会員，地域の明確に規定された境界，②地域の諸条件と調和した CPR の専有と分配のルール，③運用ルールの決定と修正過程への会員の参加，④監視者による効果的なモニタリング，⑤ルールを侵すものに対する段階的な制裁の尺度，⑥容易な紛争解決のメカニズム，⑦専有者の権利への外部の不干渉，⑧より大きな体系の一部となるコモンズの場合は入れ子状の事業体を成している，である（Ostrom 1990=2022：104-126）。

(14)　IASC の公式ホームページより（https://iasc-commons.org/history/，2024年8月1日閲覧）。

(15)　AG 派の例として庄は，Amanda Huron（2018）*Carving Out the Commons: Tenant Organizing and Housing Cooperative in Washington, D.C.* や，Mike Davis（2006）*Planet of Slums*，Don Mitchell（2003）*The Right to the City: Social Justice and the Fight for Public Space* を挙げている。

(16)　DE 派の例として庄が挙げたのは，J. K. Gibson-Graham（1996）*The End of Capitalism (as we knew it): A Feminist Critique of Political Economy* や David Graeber（2011）*Debt: The First 5000 Years* である。

(17)　Peer to Peer，すなわち対等な者どうしの連携・協力を意味する。

(18)　山本によるコモンズ思考のマッピングには，デジタルコモンズに関する文献も含まれているが，本書ではそれを考察の対象としないため，ここでは言及しない。

(19)　https://thecommonsjournal.org/issue/archive を参照（2024年8月1日閲覧）。

第6章
市民的コモンズ概念の検討

1　先行研究におけるコモンズの定義

　では，今までのコモンズ研究において，コモンズはどのように定義されてきたのだろうか。既存の関連書籍や学術論文を参考にしながら，参考になりそうな定義に関する記述と議論を拾い出して見てみよう。

伝統的コモンズ論におけるコモンズ定義
　コモンズの範囲が大きく広がる前の「伝統的コモンズ論」において，コモンズはどう定義されていたのか見てみよう。

　濱田はコモンズの語源について，英語とラテン語の意味として「共に＋結ばれた，義務のもとで」あるいは「共に＋一つ」を挙げ，歴史的には「イギリスにおいて，誰もが自由に家畜を連れてきて草を食べさせられる，人びとの自発的な共同管理が伝統的に行われていた牧草地」を意味していたと述べている（濱田 2022：184）。

　イギリスにおけるコモンズの歴史について，共同利用される資源そのものを指すというよりも，中世のイングランドでは「コモンの権利」という形で存在していたと三俣・森元・室田は述べている。それは領主が所有する土地に居住する農民などが，その土地の一部で家畜を放牧したり，雑木林から薪を採ったりする権利のことを意味し，領主がいなくなった今日のイングランドやウェールズにも生き続けているという（三俣・森元・室田 2008：15）。もっといえば，「土地のエンクロージャー」が行われ，農民たちが生産活動に使っていた土地が地主たちによって囲い込まれていくなかで，農民たちが運動をおこし，放牧や薪炭材採取あるいは漁撈などの利用をしてもよいと，貴族・大地主が所有していた土地へのアクセスの権利を認めさせた土地がコモンズであった（宮内 2006：8）。この「コモンの権利」について宇野は，土地が領主や教会の所有になっても農民たちの利用権がコモン・ローによって保障された点に注目し，コ

135

モンズは「伝統的な習慣や慣行そのものではなく，あくまでコモン・ローによって法的に保護された権利」だと強調する。「伝統的な習慣や慣行に源を発し，地域のコミュニティと強く結びつきつつも，国家による法によって明確に位置づけられた権利がコモンズ」だというのが，英米法的なコモンズ概念の独特な含意だと宇野が指摘する（宇野 2019：25）。

　実際ハーディンによるコモンズの悲劇も，コモンズが誰の所有なのかを問題にしておらず，「共用利用」の問題として定式化し，誰もが利用権を有する「オープンアクセスの悲劇」と言い換えることができる。つまり欧米を中心とするコモンズ研究におけるコモンズの定義は，「共有」という制度的な所有形態よりも，利用権の開放（排除不可能性）が土台にあり，もっぱら集合的行動における協調が達成される状況に分析が集中するのも，この前提条件に立ってのことである。しかし，資源の種類や規模によって，実際に利用権を持つ人は限定されることは容易に想定できよう。秋道が「異なったコモンズの次元での（利用）資格を議論すべき」だと主張するのはそのためである（秋道 2010：21）。秋道は「さまざまな性格の生態系におけるコモンズの在り方」を注意深く仕分け，コモンズ論のモデルとして「焼き畑」「共有林」「モンスーン」「渡り鳥」「回游」「移行帯」「採集」「漂着」という8つのモデルを提示し，異なる性格を有する生態資源のコモンズにおける共同利用が，それぞれどのような自然条件と文化的条件（利用資格を含む）によって歴史的に実現されてきたのかを考察した（秋道 2010：23-42）。

　利用権を意味していた西洋的文脈のコモンズに対して，日本の伝統的コモンズは「総有」や「共有」といった所有権と深く関わってきたように見受けられる。総有は実質上，メンバーの持ち分が認められない形で特定の集団による集団所有を意味し，共有とは，持ち分が明確な形での集団所有だと考えられる。日本では伝統的に地域に多くの共有地があった。例えば入会林野が挙げられる。「かつての入会林野は，集落の住民が煮炊きのための薪を集めたり，農耕用の牛馬のための飼料を採取したりする場として利用されてきた」（林・金澤 2014：242）。このような共有地を念頭に宮内はコモンズを「共有財産としての環境」および「環境を共有するしくみ」と定義している（宮内 2006：8）。

　コモンズと所有制度の関連について，山田は従来の研究における3つの立場を紹介している。①非所有（誰の所有でもない資源）をはずし，共的所有のみをコモンズとする，②非所有をコモンズとし，（それと区別して）共的所有を「コミュナル」とする，③非所有をグローバルコモンズ，共的所有をローカルコモンズとする，である（山田

2010：23）。だが，共的所有であっても，その所有物の利用は，厳格に集団のメンバーに限定される「タイトなコモンズ」がある一方で，曖昧さがありメンバー以外の利用も排除されない「ルースなコモンズ」もあると指摘されている（井上 1995：140-146）。宮内は，このような所有と利用の重なり具合がコモンズの重層性をもたらしていると述べ，「典型的」とされるコモンズでも，「実は，境界のはっきりした自然環境を，メンバーシップのはっきりした住民が共同管理している，という形ではなかった」ことを明らかにしている（宮内 2006：15）。このように，各種自然資源をめぐる伝統的コモンズの定義には，所有権と利用権の重層性をどう扱うかの問題が見られる。

　同時に，「コモンズの悲劇」概念が拠って立つ「利己的・競争的な男性中心の人間観と，自然を征服すべき対象とみなす人間中心主義の自然観という二つの西欧的伝統」（藪谷 1998：44）こそが，排他的・暴力的な「近代的」土地所有権思想を生み出した源であり，そのような思考法を前提とするコモンズ研究は，異なる人間観と自然観の文化や伝統を持つ国や社会のコモンズへの理解を阻害し，さらには途上国に残っていたコモンズの破壊をもたらす元凶の見誤りをもたらしかねないという議論も提起されている。上柿（2006）はそれを「近代批判の視座」と表現している。上柿はとりわけローカルコモンズを念頭に，既存研究における伝統的コモンズの定義を下記の6カ条にまとめている。

　　①ある種の地域資源に対して特定の集団による排他的占有が行われている。
　　②地域資源に対する地域住民の日常的な利用が存在する。
　　③利用や管理に対して（厳格ではないが）慣習的なルール，あるいは厳格なルールが存在する。
　　④非貨幣的な相互扶助による社会的なサービスが存在する。
　　⑤持続的な地域資源の利用による，完全に市場化されていない物質循環が存在する。
　　⑥持続的な人々の働きかけによる，独自の豊かな生態系が存在する。

（上柿 2006：332）

　このうちの①～③は地域資源の持続可能な管理の仕方に関わる項目であり，④～⑥はそれに関連する社会的サービスや物質循環といった経済のあり方に対して，批判的に捉えていくという「近代批判」を含む視座だと上柿は指摘している。

　このように，伝統的コモンズの定義については，利用権と所有権の重層性の問題だ

けではなく，西洋的コモンズ論の前提となる人間観や自然観への批判も提示されている。ただ，いずれの場合でも共通していえるのは，「公」と「私」と明確に区別された「共」の世界としてコモンズが定義されている点である。三俣・森元・室田（2008）では経済社会は公・共・私の三部門からなるとし，共的領域はすなわちコモンズに関する考察は，射程がそれぞれ異なっていても，「自治」に秘められた可能性や限界を見極めようとするものであると述べ，コモンズを①共有・共用する天然資源，②それをめぐって生成する共同的管理・利用制度として定義している（三俣・森元・室田 2008：19）。宮内も，所有と利用を解きほぐしていくと，コモンズとは「共同の関わりとその認知・承認」として捉えられ，「誰がどんなルールで，どんな中身で」関わり，「誰によってどう認知・承認されているか」は，時代や地域によるさまざまなバリエーションと濃淡があり，そこにあるダイナミズムに注目することが，今後の（環境をめぐる）公共性の議論の中心になるだろうと論じている（宮内 2006：19）。

現代的コモンズ論におけるコモンズ概念の変容

新しいコモンズの定義

第1項で考察してきたように，伝統的コモンズの定義は，資源の性質と利用形態に顕著に見られる「共同」によって特徴づけられており，日本では所有権の共有形態を重視する議論も多い。しかし第5章で示したとおり，1990年代半ば頃から，伝統的コモンズから現代的コモンズへの広がりが大きく進行した。所有形態を問わず，市場や自治体のシステム外にある「共有された資産としてのコモンズ」への関心が高まり，前山（2015）は，クリッピンガーとボリエール（Clippinger and Bollier 2005）による「コモンズ・ルネサンス」の用語を借りて，現代的な新しいコモンズ論の台頭を紹介している。この変化において顕著な特徴として，「コモンズにかかわって『所有権』の重要度が低くなったこと，環境的資源が決定的ということではないという認識になったこと，（中略）『コモンズ』が，所有権のありようを超えて，共有される資源の諸類型すべてに適用され得る言葉として展開されてきた」ことが挙げられるという（前山 2015：5）。前山は Hess（2008）を参照しつつ，拡張したコモンズの概念図を示している（図6-1）。

　第5章における俯瞰と系譜の整理においてすでに新しいコモンズの内容に触れてきたが，それをまとめて分かりやすく示しているのが図6-1だといえる。伝統的コモンズが対象とする資源は，基本的には所与の各種自然資源が挙げられている。それに対して，新しいコモンズ（ニューコモンズ）にはあまりにも多様な類型が列挙されている。大きく分けると文化コモンズ（cultural commons），近隣コミュニティコモンズ

138　第Ⅱ部　市民セクターを捉える新たなレンズ

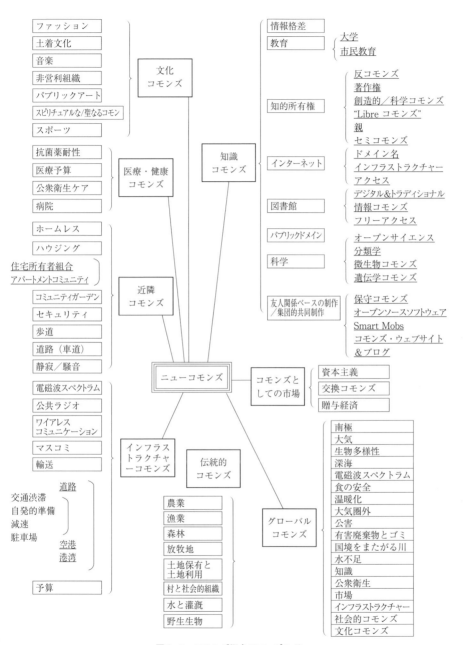

図 6-1　コモンズ概念のマッピング

出典：前山（2015：6）の図。

(neighborhood commons)，インフラストラクチャーコモンズ（infrastructure commons），知識コモンズ（knowledge commons），医療および健康コモンズ（medical and health commons），市場コモンズ（market as commons），グローバルコモンズ（global commons）という7つのセクターに分類されている。それぞれの類型を細かく見ていくと，例えば大学教育やインターネット，図書館や科学は知識コモンズの一種とされ，マスコミや輸送はインフラストラクチャーコモンズに含まれ，資本主義でさえ市場としてのコモンズに位置づけられている。

　新しいコモンズの広がり方を見れば，「社会のありとあらゆる領域の資源がコモンズになり得る」とさえ考えられる。「コモンズの悲劇」という言葉にちなんで，コモンズ概念の際限ない広がりこそが悲劇であると指摘する研究もあるほどであり，自然資源を論じる概念であったコモンズが，一連の異なる対象に適用されるようになったことで「著しく概念としての曖昧さが増す」とSugaが懸念を示している（Suga 2013：3）。

　では，何が「コモンズ」概念を規定する要素となるのだろうか。伝統的コモンズ論の要点は「エコロジカルな環境や自然資源の保全と人間の活動，広い意味でそれらを関わる社会との関係を問題にするものであった」のに対して，新しいコモンズ論にとって現代社会の最大の課題は，「既往の枠組みである国家と特にグローバル化した大企業による資源・社会資源の私化専有（privatizeないしenclose）が一般市民を抑圧している現実」であり，「これらを市民のもとに取り戻す運動の必要性を説く」ことだという（茂木 2017：15）。したがって，新しいコモンズとして挙げられるものは実にさまざまではあるが，いくつかの共通点が見られると，前山（2017）はHess（2008）に依拠しながら以下の7つを挙げている。

　　①参加する人たちのコラボレーションと協同（協治）が重視されること，
　　②「自分のバックヤードを超えた」責任のより広いビジョンが見られること，
　　③公平（equity）が基盤とされていること，
　　④「贈与経済」が重視されていること，
　　⑤コモンズ利用者における相互依存と信頼関係が見られること，
　　⑥公共財と異なって侵害や私有化，商業化に弱いこと，
　　⑦共通のストーリーがあり，価値観の共有が見られること，である。

（前山 2017：98）

表 6-1　伝統的コモンズと新しいコモンズの規定要因の対比

項　目	伝統的コモンズ	新しいコモンズ
土　台	特定の集団による排他的占有（ただしルーズな場合もある）	参加する人たちのコラボレーションと協治によって成立する
利用目的	地域住民が日常的に資源を利用する	参加者は自分自身の利用を超えたより広い責任に関するビジョンを持っている
内部の関係性	非貨幣的相互扶助の社会サービスの存在	贈与経済が重視される，利用者間に相互依頼と信頼関係がある
規範とルール	利用と管理には慣習的なルールがある	公平を基盤とする
市場との関係性	完全に市場化されない物質循環がある	私有化，商業化に弱い（侵害されやすい）
社会的価値	持続的な人々の働きかけによる，独自の豊かな生態系が存在する	共通のストーリーがあり，価値観の共有が見られる

出典：筆者作成。

　この7つの特徴は，上柿が提示した伝統的コモンズを規定する6つの項目と良い対比を見せている。表6-1に整理して比べてみよう。

　このように比較してみると，伝統的コモンズは所与のあるいは歴史的に継承された自然資源（もしくは第一次産業に関わる人工的な資源）に対する非市場的，非貨幣的，相互扶助的な共同利用形態であり，その場で暮らす人々が生態系とともに生活を営むうえで不可欠な一部であったのに対して，新しいコモンズは共通の価値観やストーリーを表現する実践活動であり，その価値観とは，公平性や贈与経済の重視，相互依存と信頼関係の主張，商業化への抵抗，私的な利益を超えたより広い責任に関するビジョン，参加と協治の行動指針を意味する。これらは，いわゆる「市民」的な価値観と大いに親和的だといえよう。ただ，伝統的コモンズは生活を営むうえでの不可欠性や，集団構成員の明確さと固定化により，市場化されないサービスや生態系の維持に力を発揮していた（発揮しやすかった）のに対して，価値観とストーリーの共有を表現した市民たちの新しいコモンズは市場に浸食されやすい。市民的コモンズを考察する際にこれが論点の1つとして念頭に置いていく必要があろう。

　「価値」のありようが，新しいコモンズを大きく左右する（前山 2017：98）。立川・西山・今村（2018）によれば，新しいコモンズとして食のコモンズを研究していたVivero-Pol（2019）は，財や資源をコモンズとして捉えられるかどうかは，「財そのものの性質」ではなく，「社会の選択」によって決まると指摘しており，「コモンズとは，参加や自己規制，自らが設定した原理や目標に基づいて，集合的に行動するその仕方を意味している」と述べているという。これについて，立川らは「換言すれば，資源

そのものではなく，資源に対する集合的な関わり方（コモンズ化する関わり方，すなわちCommoningともいえよう）に視点が向けられている」と解釈している（立川・西山・今村 2018：54）。「集合的な関わり方」の土台を成すのが，まさに共有される「価値」のあり方なのではないだろうか。

現代社会の文脈における伝統的コモンズの変容　　新しいコモンズが現れただけではなく，伝統的コモンズも，現代社会の文脈においてその定義を変容させてきた。

　例えば寺田（2015）は現代の里山コモンズに以下の3つの特徴が見られると述べている（寺田 2015：63-64）。第1は「所有と利用の分離」である。特に都市部の里山では，所有者は「経済林として里山を利用するよりも，不動産として土地売買の対象とするほうが経済的に合理的」という状況になったため，旧来の里山コモンズにおける「所有者と利用者が同一主体である」ことは基本的に難しく，「所有と利用の分離」が必要となっている。第2は，「環境財としての価値」である。都市化の進展にともない，里山は希少な緑地として，経済林としての価値よりも生物多様性や景観，あるいはレクリエーションの場としての価値など，環境財としての里山の価値が高まっていく。主たる管理・利用者も「都市住民を中心とする団体」，いわゆる里山活動団体になる。第3は，「共同利用とルールの存在」である。「現代の里山コモンズでは，里山活動団体が所有者と貸借契約を結び，その中で管理・利用のルールを設定しているほか，森林法などの法令に基づき共同管理の枠組みを規定している場合がある」という（寺田 2015：64）。このように，都市化が進む現代の里山コモンズは，「環境的価値」をおもに提供する資源となったため，環境的価値の発掘と表現を得意とする市民活動団体が所有者から委託を受け，ルール設定と共同利用の管理形態などコモンズのあり方を左右する中心的な要素となることが多い。

　現代的コモンズへの人々の関わり方が「資源の利用」から大きく転換・拡大している点について，三井も森林コモンズを論じる際に指摘している。木材の生産や利用といった伝統的な森林の機能が，非消費的な公益的機能の重視に転換したと三井は指摘し，「資源・消費・廃棄・物をめぐる物質循環や，自然と人間との関係における『貧困』が問題とされ，『循環』や『共生』といった考え方が現代的な森林コモンズをとらえる軸となっている」と述べている（三井 1997：42）。この転換過程において「都市住民の関心は，従来の観念的な自然としての森林あるいは観光資源としての森林から，自分と関わりのある森林へとかわり始めた」という（三井 1997：42）。

　また，坂村・中井・沼田（2017）も，地縁的なつながりを中心とする共同組織に依拠する伝統的コモンズが近代化にともなって崩壊しつつあるなか，都市近郊農地の管

理委託を受けた市民団体の活動に注目し分析している。伝統的な農作業の手法を継承することで昔ながらの農風景の保存，自生植物の保全，里山の再生や固有生物種の保全が行われただけではなく，農業活動に付随した地域活動は，福祉活動や教育活動にも広がり，伝統的コモンズとしての共有地管理では見られない実践内容も含まれるようになったと論じている。この事例からも分かるように，伝統的コモンズは現代社会においては，価値やストーリーを共有した市民たちの手によって「再生」が図られている。

　このような市民的な活動や実践によるコモンズづくりは，「コモンズ化」もしくは「コモニーング」，あるいは私有化と囲い込みによって失われたコモンズを取り戻す意味で「リ・コモニーング（Re-communing）」と呼ばれる。コモンズ論における「コモンズ化」重視の視点は前山（2017）と三俣（2010）の議論においても強調されている。前山は P. Linebaugh（2008）の議論に依拠しながら，「空間や場がそのままで『コモンズ』となるわけではない。（中略）コモンズたるものを成り立たしめるメカニズムに関わる議論として，近年，P. ラインバウ（P. Linebaugh）の『マグナカルタ宣言――万人のための自由とコモンズ』が提起した『コモニーング』（communing）のコンセプトが着目されている」と述べ（前山 2017：103-104），三俣も「環境資源と管理制度の相互作用の視点を重視し，また，現実の問題に対し実践志向の強いコモンズ論の視点に立てば，『所有形態まずありき』でも『利用と管理の実態まずありき』でもなく，その相互規定的・相互作用的側面（コモンズ化の過程）に注目する『複眼的アプローチ』が重要視されるべきである」と述べている（三俣 2010：156）。このように，資源の性質とその利用制度によってコモンズを定義する段階から，コモニーングという過程の存在によってコモンズを定義しようとする傾向が明らかになってきた。

2　市民的コモンズを定義する

　今までの文献調査によって，市民的コモンズを定義する際に重要視したい項目が浮かび上がったと考えられる。第5章の文献調査で得られたのは，「市民がイニシアティブをとるという性質」「協治システムの存在」「資本主義市場システムの相対化」「自治能力への信頼」「生業の領域を産業化から取り戻す実践」「脱成長の働き方と暮らし方，生き方と価値の実践」「具体的で特定の空間やモノなどが媒介として存在すること」「人と自然，人と人との関係性そのものを反映する生活実践の場」，といった諸要素であった。さらに本章第1節で伝統的コモンズと新しいコモンズにおける概念

規定及びその変容を考察してきたが，現代社会においては伝統的コモンズも新しいコモンズも「市民」の手に委ねられていること，資源の共有形態や管理制度ではなく，コモニーングという運動・実践の過程に注目してコモンズを捉える視点が明確になった。それによって，「市民によって共有された価値とストーリーを表現するコモニーングの運動・実践過程」という要素が浮かび上がった。

　本節では，まずコモンズ論の中でも珍しく，NPO の領域をコモンズとして正面から捉えて論じたロジャー・ローマン（Roger A. Lohman）の議論を考察し，そこから市民的コモンズの概念化にとって参考になる理論的示唆を得たうえで，本書における「市民的コモンズ」の定義を構築していきたい。

ロジャー・ローマンのコモンズ論

　ロジャーがなぜ NPO や自発的行為の領域となる市民セクターにコモンズ理論を適用したかについて，「自発的部門を『政府機関や営利機関そしておそらくは非公式部門をも差し引いた後に残っているもの』と考えるごく一般に見られる残余アプローチと違って，一連の学際的な『第一の原理』を明らかにしようとするものである」と説明している（Lohman 1992=2001：53）。慈善や寄付に依拠して非市場的あるいは自発的労働を行っている団体や組織を念頭に，これらの社会組織を一般化し「コモンズ」と呼ぶと述べている。すなわち，日本では NPO という言葉でカテゴライズされた組織を，ロジャーは逆にコモンズとして概念化しようとしたのである。

　市民の自発的行為に基づく団体や組織を「コモンズ」と定義できる理由として，ロジャーはコモンズ理論の 9 つの基本的な仮定を紹介している（Lohman 1992=2001：54-61）。

　第 1 に，社会的行為。コモンズにおける行為者の行為は，「自然発生的な生活から生まれる実質的に意味のある経験」，すなわち「社会的な行為」である。市民による慈善活動やフィランソロピー，利他的な行動もすべてこのような意味での社会的行為にほかならない。

　第 2 に，豊かさ。コモンズの参加者は豊かさを有する人々である[2]。自分の利益を最大化しなければならないプレッシャーに晒されるのではなく，利潤を最大化するよりも非営利的で倫理的な活動に携わること自体彼らにとって「合理的な選択」である。市民活動も，個人的な利益追求よりも「合理的に」非営利的行為を選択できる豊かな人々によって行われる。

　第 3 に，信頼。コモンズ理論において行為者は「信頼できる」と仮定される。非営

利やボランティアの環境で仕事をする人も同様にこのように仮定される。「信憑性の規範はコモンな社会的行為の基本的な倫理的核心」であり「コモンズにおける多くの実際の経験的活動の事例を簡潔に表現している」(Lohman 1992=2001：56)。

第4に，継続性。コモンズはしっかりとしたライフスタイルを表現しているため継続性と社会性を持つように，慈善的行為やフィランソロピー，利他的行為も，しっかりとしたライフスタイルの選択と関連している。

第5に，合理性。コモンズの中での行為は合理的に行われている過程であり，それは「生活設計を持っている（そしてそれに従っている）という哲学的な意味があるという」(Lohman 1992=2001：59)。

第6に，近似的普遍性。コモンズは多くの国や社会において確認できる普遍的な類似性を持った文化形態であり，同様に市民による慈善活動や利他活動などの自発的活動もこのような近似的普遍性を持つ。「知られているすべての文化において，自己認識を持った人々の集団が，自発的に団結し，市場や家庭の外部でしかも国家から独立して共同でコモンな目的を追求している」(Lohman 1992=2001：60)。

第7に，自律性。コモンズの行為者は個人的におよび集団的に自己管理を行う。行為者には自律的な社会的世界を作りかつ維持する能力があると仮定される。非営利自発的活動の世界も同様である。

第8に，内在的価値判断。自律的なコモンズでは内部で生じる価値に基づいて評価されるのが正しい方法とされる。

第9に，通常の言語。内在的な価値判断を支えるものとして，非営利的及び自発的行為を描く理論は，実践者たちによって理解できる言語で語られなければならない。したがって，実践者が一様に使用している言語を，理論化の際に用いる必要がある。

以上，9つの仮定に基づき，コモンズ理論をNPOなどの自発的行為の理論に適用しようとしたロジャーは，自らが用いるコモンズという言葉の意味について次のように解説している (Lohman 1992=2001：67-74)。

1つ目に，コモンズによって表現しようとしたのは「内在的及び外在的な組織関係の複合体」だという。サービスを提供する人，受益者，仲介者といった異なる立場の行為者たちを1つの用語によって示すためである。

2つ目に，ロジャーはコモンズ概念が表現しようとする主な特徴は，ギリシア語のkoinonia に含まれていると述べ，それは次の5つだという。「①参加は自由で非強制的なものでなければならない。②参加者は，その重要性に関係なく，またその期間に関係なく，コモンな目的を共有しなければならない。③参加者は共同保有の資源や貴

重な者のコレクションや共同行為のレパートリーのような共同で使えるものを共有しなければならない。④参加には相互性が伴う。⑤（そこでの）社会関係は公正さを特徴としなければならない。」(Lohman 1992=2001：67)。上記を踏まえて，ロジャーは次のようにコモンズの定義をしている。すなわち「非強制的な参加，コモンな目的，資源の共有，相互性，公正さを特徴とする一連の相互に関連した社会的行為，（中略）社会的な組織や制度をコモンズと呼ぶことができる」(Lohman 1992=2001：68)。

　３つ目に，このようなコモンズは，「団結したコミュニティ」によって創造かつ再生産される「市場や家庭や国家の外部にある経済的・政治的・社会的な領域」だとロジャーは指摘する (Lohman 1992=2001：68)。まさに私たちが市民社会，市民セクターと呼ぶ領域である。

市民的コモンズ概念の構築

　ここまで議論を進めると，市民社会，市民セクターの概念は，本来的にコモンズ概念と密接に結びついていたことに気づく。正面から市民社会をコモンズとして捉えて論じた書籍は，ロジャー以降あまり見られないが，コモンズ概念によって市民社会の理論化を図っていくという方向性は，斬新な試みだというよりもむしろ自然な流れなのかもしれない。

　　「市民的コモンズ」
　　概念を用いる意図　　本書でわざわざコモンズ概念に「市民的」をつけているのは，市民社会の実践を可視化し捉える理論の柱としてコモンズを位置づけたいからである。市民的コモンズ概念によって市民セクターを理論化する意図をマクロ・メゾ・ミクロの３つのレベルで説明したい。

　マクロレベルでいえば，市民的コモンズ概念を用いるのは，資本主義システムのシステム変革を視野に入れているからである。コモンズが資本主義に対する各種オルタナティブの思考の合流点に位置していることは，山本 (2022) が論じたとおりである。ほかのコモンズ論においても資本主義システムに対峙する思考ないし実践の仕組みとしてコモンズが提示されている。IJC のバックナンバーからコモンズ論の系譜を整理した際に，ポスト資本主義が盛んに提起されるようになったのは2019年や20年頃と述べたが，コモンズ研究において一貫して近代批判の視座が存在していた。

　例えば日本の代表的なコモンズ論者の一人である多辺田は，2004年に知的所有権の問題を取り上げた文章において，モノも知識も特許という知的所有権による囲い込みが進むなか，グローバル化によってこの囲い込みの動きもボーダレス化し，「それぞれの地域の文化や自然環境・資源を，そこに住む住人が守り育てるという楽しみを奪

う方向に進んでいる」と指摘している（多辺田 2004：72）。「知的所有権として囲い込み奪いつくし肥大化していく，その行き着く先は『持てる者（国）の独り勝ち』という貧しい世界だ。しかも，その先には，富める国自身も巻き込む『共倒れの世界』が待っていることになる」と警鐘を鳴らす（多辺田 2004：72）。貧しい世界，共倒れする世界に対する処方箋として多辺田は，「やはり『無所有のものを大事に育てる』『すべてをお金に換えない』ということ」が近道だと指摘し，貨幣部分への依存を軽くし，地域の容量を大きくすること，すなわちカール・ポランニー（Karl Polanyi）が主張する「経済を地域に埋め込む」ことこそが希望だと主張する（多辺田 2004：73）。その具体的な装置は，コモンズにほかならないと，多辺田は次のように述べている。

　振り返ってみれば，「近代化」と科学技術の発展を志向した20世紀は，「戦争とイデオロギーと環境破壊」（エリック・ホブズボーム）に明け暮れた「総力戦システムの時代」（山之内靖）だった。それは，欲望の自制装置であるコモンズの解体によって解放された「私（市場）」と「公（政府）」の欲望が車の両輪となって，「進歩」というイデオロギーのもとで，歯止めなき拡張主義（総力戦システム）の道を暴走したからである。
　このボーダレスに暴走する拡大装置に歯止めをかけることのできる主体は，巨大化する国際政府機関（官僚テクノクラート）ではない。それは，欲望を自制する作用を常に備えている装置，すなわち，「顔の見える関係性」を持った「コモンズの自治」をおいて他にないのではないだろうか。市場のボーダレス化や IT 化のような「顔の見えない関係性」を拡大する方向ではなく，それらを制御し，「顔の見える関係性」を回復するという迂回経路なしには地球の環境を回復する道はおそらくないであろう。それは，「所有」の拡大ではなく，「無所有のもの」を守り育てるという方向性を持つ。

（多辺田 2004：73）

　このように，絶えず拡大を求める資本主義の暴走を止める装置は，欲望を自制し，無所有を守り育て，顔の見える関係性を持った「コモンズの自治」をおいてほかにないと多辺田は断言している。
　資本主義の市場の暴走に対峙できるのはコモンズだけだと，もう一人の代表的な日本のコモンズ論者，間宮陽介も論じている。多辺田の議論とほぼ同じ時期，2005年に発表された間宮の論文では，ソースティン・B. ヴェブレン（Thorstein Bunde Veblen）

というアメリカの経済学者による「不在所有制批判」の議論を踏まえて，株式会社制度はまさに所有者と実際に働く人が分離している「不在所有制」であり，それに対峙できるのは国有の「社会主義経済」ではなく，国有の下でも私的所有制の下でも営まれていない「コモンズ」だと述べている（間宮 2005：24-25）。

2019年以降盛んに論じられたポスト資本主義は，実は2004〜5年頃からすでにこのように指摘されてきたが，ポスト資本主義に向けてのキーワードとしてコモンズが浮上したのは，やはり斎藤幸平をはじめとする脱成長学派による影響が大きい。若森（2024）は，「斎藤幸平の『人新世の「資本論」』と『マルクス解体』は，（中略）脱成長学派の資本主義と人為的希少性の創出の議論を吸収することで，ポスト資本主義を『脱成長コミュニズム』として描き出した」と評価しつつ，その議論に欠けているポスト資本主義の社会編成化と倫理について考察し，「ポスト資本主義の経済，政治，倫理は，選挙や革命によって政治権力の獲得を目指す運動を通じて上から形成されるのではなく，資本主義経済と国家に対抗してコモンズの領域を広げていくことを通じて生まれる」と改めて主張している（若森 2024：11）。第1章で「居場所」について論じた際に，それは「競争を強制される成長社会（およびそのための管理社会と監視社会）」によって困難とされてきた場所，成長と競争以外の価値観を重要視しなければならない場所」だという片山の議論を紹介したが，資本主義システムのオルタナティブを視野に入れて市民的コモンズを捉えるのは，居場所としての市民的コモンズを意識しているからでもある。

次に，市民的コモンズ概念を構築する意図をメゾレベルで解説しよう。一言でいえば，それは第4章の最後でも述べたように，ローカル（において展開される独自性を有する各種地域プロジェクト）とソーシャル（社会的価値と社会的連帯を重視する社会システムの構築）を媒介する仕組みとしてコモンズを位置づけるためである。

日本の市民セクターは1990年代後半から2000年代にかけて，NPO という概念によって可視化され理論化されてきた。そこにコミュニティビジネスやソーシャルビジネス，社会起業家や社会的企業，社会的連帯経済，ソーシャルイノベーションなどの概念が加わってきたが，新しい概念ができるにつれて，自分たちの意図や実践を表す概念の選択肢が増え，言葉や概念に対するフィーリングで好みが分かれ，語りとディスコースも分かれていき，市民セクターが業界によって，流行りの言葉によって細分化されていった。「市民的コモンズ」という言葉の提起も，細分化の流れに呑み込まれるリスクは考えられるが，だからこそ日本社会に深く根差した言葉でありながらも，世界的に普遍性を有する言葉として定着している「コモンズ」を選ぶ意味が大きい。

実際に，それまで異なる領域として語られてきた実践が，「コモンズ」という言葉に強い関心を示す傾向が見られる。それは，前章で述べたコモンズ論の射程拡大によって端的に示されているといえよう。例えば茂木によれば，新しいコモンズ思潮を代表するのがボリアーであり，彼が率いる Commons Strategies Group は，伝統的コモンズに対して，特に先進諸国の現代社会において新しく必要とされる都市のコモンズを併置しようとしており，国家や大企業によるエンクロージャーから資源を市民のもとに取り戻す各種運動が「コモンズ」だと主張している。この定義に沿って茂木は協同組合を取り上げ，「協同組合は相互扶助，自律，民主的運営を基盤として事業を遂行する組織であるが，新しいコモンズの担い手にもふさわしい」という認識を示している（茂木 2017：74）。NPO という概念が日本の市民セクターに導入された際に，NPO と同じく自治と協治の組織である協同組合が「共益組織」として，公益性を追求する NPO と区別され，別物として扱われたことを想起すれば，コモンズ概念の横断性と包括性の利点に気づく。

　八甫谷（2013）もコモンズ概念の横断性を指摘している。市民による拠点づくりについて八甫谷は，「これまでは歴史的建造物の保存であったり，商店街の活性化であったり，あるいは市民活動のサポート拠点にとどまるなど，活動領域を限定しがちであった」が，「近年，市民たちが都市全体に呼びかけて地域資源を保存活用したり，多様な拠点を構築し，ネットワーク化するなどの活動が見受けられるようになっている」と述べる（八甫谷 2013：79）。このように誕生した「拠点群」としての市民の場を「コモンズ」と呼ぶことができるのではないかと八甫谷が主張し，その成立にはしばしばまちづくり組織の働きが見られると指摘している。

　まちづくりに関わる全く異なる領域の市民的実践が，コモンズ概念によって横断的に捉えることが可能になることは，実は2000年代の初期からすでに指摘されている。森反（2002）は，近代化の過程で所有の個別化が図られたことで個人主義的な生活態度が定着したが，逆に私領域の多様なリスクは行政に負託するしかなかったため，「行政的公共性と市民との関係は，分離しつつも同時に包含し合う奇妙な離接現象」になり，その結果，私領域が行政的公共性に覆われたまま陥入しつつあると問題提起している。このような流れに対して，都市空間の領域で，市民が私的空間の共同化を企てる動きが要請されるに至ったと森反が分析し，この逆流現象がたどり着く先が「コモンズ」だと主張した（森反 2002：12-13）。まちづくりの実践は「協同的公共性」が形成される実践にほかならず，その核が「物在空間」の存在だと指摘した森反は，次のように述べている。

第**6**章　市民的コモンズ概念の検討　149

これは，誰かに帰属する所有物ではなく，誰もがアクセス可能なコミュナルな対象（空間）である。これをコモンズと呼ぼう。コモンズは，その財・空間の使用・利用が，各々の行為者に経済的・社会的・文化的な，多様な利得をもたらし，同時に，その行為のループの集積が協同の領域を形成するように，制度設計され，はじめて成立する。

　コモンズの自生的秩序は，多様な利得の循環によって（中略）「暗黙の結託」を生み出す。それがまたコモンズの持続の内在的基盤になる。コモンズもまた，自己循環，自己組成する。協同空間が立ち上がる。

（森反 2022：13）

　このように「コモンズ」という概念は，関わる者たちにとっての「多様な利得の循環」がいかに「自生的秩序」の成立と継続をもたらしているのか，その仕組みを示す概念である。第4章で取り上げた津富論文を思い出してみよう。津富は市民セクターにとっての普遍的な問いとして「自治がいかに可能か」を挙げている。コモンズはその問いに答えるのにぴったりの概念なのではないだろうか。

　最後に，ミクロレベルから市民的コモンズ概念を構築する意図を解説しよう。本書第1章では「市民とは誰のことか」という問いを提起している。この問いは，日本における市民社会の次なる展開を切り開くうえで，避けては通れない関門だといえる。誰もが市民としてのセンスを身につけられ，市民としての自己表現，生き方，暮らし方を自然に営むことができる状態こそが，市民社会の理想的な状態である。市民による活動や実践をボランティアもしくはNPO，社会起業家といった概念で語ると，日本社会ではしばしば「えらい」という印象が先行し，「社会に対する意識が高い」「余裕がある」などの条件をクリアできなければ辿りつかない行為として見られる。自発性や自律性，公益性を強調すればするほど高尚なものと思われ，ハードルが高くなってしまう。身近で自然体で等身大でありながらも個々人の成長や価値実現に深く結びつく行為として市民の実践を捉え直すために，「コモンズ」という言葉が最もふさわしく，浸透力があるのではないかと考える。

　なぜなら，コモンズは本来，活動や実践，価値や制度より前に，「生活を営む」ことそのものを意味し，第2章で指摘した「自分事化」にとって不可欠な「当事者意識」「日常化」「習慣化」が実現する生活の場だからである。伝統的コモンズの定義から読み取れるように，人々がコモンズの一員になるのは，自分の生活にコモンズが必要不可欠だからである。資源の維持に継続的に貢献していくのも，生活していくうえ

でそのほうが豊かさにつながるからである。生活，暮らしに深く根ざし，不可分な関係にあるという点が，NPOやボランティア，社会起業家や社会的企業などといった概念との最も大きな違いなのかもしれない。

　ただ，コモンズ概念における「生活実践」による共同性は「閉じられている」という閉域性を持つのに対して，新しい公共性を志向するボランティアやNPOの共同性は「開かれている」という開放性を重んじるという指摘もある[3]（下村 2011）。下村は，伝統的コモンズから現代のコモンズに移行する際においても，「生活実践」という側面が変わらずコモンズの特徴として残ったと指摘し，その公共性のあり方について，三輪・三俣（2010）の下記2つの議論を批判しつつ検討している。1つは，コモンズにおける環境資源の維持管理は，環境資源である限り自己完結はありえず，必ず外部社会と関係を持たざるを得ないという意味で公共性を持っているという主張であり，2つ目は，「コモンズを管理し維持することは，コモンズを構成するメンバーの生活様式と密接に結びついていたため，生活実践こそがメンバーシップの役割の遂行を意味し，延いてはコモンズを維持させた」という意味で，コモンズの維持と公共性の体現（人々が資源管理のメンバーとなる）は一体的な関係を成すものだという主張である（三輪・三俣 2010：205-206）。

　これに対して下村は，たしかに今日のコモンズでは一元的な主体が管理するよりも，外部からのさまざまな主体との共同性が実現されているのが一般的になりつつあると認めながらも，コモンズにおける共同性は「地元の習慣」や「共同生活の生活空間」という「共有体」を中心に実現されているものであり，「領域性に左右される組織のされ方」となっていると述べる。「したがって，多様な主体がコモンズ空間の内外を問わず参加するという脱領域的な連携を実現する一方で，コモンズを中心とする生活空間に準拠しながら内外の主体間による共同性が編成される」ことになる（下村 2011：156）。このようにコモンズの共同性原理には「内外という空間的・領域的条件を免れ得ない」ことを強調し，空間的・領域的条件をコモンズ論の条件としなければならないと指摘する。コモンズにおける公共性の実現には，「コモンズという内部性・独自性を維持しながら，いかにそれに関わる内外の主体の多様化を保持することができるか，そしてその多様化によって，コモンズの原理が『対抗の原理』になるのではなく『対応の原理』となるように，いかに自らを自己反省的な更新によって維持しうるかという方途の模索が必要となる」と下村が主張する（下村 2011：157）。

　これは，生活に密着しているコモンズ的な共同性が公共性につながるためには，関わる内外の主体の多様性と，自省的に変化に対応できる仕組みが必要だという主張で

ある。つまり，このような多様性と自省的適応の仕組みがあれば，生活実践としてのコモンズは，市民セクターによる公共性を実現する装置になり得る。生活を営むことと市民的公共性は別物ではなくなり，市民的な活動は，暮らしの営みに根ざすものとなる。

　生活の営みと市民的公共性の連続性は，例えば立川らによる「コモンズとしての食」に関する事例研究にも表れている。事例では2011年3月に起きた福島第一原発事故を受けて，放射性物質汚染のホットスポットとなった千葉県柏市において，食の安全に取り組んだ市民活動を取り上げている。放射性物質汚染の問題がきっかけとなり，それまで出会うことのなかった人々が出会い，柏の農と食についてさまざまな角度から捉え直す動きが生まれ，食と農が「コモンズ」として再発見される過程が見られたと著者たちが述べ，この再発見の過程はまさに Re-Commoning（再コモンズ化）の取り組みそのものだったと述べている。「危機を通じて，地域にとって不可欠と考えられるものを再発見し，多様な人々がその解決に乗り出す過程で，これを再びコモンズとして構築した取り組みと理解することができる」と著者たちはこの事例を位置づけ，その活動に関わる人々は「消費者」というカテゴリーで呼ぶことは適切ではなく，「市民」と理解することができよう，と指摘している（立川・西山・今村 2018：62）。「食」という生活の営みが，放射性物質汚染という危機をきっかけに，多様な人々が関わるプラットフォームで実践されるようになり，食のコモンズが形成されると同時に，食の安全と原発問題という公共的な課題にも接続するようになったことがこの事例によって示されている。

　　市民的コモンズの定義　　市民的コモンズ概念を市民社会の理論化における中核概念にしていく意図について述べてきたが，いよいよ本書における市民的コモンズの定義を明確にしてみよう。表6-1において伝統的コモンズと新しいコモンズの定義を比較する際に，項目として以下の6つが浮かび上がった。「（コモンズ成立の）土台」「利用目的」「内部の関係性」「規範とルール」「市場との関係性」「社会的価値」である。

　今までの文献調査で抽出された要素を，上記の項目に沿って整理し，市民的コモンズの概念構成要素を明らかにしよう（表6-2）。

　簡潔にまとめると，市民的コモンズとは「**具体的な資源を媒介とするコモニーングの過程であり，多様な目的を持った多様な人々が関わり，オープンなコミュニティづくりによってエンクロージャーに抵抗し，市場システムで切り捨てられてきた価値の再構築を行い，自生する社会秩序を志向する協治の仕組み**」だと定義できよう。

表 6-2　市民的コモンズ概念の構成要素

項　目	市民的コモンズとは
土　台	何らかの価値の共有，モノや空間などの具体的で媒介となり得る資源の発見と可視化及びそのコモニーング過程がある
利用目的	個人の生き方と暮らし方の価値表現，人と自然／人と人との関わり方を反映した生活実践，生業を取り戻す実践など幅広く多様
内部の関係性	立場を超えた多様な参加者，自治，相互性，コアの部分の継続性
規範とルール	市民がイニシアティブをとる，非強制的参加（出入り自由），公正さ，協治，可変的ルール（変化への適応性）
市場との関係性	市場システムを相対化，脱成長志向（成長最優先，商品化，エンクロージャーへの抵抗）
社会的価値	コモン的権利の主張，排他性を克服したオープンなコミュニティ，多様な異なる者どうしによる協治システムの成立，自生する社会秩序の可能性

出典：筆者作成。

　市民的コモンズ概念の土台，最も本質的な部分は「何らかの価値の共有，モノや空間などの具体的で媒介となり得る資源の発見と可視化及びそのコモニーング過程がある」ことである。これは，コモンズにおける共有資源の種類があまりにも広く，所与の資源ではなく誰かによって「資源として発見され，可視化される」ものも含まれ，その所有形態も一様ではないため，もはや資源の種類や所有形態によって定義づけができないからである。前章で触れた前山（2017）の議論ではラインバウの次の言葉が引用されている。「コモンズについては，それを自然資源と捉えることは誤解であり，実際に危険でさえある。コモンズは，活動（activity）であり，当該自然との関係から不可分の社会的諸関係（relationships in society）を表すものである。そのため，「コモニーング」という動詞形で表現するのが至当であろう（Linebaugh 2008：279）」（前山2017：106）。同時に，前述の立川ら（2018）が紹介した「コモンズは財の性質に由来するのではなく，社会の選択によって決まる」という考え方を取り入れれば，コモニーングの過程は何らかの価値の共有に基づき，具体的な媒介となり得る共有資源を発見したり可視化したりするという「選択」の結果だと考えられよう。

　コモンズに関わる人々の目的について，従来の NPO や市民組織の議論においては「コモンの目的」がしばしば強調される（ロジャーもそのように述べている）が，市民的コモンズは「生活実践」に重きを置くため，異なる目的に対する尊重と包容が重要だと考えられる。資源のコモニーング過程があれば，共通の目的は必須ではない。この定義づけは，各自の事情に沿って異なる接点と視点，異なる温度差と姿勢でコモンズに関わるという現代的コモンズの特徴を言語化したものであり，コモンズが「市民

的」であるための要件でもある。

　市民的コモンズ内部の関係性として、従来のコモンズ概念にある「相互性」や「自治」のほかに、「立場を超えた多様な参加者」と「コアの部分の継続性」を挙げている。多様な参加者の存在はコモンズの閉鎖性や排他性を避けるためには不可欠な要素であり、ある程度の継続性は「コモンズ」として成り立つうえで不可欠である。関わる人すべてが継続的に、というわけではなく、コアの継続性があれば、変化に柔軟に対応しながらも「芯」があるコモンズが成立すると考えられる。

　市民的コモンズの規範とルールについては、当然、市民によるイニシアティブ、公正さ、協治が基本となるが、非強制的参加（出入り自由）と可変的ルール（変化への適応性）も強調しておきたい。集合住宅を対象にコモンズを研究した『アジアン・コモンズ』では、「コモンズは、集合住宅の住宅所有者組合が共同所有している場所を指す場合と、特に誰かが所有しているわけではなく、自由に出入りできる場所を指す場合がある」と語っている（篠原 2021：179）。構成員だけが利用できる共用施設もコモンズだが、団地の商店街や大学の学食のように、誰でも出入り自由な空間もある。コモンズという言葉には閉鎖性、明確なメンバーシップのイメージが付随しがちだが、市民的コモンズは「出入り自由」という非強制性を強調する。非強制性は本書第1章で示した市民社会の定義においてもキーワードの1つとなっており、市民的コモンズには欠かせない概念的要素である。「出入り自由で非強制的」だからこそ、下村が主張した「それに関わる内外の主体の多様化」を保持できる。そしてルールの可変性が、下村が主張する「自己反省的な更新」につながる。

　市民的コモンズは資本主義市場システムを相対化し、脱成長の志向性を有する。このことは、市民的コモンズが示す社会的価値、すなわち「コモン的権利の主張、排他性を克服したオープンなコミュニティ、多様な異なる者どうしによる協治システムの成立、自生する社会秩序の可能性」と密接に関わる。市民的コモンズは、それに直接関わり、資源を活用する者たちだけではなく、その活動と実践に対する認知や共感を通して、自らが体現する何らかの価値やスタイル、資源に対する意味付与を、周囲に対して、社会に対して発信できる。「市民的」という言葉は、なによりもガバナンス（協治）に参加し、コミュニティづくりに関わる人々の姿を示すものだが、同時に、持続可能な生き方への転換を意図したものでもある。

　『なぜ、脱成長なのか』の第3章「草の根からの変革」に、以下の一節がある。

　　　世界中のポップカルチャーやメディアや教育は、「もっと働け」「もっと遊べ」

「競争に勝て」と人々を煽り，生産と消費という形で個人の功績を誇示するように強いる。こうしたメッセージの影響力はとても強い。だが，違う考え方や願いも世の中には存在する。異なるニーズをもつ人たちとも連帯して，よりシンプルでおだやかな暮らしを大切にする，伝統に根ざした考え方だ。人生の意義やよろこびはさまざまな形で味わえる。歌，ダンス，スポーツ，祈りをはじめとして，誰かと一緒に食事や会話をすることも，沈む夕陽を眺めることも，野山を自由に散歩することも，生きるよろこびにつながる。こうした共通の感覚（コモンセンス）こそが，脱成長へと続くさまざまな道を切り拓き，守っていく。

(Kallis et al. 2020=2021：75)

　誰かと一緒に生きることに感じる喜び，この「共通の感覚」こそがコモンズの神髄であり，それが資本主義システムのオルタナティブとなる脱成長の道を切り拓く，という主張である。市民的コモンズを，このような共通の感覚を大事にする人々による協治を表現した新たな秩序形成の仕組みとして捉えたい。

　無論，市民社会は多数の異なる価値体系が併存し，衝突したり合流したりするダイナミックな領域である。資本主義市場システムに対しても当然さまざまな異なる認識と価値観が見られる。市民的コモンズ概念によって市民社会を理論化していくのは，脱成長志向に賛同しない考え方や価値観を主張する市民の実践を排除することになるのではないか，という批判は十分にあり得る。しかし，ロジャーが非政府・非営利の領域を規定する「第一の原理」は何なのかを追い求めた結果「コモンズ」にたどり着いたように，本書では「市民的コモンズ」を，理論的に市民セクターを描く第一の原理としていきたい。市民的コモンズという概念は，市民セクターの外延となる範囲を画定するためのものではない。むしろその中核にある理念型として存在する。喩えて言うならば，それは広場の形を示すために広場の範囲を囲い込む「柵」ではなく，広場の中心にある「噴水」のようなものである。その噴水が広場を定義づける象徴であり，実際に広場にいる人々は，噴水に近かったり遠かったりする。噴水からどこまでの範囲が広場なのかも，人によって認識が異なり得る。そんな象徴的意味を持つ理念型として，市民的コモンズ概念を用いたい。

3 伝統的コモンズから新しいコモンズ，
そして市民的コモンズの定義へ

　本章では第5章における広汎なコモンズ論に対する俯瞰と系譜の整理を踏まえつつ，本書における市民的コモンズの定義の構築を試みた。

　第1節では先行研究におけるコモンズの定義を検討した。

　まずは伝統的コモンズ論に依拠しながら，利用権を意味していた西洋的文脈のコモンズに対して，日本の伝統的コモンズは「総有」や「共有」といった所有権と深く関わってきたことを紹介した。さらに，「コモンズの悲劇」概念が前提とする利己的で合理的な西洋型人間観と人間中心主義の自然観に対する批判に言及し，「近代批判の視座」について述べた。このように伝統的コモンズの定義については，利用権と所有権の重層性の問題や，西洋的コモンズ論の前提となる人間観や自然観への批判が提示されているが，「公」と「私」と明確に区別された「共」の世界としてコモンズが定義されている点が共通していると分かった。

　次に，現代的コモンズ論におけるコモンズ概念の変容について検討した。新しいコモンズ論の台頭については，前山（2015）をおもに参照し，コモンズ概念のマッピング図を紹介した。その結果，「社会のありとあらゆる領域の資源がコモンズになり得る」と指摘し，何がコモンズ概念を規定する要素となるのかという問題提示をした。その際に参考になるのが，新しいコモンズ論は，国家と大企業による資源の占有が一般市民を抑圧している現実に対して，それらを市民のもとに取り戻す運動の必要性を説くものだという茂木（2017）の議論である。また，多様な新しいコモンズをまとめた定義として，前山（2017）が挙げた7項目を紹介した。

　その7つの項目と，上柿が提示した伝統的コモンズの6つの項目を表にまとめて比較を行った。その結果，伝統的コモンズは所与の自然資源等に対する非市場的，非貨幣的，相互扶助的な共同利用形態で，人々が生態系とともに生活を営むうえで不可欠な一部であるのに対して，新しいコモンズは共通の価値観やストーリーを表現する実践活動だということが明白になり，その価値観とは，公平性や贈与経済の重視，相互依頼と信頼関係の主張，商業化への抵抗，私的な利益を超えたより広い責任に関するビジョン，参加と協治の行動指針を意味することが分かった。

　新しいコモンズの定義について考察したのちに，伝統的コモンズが現代社会においてどう変容を遂げたかについても検討した。都市化が進む現代の里山コモンズや森林

コモンズなどは，従来の資源利用方法とは異なる価値，例えば「環境的価値」などによってその資源が捉えられるようになった。その中で，市民活動団体が所有者から委託を受け，コモンズのあり方を左右する中心的な要素となっている。地縁的なつながりを中心とする共同組織が崩壊してきたことも，新たな主体として市民団体が注目される理由となっている。伝統的コモンズは現代社会において，価値やストーリーを共有した市民たちの手によって「再生」が図られている。このような市民的な活動や実践によるコモンズづくりは，「コモンズ化」もしくは「コモニーング」と呼ばれる。

　第2節では，ロジャー・ローマンの議論から，市民的コモンズを概念化していくうえで参考になる理論的示唆を検討したうえで，市民的コモンズ概念によって市民セクターを理論化する意図を改めてマクロ・メゾ・ミクロの3つのレベルで説明した。

　マクロレベルでいえば，資本主義のシステム変革を視野に入れているからである。メゾレベルでは，ローカルとソーシャルを媒介する仕組みとしてコモンズを位置づけるためである。なぜなら全く異なる領域の市的実践でも，「コモンズ」概念によって横断的に捉えることが可能だからである。ミクロレベルでいえば，「市民とは誰のことか」という問いに答えるためである。身近で自然体で等身大でありながらも個々人の成長や価値実現に深く結びつく行為として市民の実践を捉え直すためには，生活実践としての「コモンズ」という言葉が最もふさわしいと説いた。ただ，コモンズにおける生活実践が市民による公共性につながるためには，内外の主体の多様化を保持することと，自己反省的な更新が必要だという下村の議論を強調し，多様性と自省的適応の仕組みがあれば，暮らしに根ざした生活実践としてのコモンズが，市民セクターによる公共性を実現する装置になり得ると指摘した。

　いよいよ本書が定義する市民的コモンズ概念がここでベールを脱ぐことになる。そのさいに用いた項目は，伝統的コモンズと新しいコモンズの定義を比較する際に見出した6つの項目，すなわち「（コモンズ成立の）土台」「利用目的」「内部の関係性」「規範とルール」「市場との関係性」「社会的価値」であった。

　市民的コモンズ概念の土台の最も本質的な部分は「コモニーング過程がある」ことであり，利用目的は幅広く，共通目的を必須としない。内部の関係性としては，「相互性」や「自治」のほかに，「立場を超えた多様な参加者」と「コアの部分の継続性」を挙げた。規範とルールについては，市民によるイニシアティブ，公正さ，協治が基本となるが，非強制的参加（出入り自由）と可変的ルール（変化への適応性）を強調した。市場との関係性については，資本主義市場システムを相対化し，脱成長の志向性を有すると規定した。このことは，市民的コモンズが示す社会的価値，すなわち「コ

モン的権利の主張，排他性を克服したオープンなコミュニティ，多様な異なる者どうしによる協治システムの成立，自生する社会秩序の可能性」と密接に関わる。本書では市民的コモンズを，理論的に市民セクターを描く第一の原理とし，それは市民セクターの外延を画定するためのものではなく，その中核にある理念型として打ち出すものである。

　理念型は，リアリティを伴って初めて認められる。本書では市民的コモンズを「具体的な資源を媒介とするコモニーングの過程であり，多様な目的を持った多様な人々が関わり，オープンなコミュニティづくりによってエンクロージャーに抵抗し，市場システムで切り捨てられてきた価値の再構築を行い，自生する社会秩序を志向する協治の仕組み」として定義したように，コモンズには複数の顔がある。資源保全のガバナンス方法として，市民による資源のコモニーング過程として，エンクロージャーに対する抵抗運動として，集合行動の制度的仕組みとして，何よりも生活圏における自己表出と生活実践の場としての顔がそれぞれ見えてくる。次の第Ⅲ部においては，実際に市民的コモンズの中心で活躍するキーパーソンたちの語りから，関連する領域の背景や先行研究も踏まえつつ，リアルな実践における市民的コモンズ概念の姿を見ていき，市民セクターを捉える新たなレンズとして，「市民的コモンズ」はリアリティを伴う概念となり得るのかどうか，見極めていきたい。

注

(1)　第2章で参加の自分事化について論じた際に，自分事化は「自主性」と「社会に対する積極的責任の感性」の同時達成を意味すると述べたが，この「社会に対する積極的責任の感性」は，「私的な利益を超えたより広い責任に関するビジョン」と類似した意味を有するため，新しいコモンズの定義には，参加の自分事化が組み込まれていると考えられよう。

(2)　非営利の自発的活動に善意をもって参加する人は「豊かな人々だけ」だとロジャーが述べている。それは「個人や集団の生存や再生産が十分に保証され，自己の利益が最大の関心ごとではない人々だけ」だという。このような人でなければ，自分が「市場や家庭や国家という制度的状況の外部で行動しているという意識」を持てず，コモンズの中で自己の利益を否定したり軽く見たり無視したりすることを要求される際に，そのような自己利益の否定が適切であり合理的だと思えないからだという。経済的にも精神的にも時間的にも社会意識レベルでも余裕のある人だけが市民活動に参加できるという考え方は，理解はできるものの，賛同はできない。利他性を特徴の一つに持つ非営利の自発的活動を，どうしても「合理的選択」の結果として説明しようとすると，このような仮定が立てられると推測できる。西洋的人間観（自己利益の最大化を図る合理的個人）に立脚した理論化の限界と弊害がここに現れていると指摘できよう。日本の文化や暮らしの文脈で「利他」を再考する必要があるのは，

このことからも明らかであろう。

(3) ここでは公共性と共同性は明確に区別されておらず，共同性は公共性を達成していくうえでのステップとして理解していただきたい。

第Ⅲ部

市民的コモンズ概念のリアリティ
──実践者との対話から──

第7章

市民による地域資源の価値再構築とコモニーングの実践

　本章では，複数の地域プロジェクトの事例を取り上げ，市民的コモンズ概念のリアリティを見出していく。節ごとに，資本主義市場システムにおいて価値が低下し，放置されがちな地域資源の価値を再発見／再構築する市民的実践の事例を紹介し，関連の先行研究の論点や指摘なども踏まえながら，市民的コモンズ定義の6項目に沿ってキーパーソンたちの語りを分析し，市民的コモンズ概念が実際にそれぞれの実践においてどう表現されているのかを明らかにする。同時に，キーパーソンたちの発想や行動に見られる市民的センスについても言及したいと思う。

1　放置された森のコモニーング──コモンフォレストジャパン

　本節は，現代社会においても引き続き重要なコモンズ的自然資源となる森林資源に目を向け，放置されてきた森のコモニーングを進める「コモンフォレストジャパン」の取り組みを取り上げる。前代表理事の藤井芳広さんの語りおよび関連記事を素材に用いながら，コモニーング過程と，形成されている（されつつある）市民的コモンズのリアリティを，概念の項目に沿って考察していく。

現代日本社会における森林コモンズの過少利用

　森林は典型的なコモンズ的自然資源である。それは「林産物の供給源だけではなく，生物多様性保全，土砂災害防止／土砂保全，水源涵養などの多面的な機能から，公益的なサービスを人々にもたらしている」（森 2013：180）。日本は森林が多く，林野庁によれば森林率は67％であり，そのうち人工林が40％を占める。2020年のデータによれば，日本の森林率は OECD 諸国の中では，フィンランドとスウェーデンに次いで第3位となる。だが，高速道路を通るときに両側を見渡せば，木の幹が細く間隔が狭く，ツタに絡まれたまま昼間でも日射しが差し込まないような放置された森が，次か

163

ら次へと目に飛び込んでくる。もはや日常的にもよく知られている事実として，今日，日本の森林資源の活用はきわめて不十分であり，ハーディンが提起した「過剰利用」によるコモンズの悲劇とは逆に，むしろ「過少利用」による種々の課題が懸念されている。

　過少利用とは「森林や草地といった自然資源が燃料や飼料・肥料として直接利用されなくなったことにより，それまで維持されていたコモンズの景観や生物相が変化する，それまで保持されていた機能が低下する」ことを意味する（森野 2014：262）。「全国で顕在化している森林管理放棄や耕作地放棄など」がその典型例であり，「何らかの要因で資源そのものの価値が低下すると，利用者は管理という投資をしなくなり，いずれ，利用から逸脱することになる」のは自然な現象であり，それ自体問題ではないと森野は認めながらも（森野 2014：261），さまざまな先行研究を踏まえ，このような過少利用は単に自然資源の活用の低下をもたらすだけではなく，生物種の多様性の低下，土壌機能の著しい低下など，深刻な環境破壊となり得ることを指摘している（森野 2014：262）。

　では，過少利用にどのような対策がありうるのか。しばしば注目されるのは，森林の多様な機能を発掘し，森林による新たなサービスを開拓していくことである。上記の森野も，「生態系機能のうち，人間が利用できるもの，人間にとって利益のあるものの総称」である「生態系サービス」概念を紹介し，その多様な姿を図7-1のとおり示している。これは Millennium Ecosystem Assessment（MA）が提示したものであり，生態環境に対する「基盤的サービス」，生産するものを提供する「供給サービス」，気候や病気，洪水の抑制および無毒化を意味する「調節的サービス」以外に，レクリエーション，精神性，美，発想，教育，象徴性などの「非物質的利益」を意味する「文化的サービス」も挙げられている。松本が述べるように，「現在日本において，入会による自然資源の利用・管理秩序は，さらなる転換期を迎えている。一方で，生活・生産活動の両面において，身近な環境への依存度が低下し，身近な環境から従来どおりの形で資源を取得することは経済的合理性・必要性を失いつつある。他方で，近年，環境から資源を取得・消費するのではなく，環境をそのまま享受するという利用方法（レジャー）が現れている」（松本 2010：2）。第6章で触れた三井（1997）も，現代社会では森は生産財としての機能よりも，「共生」や「循環」などの価値観，人と自然との関係の見直しといった精神的なサービスを提供する資源としての意味が大きいことを強調している。つまり，「供給サービス」の利用が低下したが，それ以外の生態系サービスの側面に注目すれば新たな価値が認識され，利用法が開発され，担

供給サービス	調節的サービス	文化的サービス
生態系が生産するモノ	生態系のプロセスの制御により得られる利益	生態系から得られる非物質的利益
食糧 水 燃料 繊維 化学物質 遺伝資源	気候の制御 病気の制御 洪水の制御 無毒化	精神性 レクリエーション 美的な利益 発想 教育 共同体としての利益 象徴性
基盤的サービス 他の生態系サービスを支えるサービス 土壌形成 栄養塩循環 一次生産		

図7-1 生態系サービス

出典：森野 (2014：262)。

い手が現れ，森林コモンズの維持に活路が見出せるのではないかと考えられる。

過少利用問題の対策として森野が論じたのは，「自然資源に期待される受益が，供給サービスから調節的・文化的サービスに重心を移した」ことを受け，「直接的に資源を利用するメンバーの行動いかによって（生態系）サービスの質が左右される」状況を改め，「従来のコモンズでは排除の対象であった地域の外部者」を，管理の担い手として迎え入れる必要性である（森野 2014：263）。具体例として森野は岡山県西粟倉村における森林管理の事例を考察し，Ｉターン者（よそ者）を迎え入れた木工会社と，Ｕターン者たちによるボランティアグループが森林管理の新たな担い手となった点を明らかにし，「この二つの動きに共通するのは，総体としての森林の価値を認識し，その機能が発揮されることを期待して管理（労働力を提供）している点である。もう一点は，貨幣評価が難しいサービスに対し管理を行う見返りとして，経済的な受益を期待していない，あるいは最優先していない」ことだと述べている（森野 2014：266）。

飯國（2012）も過少利用により資源が維持できなくなっている問題に焦点を当て，資源維持に必要な労働をいかに確保すべきかが最大の課題だと提示している。その際に，森の所有者と外部の者との関係性，森のどのようなサービス機能にフォーカスするのか，経済的な収益の確保とコモンズの持続可能性の「プラスの循環」をいかに達

成していくかが問われよう。本節で扱うコモンフォレストジャパンは，森の新しい機能や利用法に目を配りながらも，むしろ低下が著しいとされる森の「供給サービス」機能の回復に正面から取り組もうとしており，森による物質的利益を再び多角的に実現していくことで，日本の森を持続可能なコモンズにしていこうとする実践である。

コモンフォレストジャパンの取り組みとキーパーソン

コモンフォレストジャパンは「みんなの共有財産として森を共同購入して管理する」ことを事業としている。事業の根底には，「行き過ぎた資本主義から距離を取ろう」という意志があり，「コモンズは社会を変える」という信念が支えとなっている。2022年7月7日に一般社団法人として設立され活動しているが，団体のホームページ[4]には下記のように，主要メンバーに共通する軸となる考え方が記載されている。

> 本来，お金はモノとモノの交換をしやすくするための道具でした。それが，いつのまにか全てをお金でやり取りするようになり，生活に必要なあらゆるものをお金で買う社会，お金がないと生きていけない社会になりました。

> その結果，人と人との関係性は希薄になり，支えあいや地域コミュニティは失われ，自分1人でいろいろを背負わなければならなくなり，そのためにさらにお金を稼がなくてはならないというループにはまり込んでいます。

> コモンズは自然環境や生活に必要なインフラはみんなで共同で所有し管理するという，古くて新しい所有の概念です。この実践が人と社会を変えることに繋がると私たちは考えています。

このようにコモンフォレストジャパンが提示するコモンズの概念は，「自然環境や生活に必要なインフラ」であり，「共有管理」を要するものである。それは所有権に縛られてはならない存在として考えられている。「所有の概念とコモンズ」に関する考え方として，ホームページに次の言葉が掲げられている。

> かつて，森や川など自然物は個人の持ちものでもありませんでした。

川の水は，地域の共有財産として各家々に引き込まれ，川上に暮らす人々は，川下に暮らす人のために水を決して汚さなかったものです。水源はとりわけ大切に守られ，水を涵養してくれる森の木々も地域の共同管理でした。薪炭林，家畜の餌のための茅場，土壁のための土を採取する場所など，すべてその地域で暮らす人々の共有財産だったのです。

近代以降，あらゆるものが，誰かの個人所有や「国」のものとなり，土地は何㎡という広さだけで価値が決められ，木々は材木としての価値でしか計算されなくなりました。水道が各家に敷かれると，もはや誰も水源の森に関心を持つことはなくなり，川に平気でゴミを捨てるようになりました。

森，川，海，すべての自然が，共同で管理，運営するものでなくなった時，自然からの恵みをいただくことも荒ぶる自然から身を守ることも他人まかせとする社会となったのです。その結果，山も森も荒れ，生物多様性も失われた状態が，今わたしたちの目の前に広がっています。

コモンフォレストジャパンが定義するコモンズは「本来無所有」の自然資源であり，そこに示された，「所有は無関心と他人任せをもたらす」という指摘は，まさに市民社会がテーマとするところでもあり，無関心と他人任せを変えようとコモンフォレストジャパンが提示するコモンズの仕組みは，まさに市民社会的な実践として捉えられよう。

コモンフォレストジャパンによるコモニーングは，本来無所有の自然資源を，現代の法体系に則りながら行政から管理を請け負ったり，有志による共同購入で買い取ったりすることから始まる。現在の具体的な活動拠点の一つとして，裏高尾地域に売りに出されている３万4,952㎡の土地を購入するプロジェクトを行っている。圏央道高尾山トンネル貫通などの開発，年間270万人という世界一の登山者数によるオーバーユース，持続不可能な観光のあり方によって大きなダメージを受けた高尾山と連続する生態系である裏高尾の山林を，みんなで共同購入し，再生に向けた手入れや利用を行うというプロジェクトであり，このような方法で，全国各地でコモンフォレストを推進していくのが，団体創立者たちの目的である。

その一人が前代表理事の藤井芳広さんであり，プロフィールを見ると，NPO 法人[5]いとなみの代表でもあり，滋賀県生まれである。2003年よりナマケモノ倶楽部に参加，[6]

図7-2　皮むき間伐
出典：2024年7月5日藤井さん講演資料から。

図7-3　皮むき間伐材を使った施設の室内
出典：2024年7月5日藤井さん講演資料から。

さまざまな環境活動・社会活動を行ってきた。2009年には韓国を100日かけて一周歩く「walk9／韓国巡礼」をコーディネートした際に，国を越えた環境運動・平和運動の必要性と可能性を実感したことで，2010年に東京から韓国やアジアから近い福岡県糸島市に移住した。その後2012年に仲間とともに NPO 法人いとなみを結成し，森の再生とアジア交流を核とした循環型コミュニティづくりに取り組んでいる。2014年から糸島市議会議員を2期8年務めた。2020年，「糸島 food forest」を立ち上げ，食べられる森づくりを進めている。

コモンフォレストジャパンの活動はまだ始まったばかりだが，そのコモニーングの原型は創立者たちのそれまでの実践にある。NPO 法人いとなみは糸島で10年以上の実践の蓄積があり，おもな事業目的としては，①森と海のつながりの可視化と意識化，②森に入る機会の提供，③木材の循環・活用，④森の価値を高める，⑤100年先1000年先のビジョンづくりを掲げており，具体的には，山主からの依頼により森の手入れを行ったり，企業や団体からの研修を受け入れたり，市民への普及・啓発活動を実施している。その実践には3つの特徴が見出される。

第1に，皮むき間伐という手法によって誰もが手軽に森の間伐に関われるようにしたことである（図7-2・図7-3）。間伐は人工林の管理に不可欠だが，専門的な道具

を用いて，専門の人が行わなければ危険だというイメージがあり，一般市民にとっては近寄りがたい作業であったが，間伐の対象となる木の皮をむくのは，特別な道具や技能がなくても容易にできる作業であり，皮むきを経て立ったまま乾燥した木は，水分がないため非常に軽く，女性一人でも担いで運べるというのも，皮むき間伐の利点として挙げられている。

第2に，木の利用を増やしていくために，多方面とコラボレーションした多様なプロジェクトを展開していることである。例えば公共施設に皮むき間伐材を用いたり，地元の観光協会とベンチプロジェクトを実施したり，他の環境NPOと木材を用いた生ごみコンポストを開発したり，森福連携事業として福祉関連の法人と一緒に木製のおもちゃや製品を開発したりするなどの取り組みが挙げられる。

第3に，「食べられる森」をコンセプトに森林農業を展開し，新たな森林価値を創出していることである。

そのような藤井さんの取り組みから，森をコモニーングする彼らの市民的コモンズのリアリティを，市民的コモンズの概念項目に沿って確認してみよう。

「市民的コモンズ」としての「森業」

土　台　まず，「コモニーング過程」が藤井さんの取り組みにおいてどう表れているか見てみよう。

藤井さんの考え方の原点は，東京で映画撮影をしていた時に出会った森の環境問題と，韓国でコーディネートしたピースウォークがきっかけで，平和への願いと環境問題へのアプローチがつながったことにある。[8] 森という自然資源がいま日本で暮らす人々にとって「みんなの資源」となるだけではなく，隣の韓国や東アジアの国々で暮らす人々にとっても，さらには地球全体で暮らしている人々にとっても，未来世代に至るまで，平和に暮らすために不可欠な，貴重な資源であるという気づき，認識が，藤井さんによるコモニーングの価値的土台であり，その価値を共有している人々が，糸島での事業やコモンフォレストジャパンの事業に加わっていると考えられる。

そこで目を引くのは，藤井さんによる「森林の価値の見せ方」，すなわち共有資源としての森の価値の可視化である。数字やデータ，知識として説くのではなく，藤井さんとその仲間たちが力を入れたのは「森の入りやすさ」そして「目につきやすい場所で使ってもらう工夫」であった。誰もが容易に関われる「皮むき間伐」という手法へのこだわり，公共施設や観光協会，福祉関連法人との連携，生ごみ問題への取り組みなどに見られる「人の目を引きやすい，日常生活に近い場所」へのこだわりに，そ

の考え方とセンスが表れている。この「見せ方」のセンスは，映像の仕事に関わっていた藤井さんの経験や，ピースウォークのように，自分の身体，五感による体験を重んじる藤井さんの感性に基づくものだと捉えられよう。

利用目的と内部の関係性　次に，「幅広く多様な利用目的」「多様な参加者，自治，相互性，コアの部分の継続性」といった概念要素がどう表現されているのだろうか。

　森の価値への再認識がこのコモニーング実践に共有されているのは明らかだが，関わる目的にかなり多様性が見られる。裏高尾プロジェクトを例にすれば，共同購入に出資するという関わり方以外にも，植生調査や保全活動，市民科学を育成する活動，生物多様性を学ぶスタディツアーや研修会などの活動，自然利用に関する伝統的文化の調査と再生，文化継承のための実践活動などが含まれている。具体的には例えば，土砂崩れを防ぐための生態系を活かした土止め作業，土中環境の再生のための菌類・微生物の調査，自然観察会の実施や環境教育の場づくり，草木染めや摘み草料理，竹かごづくりや竹皮編みのワークショップ，理事である斎藤幸平さんを含むこの領域の先駆者たちによるセミナーや講演会などが例示されている。このようにコモニーングの入り口がたくさん用意されており，何らかのきっかけで偶然通りかかった人でも，自分なりの入り口，接点を見つけやすい活動内容と形態が備わっている。糸島における森のコモニーングでも，異なる立場の組織や団体と幅広いコラボレーションを展開することで，「森を守る」「環境を守る」「生物多様性を守る」といった大きな目標を掲げ，活動の意義や必要性という「圧」を全く感じさせずに森のコモニーング過程を展開できている。ただのレジャーでも，ただ手作りのものが好きというだけの人でも，学校の環境教育プログラムにやむなく参加しているだけの場合でも，家の生ごみを賢く処理したいだけという場合でも，自然に，負担を感じずに接点を持ち，関わることができる。

　「圧」をかけずに関わる人みんなが「個人」でいられる活動環境のデザインは，第2章で考察したおやまちプロジェクトの事例と相通ずる。その結果，「立場を超えた多様な参加者」が可能となり，そのうちのより濃い接点，濃いつながりを求める人が，継続的に関わるコアのメンバーたちになっていくと考えられる。

規範とルール　「市民のイニシアティブ，非強制的参加（出入り自由），公正さ，協治，可変的ルール」といった側面について見てみよう。

　奥多摩プロジェクトにおいては，共同出資に参加し，会員という「責任ある立場」(9)のメンバーと，上記で挙げたような幅広い活動にその都度関わる一般参加者の違いが

170　第Ⅲ部　市民的コモンズ概念のリアリティ

存在する。いずれの場合も市民がイニシアティブをとっているには違いはないが，組織としての一般社団法人コモンフォレストジャパンもしくはNPO法人いとなみが，出資者や大口の協力者を束ねたり，コーディネートしたりする「マネージャー」的役割を果たしている。具体的なプロジェクトでも，内容によっては専門家やスキルを持ったプロフェッショナルの協力なしでは実施できない。多くの人が「出入り自由」な環境を作るために，組織としての責任体制が構築されている。

　この事例において「自治」とは，すべての一般参加者による自治だというよりも，責任ある立場のメンバーたちが行政や市場による過度な干渉を避け，自律的に運営しているという意味での自治であり，「協治」は，各々のプロジェクトにおいて，主催者側が他団体や他セクターとのコラボレーションを可能にし，参加者が入りやすい環境づくりに努めていることを意味する。ただ，一般的にNPOとして市民的実践を捉える際によく語られる「自律」や「協働」と異なるのは，森という具体的な媒介による関係性がその自治と協治の土台となっている点である。「問題意識やミッションへの共感や目標の共有」のみで結ばれた関係性ではなく，「共同購入した森」という具体的な媒介に裏づけられた関係性だからこそ，前山（2017）が新しいコモンズの特徴として挙げた「参加者は自分自身の利用を超えたより広い責任に関するビジョンを持っている」状況が生まれる。

　その「広い責任に関するビジョン」は，藤井さんが語る「上流意識」と「下流意識」の喩え話と重なる。[11]

　　これまで多くの人々が持っている意識は「下流の意識」だと思う。どういうことかというと，「自分のところには変なものを流さないでよ」とか，自分のところにたくさん水を引こうとするとか，そのような意識を「下流の意識」と言っているが，これから私たちが持つべき意識，コモンズの意識というのは「上流の意識」。自分が上流にいて，自分の行動が下流に生きるすべての生き物に影響を与えるんだということを自覚して，汚いものを流さないようにするし，よりいいものを流そうとする。さらに言うと，一人ひとりが「水源」なんですよね。（中略）未来に生きる人にとって，いま生きている人たちはみんな水源で，みんな上流に生きている。今の人がどんな行動をするかによって，未来に生きる人がその結果を受けることになる。

「自分は上流を生きている」という意識は藤井さんの市民的センスの現れでもあり，

藤井さんが取り組む森のコモニーングコモンズの規範やルールを形作る価値観の土台だといえる。それを発信する一人ひとりが「わたしというコモンズ」になると藤井さんは述べ、コモンズとは、コモンズ意識を持った一人ひとりにほかならないと指摘する。

市場との関係性、そして社会的価値　最後に、「市場システムを相対化、脱成長志向」と「コモン的権利の主張、オープンなコミュニティ、協治システムの成立、自生する社会秩序の可能性」から見てみよう。

　事例紹介で述べたように、コモンフォレストジャパンは「行き過ぎた資本主義から距離を取ろう」という基本姿勢を有する。市場システムの中で森の所有権を共同購入しながらも、所有権にとらわれることなく、外部の誰もが関わりやすい森の事業を開発することで、単純な商品化経済と費用対効果の論理によって奪われてしまった森の価値を回復させ、高めようとしている。その価値は貨幣で評価される以上に、森をめぐるオープンなコミュニティの形成と、森の持続可能性によってこそ示される。

　オープンなコミュニティ形成につながりやすい森の事業が、藤井さんたちの言葉では「森業」と呼ばれている。従来、森林資源といえば「林業」がメインであり、木材の供給がおもに想定されていたが、森業とは「森の価値を高める事業」を意味し、そのテーマで語られるありとあらゆる事業が含まれる。林業と異なる産業として位置づけられた農業も、「森業」の考え方に基づけば、十分に森林の事業として考えられる。藤井さんたちは「食べられる森」というコンセプトで「農業×森林」のプロジェクトを展開しており、「皮むき間伐」よりもさらに入りやすい「食」という入り口を用意した。

　これらの新たな発想や資源の組み合わせは、ソーシャルイノベーションのプロセスを起動させると考えられる。ただ、コモンフォレストジャパンの活動は幕を開けた段階に過ぎず、今後、効果的に全国展開していき、新たな価値観や関係性の構築、新たな仕組みや制度の成立につながるかどうかは未知数である。それこそ、藤井さんがいう「コモンズ意識」がどれだけ広がるかが問われよう。

2　まちの緑のコモニーング——シモキタ園藝部

　本節では都市部の自然資源に目を向け、「まちの緑」のコモニーングを進める「シモキタ園藝部」の事例を取り上げる。その際に、代表理事の三島由樹さんと理事の川崎光克さんの語りおよび関連記事や論文等をおもな素材として用いる。

都市の緑という自然資源

既存研究においては，都市におけるコモンズ的自然資源として，河川敷や公園，公開空地や緑地が取り上げられやすい。里山の森林コモンズにとって，木材や燃料などの「供給サービス」的な価値の低下が利用と手入れの減少をもたらす要因となるが，都市部の自然資源に基づくコモンズの場合は，そもそも最初から「供給サービス」の価値によって維持されてきたわけではなく，公共事業などの都市開発事業によって人為的に整備されたものだったり，開発から取り残されたものだったりする。そのため，管理の義務や責任は当初から行政の管理部門や開発業者が担うべきとされがちであり，市民にとっては自分事には感じにくく，コモンズ意識を持ちづらいと考えられる。

例えば井上（2020）は法律上公有地とされ，コモンズとなるはずの河川敷が，実際にコモンズとして実質化するためには「条件」が必要だと主張し，事例研究からその条件を探っている。河川敷は「みんなのもの」のはずだが，現実的には私的に囲い込まれて民間のゴルフ場になっていたり，ホームレスが住居を建てて住んでいたり，畑として耕作されたりしている場合もあり，「法律の条文のうえで，公共物，つまりみんなのものだとしても，実態はそうではない場合も少なからずみられる」と指摘する。結論として井上は，そのコモンズに対する市民の切実なニーズが提示され，何らかの公共的な目的の観点から積極的に利用していこうという機運が生じなければ，コモンズは現実化しないと述べている。

菅（2003）は，都市の川がなぜコモンズになりにくいのかについて，「資源素」と「資源系」の区別を明確にすることによって説明している。Common Pool Resourcesとしての川は，「水そのものや魚，さらには発電源，航路，飲料水の供給源としての川など，人が川に見出している資源の要素はさまざま」であり（菅 2003：15），何をもって資源として見るかによって，異なる「資源素」が含まれているのが分かる。「さまざまな資源素を内包しているような資源の総体を『資源系』と呼ぶことができる」と菅は述べ，資源系としての川を守るといっても，どの資源素を大事にするかによっては主張が矛盾したり衝突したりする。どんな資源素の組み合わせを重んじるかは，その地域の条件とそれを取り巻く人間関係次第であり，「資源素，資源系，地域の条件，それを取り巻く人間関係，場所により異なるこれらの連鎖をきちんととらえないと，コモンズの話も始まらない」と主張する（菅 2003：5）。

前節で考察したように，里山の森林のコモニーング実践においては，森による供給サービス的価値を再発掘し，所有権にとらわれずに森林をめぐるオープンコミュニティを形成していくことが重要とされるが，都市の自然資源のコモニーングの場合は，

資源そのものの供給サービス的価値を開拓し高めるよりも，浮上しやすい資源素や利用への切実なニーズの提示がカギであり，それが成功した際には，「公共的な目的」を明確に掲げられるようになり，コモニーングの契機が形成され得る。

　本節で取り上げるシモキタ園藝部は，都市における自然資源の中でも「まちの緑」のコモニーングに取り組んでいる。「緑」は総合的な資源系としてよりも，特定の一つの「資源素」として捉えられ，人々の「緑へのニーズ」は，理由やモチベーションが多様であっても一致に達しやすく，さらに公共的な目的にも置き換えやすい。そのようなシモキタ園藝部の「市民的コモンズ」としてのあり方を探ってみよう。

シモキタ園藝部の取り組みとキーパーソン

　一般社団法人シモキタ園藝部は，東京都世田谷区の北沢・代沢・代田地域を主なフィールドに2020年に発足し，まちの植物を地域のコモンズとして，自分たちの手で育み活かす自治型の植栽管理を行っている。目指すのは，市民が自らまちの植物を守り育てていく「緑の自治」である。

　始まりは，小田急電鉄株式会社による「下北線路街」の開発であった。「開かずの踏切」解消に向けた小田急線の連続立体交差事業の契機は，東京都の都市計画が策定された1964年にさかのぼるが，長い年月をかけて一部高架化，一部地下化によって，2019年3月にようやく完了した。そのうち，代々木上原駅から梅ヶ丘駅までの2.2km区間の地下化事業は2004年9月に始まっていたが，そこから15年間，線路があった地上空間，全長1.7km約2万5,000㎡の広大な跡地をどう活用すべきか，開発に関する長い議論と模索のプロセスがあった（近藤 2022：20-21；小柴 2022：103）。

　「東北沢〜下北沢〜世田谷代田の小田急線地上の線路跡地を緑いっぱいにしたい」と提案した住民たちが，2016年に北沢PR戦略会議が成立すると戦略会議の「シモキタ緑部会」として活動を始めた。戦略会議を通してその声が世田谷区や小田急電鉄にも届くようになり，緑へのニーズがこの開発事業において公共的な目的の一つとして認められるようになった。その過程には住民側の動きだけではなく，小田急側の開発担当者である橋本崇さんと向井隆昭さんの地道で丁寧な住民たちとの対話の過程があった。

　2017年9月に北沢PR戦略会議の集まりに参加した橋本さんは住民の姿勢に驚かされたという。「住民は単なる権利主張，行政や企業のサービスを受け取るだけの消費者ではありませんでした。声をあげるのはシモキタが〈自分の街〉だという意識が強いからで，"俺もやるからお前も一緒に"と自ら動き，リスクを取れる人が非常に多

かったのです」と橋本さんが振り返って語っている（近藤 2022：29）。まちづくりを大上段に構えるのではなく，まちの人のやりたいことを実現し，それらが集積すれば，結果的に街はより面白くなると考えた橋本さんと向井さんは，１年間かけてまちをたくさん歩き，住民との会合をひたすら積み重ねていく「街を知る」フェーズを経て，住民とともに計画を練る作業を行った（近藤 2022：38-39）。そして2019年９月に「下北線路街計画」が打ち出された。

　その計画のグランドデザインを担当したのは，三島由樹さんが取締役を務めるランドスケープデザイン会社フォルクであった。三島さんたちは，管理業者による維持管理型の植栽管理ではなく，地域内外の人々がまちの植物の活用と手入れを自立的に行う仕組みを提案した。これが園藝部の原型となり，フォルクの提案した仕組みに共感した人々が，「緑を通じて得意なことを持ち寄るシモキタ園藝部」を創り上げた。2021年から一般社団法人シモキタ園藝部として活動し，小田急電鉄より植栽管理の事業委託を受けながら，園藝の「藝」を軸とした多様な実践を展開している。一般的に使われる「芸」ではなく，わざわざ「藝」という漢字を用いているのは，三島さんによれば，「（この字が）人が木や草を植える象形文字」だからであり，「人間がこの世界で生きていく上での基本的な藝事である『ヒトと植物の豊かな関係をつくる技術や知恵としての園藝』を皆で学び続け，実践していきたい」からだという（三島 2024：10）。

　20名ほどで発足した園藝部は，現在は地域住民，造園職，大学生も含む250名以上のメンバーを有するオープンなコミュニティとなっている。その大まかな展開の経緯を表７-１にまとめて示す。

　園藝を通じて人々が都市の自然や環境について学び合い，現場の知見を通じて都市を共治していく仕組みをつくるために，園藝部の活動は「植える」「育てる」「活かす」「循環する」のサイクルを軸にしながら，図７-４のとおり多様な実践を展開している。

　「植える」事業は，おもに線路だった空き地に種をまくところから「シモキタのはら広場」をつくった活動を意味する。「近寄りがたい綺麗な庭園ではなく，五感で味わい，子どもたちが虫や植物とのびのびと触れ合える『都会の原っぱ』」をコンセプトに，さまざまな草花や樹木，虫たちと共生する野生の庭を目指し，つくり続けている（図７-５）。また，「古樹屋（ふるぎや）」という手放された植物を新しいオーナーへとつなげる活動も行っている。「育てる」事業として，約1.7kmに及ぶシモキタ線路街にある緑の日々の手入れを行い，丁寧に育んでいる。園藝部のたくさんのアマチュア部員が造園業を本職とするプロ部員に技術を学びながら，責任を持って植栽管理の

表7-1　シモキタ園藝部の展開に関する整理

時期（年）	出来事
2012	グリーンライン下北沢「2.2kmのエコロジカルパーク」提言書
2014	第1回　北沢デザイン会議
2016	北沢 PR 戦略会議シモキタ緑部会　発足
2018	下北線路街のグランドデザインをフォルクが担当
2019	下北線路街　空き地　オープン
2020	下北線路街　園藝部　発足
	下北線路街空き地と BONUS TRUCK[15] の植栽管理　スタート
	セブンイレブン記念財団環境市民活動助成受託
2021	一般社団法人シモキタ園藝部　法人化
	せたカラー（世田谷区地域連携型ハンズオン事業）第1期受託
2022	シモキタ園藝部の拠点「こや」　完成
	ワイルドティーとシモキタハニーの店「ちゃや」　オープン
	東北沢，NANSEI PLUS，シモキタのはら広場，世田谷代田駅周辺の植栽管理スタート
	シモキタのはら広場　オープン
	ハウジングアンドコミュニティ財団「住まいとコミュニティづくり」活動助成受託
	世田谷まちづくりファンドつながりラボ部門助成　受託
2023	世田谷みやげにシモキタハニーが認定
	のはら会議スタート
	第43回みどりの都市賞　内閣総理大臣賞受賞

出典：シモキタ園藝部ホームページより（https://shimokita-engei.jp/about.html，2024年9月26日閲覧）。

事業を行っている。「活かす」事業とは，「こや」と「茶屋」を拠点に，のはら広場で育った植物をブーケやハーブティーとして販売したり，養蜂で取れたはちみつ製品を販売したりする事業である。「循環する」事業とは，おもに土中環境を改善するコンポスト事業を指す。さらに，これらの事業と関連する形で，植栽を学ぶスクールや各種イベント，ワークショップが実施されている[16]。そして各種実践に共通する意識として，以下の3つが挙げられている[17]。

①循環に寄り添い，いただいた恵みを無駄にせず，活かしきるライフスタイルの実践
②地域に根ざしながら，無理なく営みを続ける，持続可能なコミュニティを目指す
③さまざまな人が集まり，物を中心に，多様な価値観が交流する場である

図7-4 シモキタ園藝部の活動内容
出典：https://shimokita-engei.jp/about.html，2024年9月26日閲覧。

三島由樹さんと川崎光克さんは園藝部の設立時からのキーパーソンであった。日本とアメリカでランドスケープデザインを学んだ三島さんは，フォルク代表取締役と一般社団法人シモキタ園藝部の共同代表取締役であると同時に，一般社団法人ソーシャルグリーンデザイン協会の理事でもあり，日本各地で地域の共文化環境資源を活かした場やコモンズのリサーチやデザイン，運営，そしてグリーンデザインについて学ぶスクールを手掛けている。川崎さんは東京大学大学院時代に住民参加型建築プロジェクトに関わった経験があり，大学院修了後はフォルクの社員としてシモキタ園藝部の立ち上げに関わっていた。「古樹屋」の活動を考案し実践し始めたのも川崎さんであり，現在は理事の一人として園藝部に関わりながら，大田区にある築105年の古民

図7-5 シモキタのはら広場
出典：https://shinkenchiku.online/column/7958/，2024年9月29日閲覧。

第7章 市民による地域資源の価値再構築とコモニーングの実践　177

家で暮らし，共同体と自治のあり方に関する研究と実践を行っている。

三島さんと川崎さんは筆者のインタビューにおいて，シモキタ園藝部はまさに「市民的コモンズ」であるとの見解を示した。では，それはどのような意味においてなのだろうか。市民的コモンズの定義にある概念要素に沿って見てみよう。

「市民的コモンズ」としての「まちの緑」

土台 まず，コモニーング過程がどう表れているのか見てみる。シモキタ園藝部による緑のコモニーングを根底から支えているのは「まちの緑が地域の共有資源」という理念である。「緑の自治」はその理念を端的に表現している。それは単に緑を増やすという意味ではない点に注意が必要である。都市部の住民による緑へのニーズは，しばしば緑をたくさん増やしたいという要望として理解されがちだが，シモキタ園藝部が根ざす理念は，「誰かに増やしてもらう緑」ではなく，「自分たちが触れる，手入れできる緑」であり，その実践は緑を増やすためではなく，人と植物との向き合い方の「藝事」に従事していくことである。

グランドデザインを行った三島さんが目指したのは「さわれる緑」である。それは「管理業者による『維持管理』のされた緑ではなく，地域内外の人々による『活用管理』をされている緑」だと三島さんが語っている[18]。このような考え方は，三島さんの「生活者視点」に基づく[19]。

> 街の緑の緑というものが，いま，生活者視点から見ると，使える緑というよりも見るための緑になってしまっているので，それを使えるようにするっていうこと，誰によってどういう緑を育むことができるかっていうことに，仕事としてチャレンジしている。

消費者として見た目の自然っぽさと緑のきれいさを求めるなら，行政や開発・管理業者への要求に終始してしまう。「下北線路街計画」を練り上げる過程で開発反対派の住民側とこつこつ対話を重ねてきた橋本さんによれば，反対派には「何かをつくるなら緑地以外は認めない」という「緑地派」がいたという。「では，誰が管理するのか」「既存の公園でも十分に利用されていないのではないか」という問題を提起したことで，会話の糸口がつかめ，計画に対する理解が得られるようになったという（近藤 2022：48）。まちの緑をコモニーングする実践過程が生まれたのは，消費者として緑を求め，緑を眺めるのではなく，緑と直に触れ，向き合おうとする意識が，下北沢

線路街開発をきっかけに浮上し，多くの住民に共有され，具体的にアクションが取れる仕組みが提案されたからだと考えられる。

利用目的と　次の概念要素，「幅広く多様な利用目的」と「多様な参加者，自治，
内部の関係性　相互性，コアの部分の継続性」に即して考えてみよう。

　シモキタ園藝部は，緑に関わるモノ，コトを媒介にしながら，多様な人が関われるオープンさを大事にしており，関わる目的も人さまざまだが，そもそも明確な目的を掲げること自体，求められていない。三島さんがインタビューで，「そんなに明確な目的意識を持って入ってくる人なんて9割以上いないと思います。みんなふわっと入ってくる」と語る。下北線路街の開発コンセプトが「BE YOU：シモキタらしく，自分らしく」であったように（近藤 2022：54），園芸や植栽に興味がなくても，BE YOU の延長上でなんとなく気になって「ふわっと」入るような「トリガー」が豊富に含まれる実践の場となっている。

　そのような場が可能となったのは，学び合い，議論し続けるが，答えを出して主義主張を打ち出すわけではない，という園藝部の運営上の特徴と工夫による。これらの特徴と工夫には，三島さんなどキーパーソンたちの「話し合いの過程を重んじる」市民的センスが反映されている。筆者のインタビューにおいて三島さんは次のように語っている。

> 　リーダーがいてその人のビジョンがあって，それをみんなで応援するのではなく，皆それぞれがやりたいこととか，全力で楽しみたいことっていうのを，それぞれがやれるようにみんな応援し合う，楽しみを分かち合うっていうことかなって気がします。自由な空気は，お互いを認め合う形とかに現れてきます。例えば，植物いうのは，結構人によって価値観がかなり異なる存在なので，全然植物好きじゃない人，興味がない人もいるし，善悪みたいな話でいうと，在来種とか外来種とかっていう問題があって，希少種みたいな，センシティブな問題で散々議論したこともあります。園藝部では，じゃあ在来種を大切にするコミュニティでありましょうというような結論づけをしないっていうことを大事にしています。（中略）結論にたどり着いた瞬間に，主義主張が違う人を受け入れなくなってしまうので，そこがオープンってところがとても大切かなと思います。

　もう1つ，多様な関わり方の実現に貢献している市民的センスとして，「決める権限の委譲」，すなわち「提案した人が（誰かの許可を待つのではなく），責任を持って情

報共有し，何か問題があれば話し合ってブラッシュアップして問題をクリアして進める」という姿勢が挙げられる。提案に対して「チェックする人」がいるわけではないため，何らかの提案をしたらみんなの意見を聞いてみるという「習慣化」の醸成が促進されやすい。

三島さんの言葉を借りれば，それは「全体として正解を当てはめようとしない」姿勢だという。そこにはある種の寛容性がうかがえる。この寛容性は三島さんが主張する「デザインの寛容性」と相通ずる。

　　　　場所のデザインを考える時に意識しているのは，デザインの寛容性です。最近は街のベンチのほとんどが寝転べないデザインだったり，公園でも禁止事項がたくさんあったり，何かと不寛容な世の中になっている気がしますが，みんなが使うものが寛容であることが，きっと街として成熟しているということなのではないかと思います。マナーがユーザーに委ねられた，寛容なデザインが街に普通にあるというのはすごく大事なことです。⁽²⁰⁾

全体としての正義や正解よりも，「委ねられる」寛容さも一種の市民的センスだと考えられ，それがシモキタ園藝部における相互性と自治の底流となっているように見える。川崎さんのインタビューでは，このような市民的な手法について，「そういうやり方を手がけてきたワーカーズ・コープや，新しい働き方に詳しい専門家の人に話を聞いたりしながら取り入れて，意識してやってきている」と述べている。ただ，それが実現できているのは，小田急電鉄という「後ろ盾」がいることによる安定感・安心感と，それまで続いてきた市民活動の延長線上に園藝部があるという分厚い蓄積があるからこそだと，川崎さんが指摘している。

規範とルール　　規範については，「緑は誰のものでもなく，みんなのもの」という基本的な考え方が，園藝部における市民的イニシアティブを方向づけ，協治とルール形成を導いているように見える。この考え方の原点に，三島さんが主張する「路上園芸」の風景があった。⁽²¹⁾

ハーバード大学大学院でグランドデザインを学んだ三島さんは帰国後，まず谷根千エリアに住んでいた。街を散歩していると，個々の家が各々育てている小さな緑が，そのまま「路上園藝」となって街の景色を創り上げていることに気づいたという。所有という意味では個々人が所有する緑だが，そこに置かれただけでみんなに喜ばれる，共有される景色となる。（公私の境界線を打ち破る）このような路上園藝を通じて，

もっと面白い交流や地域づくりができるのではないかと，三島さんは2014年に自主企画「TOKYO STREET GARDEN」を友人と立ち上げた。16年には，地元のお寺からリアカーを借りて，普段は動かない地域住民が育てている植木鉢を載せて回り，「HAGISO」のギャラリースペースで展示会を開くイベントを行った。好評により同様の企画を日本橋三越本店でも開催し，「愛されて育てられた植木鉢を並べて展示してみると，人と植物の関係性の美しさは多くの人に伝わるものなのだ」と実感したという。[22]

　三島さんは路上園藝から，「視覚的な美しさだけでなく，その背後にあるコミュニティの存在や，そこで暮らす人びとの街への愛着までを豊かに感じとることができる」という気づきが得られ，人がどう植物に対して向き合えるか，植物を通じてどういうアクティビティが地域に生まれるかということが大事だと感じるようになったと語る。緑はデザイナーがつくるのではなく，「ひとりひとりが街の緑に関わる契機をつくることで住みやすい街を生み出していくことへの可能性」を感じた三島さんは，緑は都市にただたくさんあればいいのではなく，そこに文化が伴っていなければ意味がないと唱える。[23]

　　　文化はデザイナーがつくるものではなく，コミュニティで醸成していくものであり，今後の都市における緑のあり方を考えるうえではそこがキーになると思います。ちなみに，英語の nature の対義語は culture だそうです。近代以降の日本における都市の緑を考える視点はいかに緑を増やすかという，つまり nature に偏っていて，それがどう使われるか，どう暮らしと接続するかという，culture としての視点からはあまり考えられてこなかったように思います。

　culture としての緑は，暮らしと接続していなければならない。したがって，まちの緑のイニシアティブをとるのは専門家や業者ではなく市民であり，暮らしとの接続の具合によって市民たちは出たり入ったりする。「シモキタ園藝部の，自分の庭のように地域の緑を自分たちで手入れをするという自治システムがいいかたちで成立している背景には，緑が身近な存在になれば暮らしが豊かになるという自主性と必要性の感覚が地域で広がっていることがあるのですね」と筆者が話したところ，三島さんは次のように答えた。「そうだと思います。皆，誰かのためというボランティア精神というよりも，純粋に自分のため，自分が暮らす大好きな街のため，という楽しい気持ちで参加してくれています」。

同時に，植栽やグランドデザインなど関連分野のプロフェッショナルがコアに存在するからこその安定感もあることで，小田急電鉄や行政などの他セクターや他組織との協治が成立している。第1節で見てきたコモンフォレストジャパンと同様に，プロフェッショナルと一般参加者の市民の，バランスがよく Win-Win の結合が，コモニーング過程を効果的に推進すると考えられる。

市場との関係性，
そして社会的価値　小田急電鉄から委託事業を引き受けていることや商品の販売などを行っていることからすれば，園藝部の実践は表面上，市場システムに活動を載せて展開しているようにも見える。特に法人化したのちは，経済的な収益も視野に入れつつ活動していると，川崎さんはインタビューで語っている。

> 法人化という意味では，意識はやっぱり経営的なこともみんなで考えるようになって，人それぞれ考える部分が違うのですけど，割と家賃をどうやって稼ぐかとか，古樹屋も，まあわずかなお金にしかならないですけど，そういう経済的な部分でも貢献したりとか，そういう意識がちょっとずつ法人化によって芽生えてきたのかなっていう気はします。

しかし，まちの緑の手入れを専門業者に任せるのではなく自分たちで担おうとする園藝部の仕組みが体現するのは，むしろ一種の反エンクロージャー精神であり，オープンなコミュニティに基づく「自生する秩序」を志向したものとして捉えられる。

三島さんは「現代都市が含む市場原理によるさまざまなしがらみからの解放を目指すためにも，建築と同様に場所をかたちづくる要素のひとつである緑について考えることは，今後ますます重要になる」と述べる。市場原理に支配されない「暮らしをささえる強さ」を探し求める姿勢は，川崎さんにも共通している。震災後，津波のような圧倒的な自然の前で建築はいかに無力かを目の当たりにし，当時東北大学で建築と土木の学科に進学した川崎さんは「建築よりももっと重要なものがあるのではないか」と考えるようになり，卒業後は東京大学大学院に進学し，在学中に南米のエクアドルへと渡ったという。現地の建築設計事務所で働き，アフリカ系住民のコミュニティとともに集会用の小屋を建てていた際に，「互いを助け合いながら，自分たちで物事を決め，汗をかき環境と対峙するその姿は，僕の東京での暮らしよりもはるかに豊かに見えた」という。冊子『共同体記』のあとがきで川崎さんはこのエピソードを紹介し，次のように書いている。

建築などの環境を作り出す行為は，共同体の繋がりをより強固にするという点において効果的かもしれないと思った。そしてこんな風に，人びとが上から振りかざされる権力や経済の波に飲み込まれることなく，互いに手を取り合い生きていくための，村のような共同体を自分の暮らしの周りにもつくることはできまいかと，漠然と考えるようになった。

　この思いが，シモキタ園藝部の立ち上げと運営に関わったことで実現できたと川崎さんが述べている。「園藝部には，必ずしもそこに住んでいなくても，植物や街に対する情熱があれば誰でも加入することができる。（中略）多様な人々が混じり合う集団だからこそ，大きなお金を注ぎ込まなくても，それぞれの技術と関心が交差して独創的なプロジェクトが生まれたり，メンバーそれぞれが持つローカルなネットワークにより立ちはだかる問題が一気に解決することもある。そうしたシーンを経験すると，共同体には資本主義を乗り越えられる可能性があるのではないかと感じてしまう。そして共同体が持つこの非予定調和的な側面が僕を共同体という対象にしがみつかせている要因の一つかもしれない」。

　川崎さんが語る「共同体」としての園藝部は，決して同質的な者どうしによる予定調和的なものではなく，むしろその逆であり，「非予定調和的」に秩序を自生しているからこそ魅力的であり，資本主義を超えられると川崎さんが述べている。

　三島さんも川崎さんも建築やデザインのプロフェッショナルであり，経済システムにおいても社会システムにおいても「エリート」と位置づけられる。しかし，仕事を単に職業として効率よくこなすのが彼らのスタイルではない。本気で自分が手がけることに向き合おうとすると，専門的な理論や技術を超えて，それぞれの人間観や社会観，世界観，生きる哲学が自ずと仕事のスタイルを形作ることになる。その時に，自分の仕事は建物や風景のデザインではなく「社会のデザイン」だと気づく。三島さんはその経験を次のように語る[25]。

　　ランドスケープデザインに対する考え方を変えるきっかけとなったのは，ハーバード大学大学院での留学時に行ったニューヨークのセントラル・パークのリサーチでした。1859年に開園したセントラル・パークは，急速な人口増加の中で緑地による感染症対策を目指したのと同時に，人種差別が根深かった当時において，誰もが平等に利用できる都市施設にしようとしたというデザイン思想があったことを知り，感銘を受けました。それまで私はランドスケープデザインという

と，空間や環境などの物理的な事象のデザインを行うものというイメージが強かったのですが，セントラル・パークで行われたことは「社会のデザイン」なのだと感じました。

　このような思いで仕事に向き合っているからこそ，三島さんは「視覚や空間体験に訴えるデザインではなく，いかに社会課題に応えるかというデザインの視点が今後ますます重要になっていく」と語り，「デザインという行為に先立つかたちで，地域の共同体や暮らしのあり方について，その地域で暮らす人たちと一緒に考え，行動していくことが大切だ」と主張する。

　　私たちがローカルな人びとに手がかけられた活動や地域の文化に共感するのは，それらがお客さんや誰かのためにしている余剰のものではなく，ただ自分たちがやりたいからやっている，暮らしのためにやっているという自主性と必要性が発露したものだからではないでしょうか。これからは，従来のサービスする側／される側の構図を乗り越えて，私たちが今何を必要としているのかを自分たちで考え，それをどのように自分たちでつくり，手をかけ，育んでいけるのかということが大事になってくると思います。

　ここで述べられた「サービスする側／される側の構図を乗り越える自主性と必要性の発露」は，本書第4章，今後の市民社会の語り方を考えるうえで大いに示唆的だと筆者が評価した津富論文の議論と見事に一致している。三島さんがいう「私たち」は，まさに津富が論じようとした「市民」そのものではないだろうか。
　園藝部が体現する「デザイン」の考え方によって生み出される社会的価値は，三島さんの次の語りによって端的に示されている。

　　これまでデザイナーによるデザインの価値は，真似できないこと，オリジナルなものであることが価値だと思われてきましたが，例えば伝統的な民家はどれも同じようなかたちをしているように，優れたものを皆で真似し合い，少しずつブラッシュアップを重ねて，その積み重ねが価値となっています。これからは過去を参照したり，真似しあったりすることを通じて，社会の中で競争だけするのではなく，共に大きなムーブメントをつくっていくことが重要になってくるのではないでしょうか。

真似し合い，ブラッシュアップしていき，積み重ねが価値となる。プロフェッショナルに価値が占有されがちな近代社会のあり方に対して，市民的イニシアティブが進む道の神髄が，この言葉に現れている気がしてならない。

3　空き家のリノベーションとコモニーング──ふかさわの台所

次に取り上げたいのは，放置されがちな地域資源，都市部の空き家問題を考えるうえで大きな示唆を与えてくれる事例である。近代化と都市化の中で所有制度を「てこ」に開発が進み，経済成長という意味で大きな利益をもたらしてきた「家屋」だが，少子高齢化と建物の老朽化にともない，所有制度に阻まれる形で現在は「地域の重荷」になる場合も多い。ふかさわの台所は，東京都世田谷区深沢にある空き家を市民の手でリノベーションしたものであり，ご近所の居場所として利用できるコミュニティスペースとなっている。本節ではリノベーションを手掛けた主宰者の成見敏晃さんの語りやネット上の関連記事，および筆者自身の参与観察に基づき，市民的コモンズのレンズからふかさわの台所を捉えてみる。

空き家問題と市民による再生

近年，空き家問題は大きく取り上げられている。政府広報によれば使用目的のない空き家の数はこの20年間で約2倍に増加しており，総務省の2023年10月時点の調査によると，日本国内の住宅総数に占める空き家の割合は過去最高の13.8％で，空き家の数も5年間で50万戸増の899万戸と過去最多になった。

空き家の増加の背後には現代社会における「個人所有」の課題が横たわっている。齊藤によれば，都市部の地域にとって魅力ある資源は個人の財産であることが多く，個人の財産は「個人が管理することが前提であるために，地域の財産として，利用し，管理することが難しい。ゆえに，魅力的な地域資源が相続税対策等のためにだんだんなくなっていく」（齊藤 2010：168）。個人財産であるため，たとえ地域にとって資源になり得るものでも，他人の手出しは困難である。したがって空き家問題には行政による制度的な取り組みは不可欠だが，近年は空き家を入手し賃貸事業を行う「空き家ビジネス」が注目されると同時に，地域の市民的実践としての空き家対策も各地で見られる。

例えばコモンズを「市民の場」と捉え，各地で種々の社会資産が市民の手で復活していることを考察した八甫谷は，「都市部にも遊休資産の活用が見られる」と述べ，

「谷中のたいとう歴史都市研究会では，空き家となった木造住宅を活用して，地域の魅力を高め，人びとを集めている」ことを紹介している（八甫谷 2013：79）。

谷中の取り組みは市民がまちを育む代表例の一つとされており，椎原（2022）において詳しく考察されている。それによれば，戦争による焼失や倒壊も免れ「東京の奇跡」と呼ばれた谷中地域だが，高度経済成長期からバブル期にかけて開発から取り残され，「まちに自信が持てない時代」を迎えていたという。そんな時にまちづくりに立ち上がったのが，谷中で寿司屋を経営する店主野池幸三さんであり，野池さんの「個人から始まったまちづくり」が同じ商店街の店主や近所の寺院の住職たちの協力を得て，上野と谷中エリアの歴史と文化を活かすことを目指す「江戸のあるまち会」が形成された。この会が東京藝術大学構内にあった旧東京音楽学校奏楽堂の保存運動に加わったことから，藝大の教員や学生たちもその後まちづくりに関わる契機ができたと椎原が紹介している（椎原 2022：127-128）。

ほぼ同時期，1984年から地域で子育て中の女性たちが地域雑誌『谷中・根津・千駄木』（通称「谷根千」2009年まで発行）を発刊し，創刊号を野池さんたちが主催したお祭りに合わせて発売した（椎原 2022：128）。合言葉が「まちの記憶を記録に」であったことからもわかるように，「古い」とされるまちの歴史や文化と伝統を大事にするというのが，谷中のまちづくりに関わる人々が当初から一致して掲げる価値観であった。89年から谷中のまちを考える座談会「谷中学校」が始まり，参加者「個々人が谷中にかける想い，魅力を掘り下げ，人に伝え，楽しく分かち合っていくまちの広場，寄り合い処」となっていたと述べられている（椎原 2022：131）。

この谷中学校を母体に，地域にある伝統的な建物の再生活動が始められるが，「土地や家に深い思い出や愛着を持ち，できるならば家を残したい」持ち主が多いものの，「修繕や税の負担が高すぎることなどで，残す方法を知らない」状況が明らかになった。そこで谷中学校の主要メンバーたちが NPO たいとう歴史都市研究会を立ち上げ，費用面の提案やサポートも含めて建物の保存と再生に取り組むようになったという。これらの再生への取り組みが先駆けとなり，「2010年代にはいると，若い人たちが自分たちで創意工夫しながら古民家を再生する事例が増えるとともに，それまでは新築が前提だった建設業界でも，既存の建物の特徴を生かしたリノベーションを新しい建築事業の軸とする動き」が出てきたと椎原が述べ，「若い世代が自分の職能，生活の基盤として空き家や古民家の建物再生・設計・事業運営を一連のものとして行うところまで，住まいまちづくり事業が成熟を見せるようになった」と指摘している（椎原 2022：147）。

NPOによる空き家再生事業の成功例として，ほかにもNPO法人尾道空き家再生プロジェクトがよく知られており，詳しくは渡邉（2022）を参照されたいが，個人から始まっていること，古いものの価値を大事にしていること，多様な仲間がそれぞれの思いや目的で集まっていること，NPO法人による組織的な取り組みとプロフェッショナルな仕事が組み合わさっていることなど，共通点が多く見られる。中でも，伝統ある建物や古民家など「特徴のある建築」が再生の対象になりがちだという点が顕著である。

　確かに歴史的建造物や古民家などは「地域資源」としての価値が分かりやすく，認められやすい。だが，現在空き家問題として取り上げられる空き家のほとんどは，普通の住宅地にある普通の古い民家であり，歴史的価値があったりかっこいい古民家だったりするわけではない。ふかさわの台所は，そのような近所にある普通の空き家の再生と活用を考えるうえで，興味深い事例だと考えられる。

ふかさわの台所の取り組みとキーパーソン

　ふかさわの台所の物語は，一級建築士の成見敏晃さんが共働きで忙しい生活をしていた時に，子育てする近所に知り合いがいないことに気づいたことから始まる。夕飯を子どもと二人だけで寂しく食べていた時に，このままではいけないと思った成見さんは，「世田谷をみんなでDIYしよう」というイベントに参加した。その際に，世田谷区長（保坂展人さん）の「観客からプレイヤーへ」という言葉に感銘を受け，この状況を自分が動いて変化させようと考えるようになったという。建築士という職業柄，「世田谷の空き家等活用ゼミナール」という空き家活用の仕方を話し合う場に出てみたところ，のちにふかさわの台所となる空き家に出会った。「活用していただきたい」と家主から使用許可が出ているこの空き家をどう使いたいか提案した勢いで，そのまま世田谷トラストまちづくりのサポートを受けることになり，2017年に空き家のリノベーション計画が始まった（図7-6）。

　成見さんがデザインを担当し，人づてで子育てNPOの人や近所の人たちにも作業の手伝いをしてもらいながらリノベーションを完成させ，2018年4月に「みんなで作ると楽しい。みんなで食べると美味しい」をコンセプトにふかさわの台所がオープンした。築約50年の2階建て一軒家の1階には，大きなカウンターと充実した設備を導入した台所が設けられ，床一面に柔らかいジョイントマットが敷き詰められ，壁にはプロジェクターで映像を大きく映すこともでき，赤ちゃんでも大人でもくつろげる空間となっている。2階の半分は，地域のみんなが持ち寄った不ぞろいの椅子に大きな

図 7-6　ふかさわの台所とそれができた経緯を解説したイラスト
出典：左の写真は，世田谷トラストまちづくり (https://www.setagayatm.or.jp/trust/map/akiya/index.html，2022年8月18日閲覧)。
　　　右側のチラシは，ふかさわの台所ができる経緯の画像 (https://hitoc.co/2018/06/11/fukasawanodaidokoro/，2022年8月18日閲覧)。

テーブルが取り囲まれたミーティングスペース，残りの半分は個人の作業スペースになっている。個人でもグループでも利用しやすく，食を中心にしてもしなくても使いやすい配置が実現できている。

　世田谷トラストまちづくりから一部助成金を得たとはいえ，リノベーション費用とその後の毎月の家賃支出に，成見さんが個人的に資金を投資している。費用面でふかさわの台所が今日まで持続できているのは，地域の子育てNPOが日常的に利用することが決まっていたため，その利用料を家賃の一部に充てる見通しが立っていたことと，成見さん自身がふかさわの台所で仕事をすることで，建築士事務所をよそで借りずに済むだけではなく，近所で知り合いが増え，地域で子育てをしていくという願いが実現することによる。「特に運営はやっていない」と成見さんが語るのも，資金を返済しなければならない，もしくは家賃分の収入を上げなければならないというプレッシャーを背負っていないためだと考えられる。

　その余裕が，ふかさわの台所に「のんびりした」居心地の良さをもたらしたのかも

図7-7 学生たちが企画した「おかしのまちづくり」のイベントチラシ
出典：筆者のゼミ生制作。

図7-8 ゼミ研究で企画した「市民的コモンズをめぐるダイアログ」イベントの風景
出典：筆者撮影。

しれない。使いたい人が、使いたいときに、使いたいように使えばいい。そのような「ご近所スペース」となり、無理に背伸びをしない、ゆったりとしたテンポで、イベントや利用が増えてきている。定期的な利用として、例えば裁縫好きな方が2階にミシンなどを入れて、「縫い処」という名前で集まりを主催している。地域で料理教室を開いている方が「ふかさわの台所の寮母」と自称し、イベント時に料理の腕を振るっている。週末には不定期でフリーマーケットが開催され、ハロウィンやクリスマスのときにはパーティが行われる。筆者のゼミ生もこの場で、子どもたちを対象にした「おかしのまちづくり」（図7-7）や、大学生が「面白い、話が聞きたい」と思った大人の語りをじっくり聞く「大人の語りBAR」、市民的コモンズをめぐるダイアログシリーズ（図7-8）などのイベントを開催したことがある。

「市民的コモンズ」としての「ご近所スペース」

土台　ふかさわの台所のコモニーングを可能にしている土台とは何か。それは空き家問題という社会問題への関心ではなく、「切実な個人的なニーズ」であった。成見さんにとって「空き家問題」の解決は目的ではなく、偶然、空き家のリノベーションをする運びになったに過ぎない。社会問題やまちの問題に対して関心があったわけではなく、その行動の根底にあったのは子育ての孤独であり、近所に知り合いが欲しいという個人的な願いであった。ふかさわの台所によって成見さんが実

現したコモンズは，空き家の再利用によるコモンズだというよりも，「大きな台所とゆるい空気感が漂う家のような空間」ができたことによる。それは，成見さん個人の性格や，建築家としてのスタイルが反映された空間でもある（図7-9）。

コモンズの特徴として，具体的なモノや場所，空間を媒介にしているという点が挙げられている。建築家が多くコモンズづくりに関わっているのはそのためである（松村 2023）。場所や空間自体にコモンズ的な性質が備わっているわけではないとされながらも，コモン化しやすい場所や空間の特徴があるのは否定できない。コミュニティカフェを考察した齋藤（2020）は「場があるからこそ生まれるものがある」と主張し，タウンカフェにおいてある「小箱ギャラリー」や「小箱ショップ」を例に挙げている。陳列された棚のひと

図7-9　ふかさわの台所の入り口
出典：筆者撮影。

枠が一つのギャラリー／ショップとなり，地域在住のハンドメイド作家の作品が展示・販売されている。合同販売会や小さな募金イベントが開催されると，作家たちとその顧客たち，周りの住民が集まり，「みんなが主役のコミュニティ」が形成されるという（齋藤 2020：50-57）。物理的な存在があるからこそ可能となるコモニーングの例である。そのような意味で「建築的行為がコモン化に含まれている」と松村が指摘し，「それは建築家だけに期待されるべき実践ではなく，コモンズを暮らしの延長と捉えるなら，住人，ユーザーもコモンズの建築的行為への参加が期待されるのである」と述べる（松村 2023：108）。

ふかさわの台所の建築過程には，多くの市民のDIY参加があった。成見さんは次のように話す。

　　近くに知り合いはいないし，カフェでもないからフラッと誰かが立ち寄ってくれるわけでもない。
　　だから，完成する前の過程（プロセス）をFacebookに公開して，「ふかさわの台所をDIYしよう」という企画を立てた結果，のべ100人以上の方が集まってくれました。ここは不便な場所にあるので，近所の方がたくさん来てくれることになりました。自分だけでなく，他の人たちも誰かと繋がるきっかけを求めてい

るように感じました。

　このようにふかさわの台所は建築（リノベーション）過程の物理的な空間づくりにおいてすでに「近所の人」を中心に参加があり，参加者にとってはなじみのある具体的な場所となっている。リノベーションに用いられた素材やインテリアの雰囲気，持ち寄られた古い家具なども，気取るところが一切ない，家のような雰囲気を醸し出し，出入りしやすい空気感をもたらしている。従来の市民による空き家再生は，建物の価値や地域社会にとっての社会的価値が強調されがちだが，ふかさわの台所は利用する人にとってみれば，ただ「もう一つの家のよう」だからそこにいる。「みんながみんな課題解決をしなくてもいいのでは」と成見さんが語る。社会問題を解決しようと集まる市民の場ではなく，「近い，使いやすい，居心地がいい」という居場所的なご近所スペースの価値を，ふかさわの台所が示しているといえよう。

　コロナ禍を経てリモートワークが増えたが，このライフスタイルの変化への対応として，住居内にリモートワークのスペースを新設することや，駅の中もしくは駅に近い場所でワーキングスペースを開設するなどの解決法が増えている。「近所の空き家をもう一つの家のように使う」という選択肢の可能性を，ふかさわの台所から学べるのではないだろうか。

利用目的と内部の関係性，そして規範とルール　では，「利用目的が幅広く多様」「多様な参加者，自治，相互性，コアの部分の継続性」，そして「市民のイニシアティブ，非強制的参加，公正さ，協治，可変的ルール」という概念要素が，ふかさわの台所の場合どう表れているのか見てみよう。

　ふかさわの台所を日常的に利用しているのは，NPO法人世田谷子育てネットが世田谷区から委託を受けて実施する「おでかけひろば　すぷーん」であり，「0歳〜未就園児の子どもとその保護者や，プレママプレパパ」を対象に，「『ふかさわの台所』のチームと一緒にひろばに来る親子連れや地域の人たちとつながっていける居場所」[30]を提供している。近所に住む子育て中の親たちにとっては，予約なしで使える手軽さと同時に，子育て世代ではないほかの台所の利用者と出会い，つながる場でもある。「すぷーん」の利用がふかさわの台所に「コアの継続性」をもたらし，「せたがや子育てネット」が持つ人脈や資源が台所の継続にも寄与している。

　現在は単に一利用者である子育て中の親たちも，子どもの成長が次のステージに入っていくと，ほかの利用目的でこの居場所を引き続き利用する可能性が見えてくる。市民活動を始めるきっかけには，ライフステージの変遷と当事者意識の醸成が大きく

関わっているとされる。自身のライフステージと自治体の政策が重なり合い始めたことで、市民活動に興味を抱いて参加し始める女性は多いことを鈴木が研究で指摘している（鈴木 2003：32）。成見さんのケースもこれに当てはまるが、ライフステージが世田谷区の「おでかけひろば」事業と合った子育て世代にとって、ふかさわの台所の利用は「市民活動」の世界と出会う機会になることが十分に考えられる。

　多様なバックグラウンドを持つご近所さんが台所を利用している。例えば世田谷まちづくり懇談会（せたこん）を主宰している地域の有名人「うんちマンさん」とその奥さんや、世田谷区議会議員とその家族、地域の教会に通う仲間同士、尾山台や用賀など近隣地域でまちづくりをしているキーパーソンたち、筆者自身を含む駒澤大学関係者などが、それぞれ無理に接点を持とうとせずに、各自のペースでこの場に出入りしている。ただフリーマーケットや各種パーティ、オープンなイベント時には、異なるタイプの利用者が交わる場が生まれる。

　「好きにやりたいことをやってもらう」というコンセプトのふかさわの台所には、運営チームがあるわけではないため、利用したい時は成見さんに連絡すると同時に共有カレンダーに記入する。鍵はキーボックスに入っており、使う人は責任を持って戸締りを行う。冷蔵庫にあるものは、名前が書いていなければ使ってよいことになっており、その他の使用ルールについても、申し合わせ事項は存在するものの、特に掲示されたり強調されたりすることはない。ただ、利用者たちは「赤ちゃんが使う場所だから」ということを心得ており、利用後の掃除は特に念入りに行っている。ふかさわの台所の場合は明確なルールに基づいた自治だというよりも、「赤ちゃんをはじめとする他の利用者への配慮」の上に成り立つ相互性が、利用秩序を形成させていると思われる。

　このような運営と利用のスタイルに至ったのも、議論や相談の結果ではなく、「自然に」そうなっているに過ぎない。コミュニティスペースを作る際には運営方法がしばしば課題となる。土肥と若林は、「自分で運営すべきかそれとも誰かに任せるべきか」について、良いパートナーシップを築きながら運営を任せてしまうのも一つの方法だが、大事なのは「自分ごと感」だと述べる（土肥・若林 2023：30）。ふかさわの台所の運営は、「特定の運営者がいるわけではない」ことによって、逆に利用者において「他の利用者に配慮する義務」に関する感覚が生まれ、自生的秩序に近づけたと考えられる。

市場との関係性、そして社会的価値　　ふかさわの台所が実現する市場システムの相対化と社会的価値は、意図して追求されたものではない。それは端的に、成見さ

ん個人のウェルビーイングの向上に現れている。インタビューで筆者が「どういうふうに生の個々人が出会える場，出会ってそのまま散っていくのではなくて，もう少しつながりやすい場を創っていくかというところなのですが，（そうなるために）コミュニティをデザインするという考えはありますか？」と質問したところ，成見さんは次のように答えた。

　全くないです。意図的につなげようとしてもつながらないことは，ふかさわの台所で学びました。
　ご近所さんのやりたいことをやれる場があって，そこに集まる人たちが楽しみながら同じ時間を過ごす。つながった人たちは，物理的に近い場所に住んでいるから，また出会いやすい。そして，そこで仲良くなった人たちが，また何かを企画する。その循環が少しずつつながりを強くしていく。このつながりによって，自分自身，心の豊かさが向上したように思えます。これは，何人友達ができたかなどで定量化できないもので，誰かに伝えづらいのですが……。
　つながりは，成果ではなく結果だと思います。つながりという成果を求めると，いつの間にかしんどくなって楽しくなくなる。例えば，イベントを企画して目標人数を決めると，数字ばかりが気になって楽しむことを忘れてしまう。でも，楽しむことを目標にすれば，人数は気にならないし，むしろたくさん人が来てくれたりする。

　この語りで見えたのは，建築家として通常の市場システムで仕事をしてきた成見さんが，ふかさわの台所を通して得た新たなマインドセットであり，一種の市民的センスでもある。それは，専門性を発揮して成果を出す，成果が出なければ報酬が得られずすべてが無駄という市場の論理ではなく，「成果を求めない豊かさ」だという。

　仕事では成果を求められますが，ふかさわの台所では成果を求めないようにしています。というより，求めても得られない。やっていて楽しいし，自分にとって価値はあるけど，どんな成果をもたらすか分からないこと。
　何のためにやっているのか不安になる事もあるけど，そういったものにこそ，成果では得られない新しい発見があるように感じます。

　このような市民的センスを成見さんが身につけたのは，ふかさわの台所での多様な

出会いによるものであった。成見さんへのインタビューのさいに，本書第3章で挙げた市民性の8項目に沿って自己評価していただいたが，ふかさわの台所を始める前とその後の変化が最も大きい項目として成見さんが挙げたのは「対等性と多様性／他の尊重」であり，0点から満点の10点へと著しく変化したという。

　　「多様性の尊重」が上がりました。人って，まず話してみて，自分と話が合うか確認して，その人と関わるかどうかを決めてしまうところがある。それだと，自分と似たような人ばかり集まってしまって，自分と異なる考え方を知る機会を失ってしまう。でも，何か作業を共にすることでいったん仲良くなれば，たとえ考え方が違っても，その違いに向き合いやすくなる。
　　ここに来る人の中にも，考え方が違うと感じる人はたくさんいる。でも，一緒に料理をしてご飯を食べたから話せる。そうやって，以前なら出会ってなかったような人とも仲良くなれました。

「ご飯を一緒に食べる」ことから始まるふかさわの台所だからこそ，「多様性の尊重」につながりやすい。また，「成果を求めずに」多様な人とつながっていくなかで，成見さんの生活に確実な変化が起きた。それは，仕事と生活の分離から，仕事と生活の「相乗」とでもいうべき新たなステージへの転換である。

　　設計の仕事は，誰かの課題を解決できる素晴らしい仕事ですが，それに夢中になると忙しくなり過ぎて，自分の生活が犠牲になってしまうことがあって，なんのための仕事なのかなと。
　　今まで，仕事と生活はきっちり分けるべきだと思っていました。でも，おやまちプロジェクトの高野さんから，尾山台のタタタハウスの設計依頼を受けたとき，皆で工事のDIYが始まると，6歳の息子を連れて行けるんですね。そこで共同作業をするうちに，私も息子もご近所さんたちと仲良くなれた。自分の仕事と生活はつながることができることを，初めて実感できました。

ふかさわの台所は，自らの生活とのつながりで，無理なくコモンズの場を開く者のウェルビーイングが，いかにリアルに実現されているのかを示した事例だといえる。都市部において空間の再編成や再生によって，公共性の触媒となるような新たな公共空間を創り出す意味で，建築家の役割が大きく期待されている（牧野 2022）。建築家

たちは当初からまちづくりの領域では独自の専門性を持った担い手であったが，都市部における再開発や再生プロジェクトが頻発するようになった現在，実践のみではなく思想レベルでも建築家たちは再開発を方向づける存在となった。例えば馬場正尊とOpen A が出している一連の著作では，管理する側ではなく，使用する側の目線と論理でこそ公共空間のリノベーションを行っていくべきだという基本的な考え方が示され，松村（2023）では，公的機関がコモンズとして提供してきた場所の多くが機能不全に陥っているのに対して，個人が私有財産をコモンズ化できるように活躍する「街場の建築家」たちの空間づくりが提唱されている。

　成見さんによるふかさわの台所は，そもそもは成見さんの個人的ニーズから始まった場づくりだが，その個人的ニーズには「コモニーング」へのニーズが含まれており，コモニーングが進むことで個人的ウェルビーイングが向上する，というプラスの循環が実現できている。建築家だけではなく，例えば医師や音楽教室，料理教室，学習塾，空手の道場の主宰者など，ビジネスで各自の場と専門性を持っている者による「私有財産の場開き」の延長上にあるコモンズ形成の可能性が見えてこよう。

4　銭湯のある暮らしのコモニーング——小杉湯となり

　近代化と都市化の過程で余儀なく衰退を迎えた地域資源に，「銭湯」が挙げられる。各住戸内に風呂が完備されなかった時代の名残とされがちだが，共同浴場の文化を持つ日本の地域社会にとっては日常に最も近い共有空間である。本節は「銭湯のある暮らし」の価値を再発見し，そのコモニーングに取り組む「小杉湯となり」の事例に注目する。キーパーソンである加藤優一さんへのインタビューと，加藤さんの著書『銭湯から広げるまちづくり——小杉湯に学ぶ，場と人のつなぎ方』に依拠しながら述べていきたい。

銭湯の価値の再発見

　西欧型の市民自治や市民公共圏に対して，中村は日本の内発的なまちづくりを示す「風土自治」の概念を打ち出している。「それは，風土を引き継ぎ育ててきた民衆の半ば無意識の公共思想」だと述べ，「特に藩政期にはいってから，国家統治の中心から遠ざけられ，その非政治的な周縁へ身をおいた民衆は，自らを主体的に表現する，非政治的で社交性のつよい風土性情念」を燃やしていたと，歴史的に日本列島に存在していた風土自治の性質を描き出している（中村 2021：3）。例として挙げられたのは

「階級を超えた各種の講や連，芝居小屋，芸能の家元制，町内自治（寄合），料亭の食文化・文芸サロン，裏長屋の近隣共同体，そして寺社の年中行事や祭祀的行事，盛り場という群衆の渦まで，さらに農山漁村の神社を中心に結ばれた共同の労働習慣を意味するもやい，結などなど」であり，これらが「場による結縁」を意味する日本型の自治だと指摘している（中村 2021：3）。その特徴として，「（対抗文化ではなく）公的規範としての政治的中心から遠い周辺に生きる文化創造」であること，「真剣な道楽者たちが自由に寄りあい，人間の体温を確かめるアソビ系自治」であり，社会階級という支配的現実を溶解する「情緒共同体」だということが挙げられた（中村 2021：4）。

中村は直接言及していなかったが，銭湯文化もまさにこのような風土に含まれる要素ではないだろうか。近所に住む者同士が，身分や肩書に関係なく大きな浴槽に浸かり，リラックスしながら世間話に花を咲かせる。銭湯は決して体を洗うための場所にとどまらず，かつての裏長屋の近隣共同体の井戸端や，みんなで杯を交わす盛り場と同じ性質を持つ場である。

銭湯という場所の独自の意味は，その佇まいにも表れている。立派な門構えで威風堂々としており，室内も天井が高く，壁にはしばしば鮮やかな富士山の絵が描かれたりしている。これについて，江戸東京博物館研究員の米山勇さんは次のように語っている。[34]

　　銭湯の建築全体に装飾性が見られるようになったのは，大正12（1923）年に起きた関東大震災以降のことです。さらに，震災で焼け野原になってしまった東銀座の街に，堂々と立ち続けた歌舞伎座が銭湯建築に大きな影響を与えたと私は考えています。倒壊してしまった銭湯を歌舞伎座と同じく唐破風をつけて再建することで，復興の象徴としたのではないでしょうか。銭湯の内部を見ても，日常からかけ離れた物語性を存分に感じられる「劇場的空間」が広がっているのが分かると思います。

銭湯は日常の中のちょっとした「非日常」であり，「ペンキ絵は舞台背景，浴槽はステージ，洗い場は観客席など，銭湯の構造自体がまるで『劇場』のように見えてきませんか」と米山さんがいうように，浴槽に入る一人ひとりは「舞台」に上がり，自分という存在を近所で暮らすほかの人に認識してもらっている。いわば「ご近所デビュー」の場であり，コミュニティにおける「存在の相互承認」の空間である。

しかし，個々の住宅内に快適な風呂場が備え付けられるのが一般的になるにつれて，

表 7-2　東京都内の銭湯数の推移

西　暦	1985	1990	1995	2000	2005	2010	2015	2020
銭湯数	2,194	1,876	1,546	1,273	1,025	801	628	499

出典：東京都浴場組合（https://www.1010.or.jp/menu/sentousu2.html, 2024年9月12日閲覧）のデータを基に筆者作成。

銭湯は廃業に追い込まれていった。東京都浴場組合によれば，東京都内の銭湯数のピークは1968年の2,687カ所であったが，1985年には2,194カ所に減り，その後5年ごとの推移を表7-2で示すとおりである。

1985年から20年の間に半減し，次の15年間でさらに半減していることが分かる。この傾向が続けば，東京のまちから銭湯が消えてしまう日も遠くないのかもしれない。しかし近年，銭湯の価値を再発見し，再生を手掛ける実践が各地で見られるようになり，利用者も増えてきている。中でもとりわけ市民的コモンズの様相を見せているのが，小杉湯となりの取り組みである。

小杉湯となりの取り組みとキーパーソン

小杉湯は1933年に高円寺駅前の商店街のすぐ近くで開業し，創業当時の宮づくりの建物を守りながら，時代に合わせて中身を変え続け，一日500人は訪れる「まちの銭湯」である。550円（2024年10月現在）の入浴料で名物のミルク風呂，日替りの熱湯とジェットバス，地下水かけ流しの水風呂という4種類のお風呂を楽しむことができ，営業時間も15時半から深夜の1時半までとなるため，年配の常連客や学生，仕事帰りの人が代わり代わりにやってくる。小杉湯となりは，常連客の数名が小杉湯のすぐ隣に作った「銭湯つきシェアスペース」であり，目的は「銭湯のある暮らしを体験する」ことだという（加藤 2023：20）。

その中心にいる加藤優一さんは株式会社銭湯ぐらしの代表取締役と同時に，東北芸術工科大学専任講師として高円寺と山形の二拠点で暮らしており，同時に一般社団法人最上のくらし舎共同代表理事も務めており，山形県の新庄・最上（もがみ）地域で，空き家活用を軸にした，地域の担い手づくりと情報発信の事業を行っている。加藤さんが『銭湯から広げるまちづくり——小杉湯に学ぶ，場と人のつなぎ方』を出版したことで小杉湯と小杉湯となりに注目が集まり，さらに原宿の再開発で登場した新しい商業施設ハラカドの地下1階に小杉湯が銭湯をつくったことで，小杉湯は今では新時代の銭湯暮らしの象徴的存在となっている。

小杉湯となりは3階建ての建物であり，1階には大きなキッチンとテーブルなどが

図7-10 小杉湯となり
出典：筆者撮影。

あり，「コミュニティカフェ」の雰囲気を醸し出している（図7-10）。2階には本棚に囲まれた畳の小上がりがあり，居心地のいいワークスペースになっている。3階は畳の個室で，小杉湯の大きな屋根を一望できる気持ちの良いベランダもついている。オープンしたのは2020年3月であり，コロナ前は1階を飲食店，2階はコワーキングスペース，3階を長期滞在スペースとして運営していたが，コロナの試行錯誤を経て，独自のコモニーングのスタイルを編み出し，平日は会員のみ利用できる会員制にし，休日は広く開放するというスタイルと取っている。

　その誕生物語は2017年に遡るが，加藤（2023）に詳細に書かれているため参照されたい。小杉湯の常連である加藤さんが番台越しに小杉湯三代目社長の平松さんと何気ない会話を交わしたところ，銭湯の隣にある風呂なしの空きアパートの建て替えについて相談を受けたという。当時，設計事務所 Open A に就職し高円寺周辺に住んでいた加藤さんは，仕事で全国各地の地域再生に関わっていたこともあり，自分が住んでいる地域でも当事者として関わりたいと，大好きな銭湯に足しげく通っていたところであった。解体までの1年間，そのまま空けておくのはもったいないと考えた加藤さんは，同世代の常連さん数名に声をかけ，アパートで1年間限定の「銭湯ぐらし」の生活実験プロジェクトを始めることになったという（加藤 2023：31-42）。

　集まった常連さんはたまたまアーティストやデザイナー，ミュージシャンなど多様なクリエーターたち10名で，職種も動機も異なるが，共通するのは「銭湯好き」という点のみで，それぞれの専門分野や興味と銭湯を掛け合わせ，小杉湯が隣だからこそできる活動を持ち寄るようになった。唯一のルールは週に一回共有部屋に集まって活動の進捗状況を報告し合うことで，「多様な視点から銭湯の価値を引き出すことを目指した」この生活実験は，結果的に人の数だけ銭湯の価値を見出すことができた（加藤 2023：46-49）。

　「銭湯のある暮らし」の豊かさを再発見した加藤さんたちは，生活実験の成果を「銭湯のある暮らし展」として2018年1月28日に行い，大きな反響と手ごたえが得られた。副次的効果として，小杉湯の利用客も増えた。メンバーたちは改めて解体後の

跡地にどんな建物を建てるべきかについて議論し，「この暮らしの価値を多くの人に伝えたい」思いが一致し，銭湯のある暮らしを体験できる場所として，小杉湯となりの建設を提案することとなった。小杉湯三代目社長はこの提案に賛同し，この新しい事業を任せたいと申し出たことから，常連客だったクリエーターたちは運営者に変わり，株式会社「銭湯ぐらし」として法人化することとなった。2018年10月のことであった（加藤 2023：76）。

　しかし，オープン直後に新型コロナウイルス感染症の拡大による緊急事態宣言が発令された。コロナ禍でも「銭湯のある暮らし」を守れるか。運営方法を考え直さざるを得なくなったときに，銭湯の居心地の良さにヒントを求め，常連をイメージした会員制度を導入した。「銭湯は『交流を前提にしていない』ことについて改めて考えた」加藤さんたちは，交流スペースではなく，「自分らしい暮らし方を実現するための場所」と定義し，月額2万2,000円でスペースをまるごと使える（3階の個室は1日1回無料で使える）ほか，小杉湯の入浴券や周辺店舗の割引券と交換できるチケット10枚付きというプランを決めたという（加藤 2023：109-110）。筆者のインタビューによれば，現在の会員数は50〜60名程度であり，その会費で家賃と人件費は賄えるため，継続可能な運営を支える仕組みとなっていると，加藤さんが語っている。

　興味深いのは，スタッフだけではなく，会員による自主的な取り組みもどんどん広がっており，小杉湯となりは事業として成り立っているだけではなく，まさに市民的コモンズの意味合いをそのまま地域の現場に実装したような事例となっている。小杉湯と小杉湯となりだけではなく，同じ高円寺エリアにおいて，2021年には古民家を再生した「小杉湯となり-はなれ」，風呂なしアパートを再生した「湯パートやまざき」をオープンし，銭湯がまちのお風呂であるように，まちの台所・書斎・寝室などの拠点が生まれた。さらにメンバーが他地域（長野，大阪等）でも活動を始め，「小杉湯となり-別荘」まで誕生した。小杉湯となりは「まち全体を家と捉えた実践」「半径500m圏内の地域資源をつなぐ空間・組織・事業の成功事例」として知られるようになり，株式会社銭湯ぐらしも，東京・足立区の銭湯「堀田湯」のリニューアルに伴う立ち上げ支援をはじめ，各地の銭湯におけるデザイン・クリエイティブを展開するようになった[36]。

　では，市民的コモンズの概念要素がこの事例にどう表れているのか，具体的に見ていこう。

「市民的コモンズ」としての「銭湯のある暮らし」

土　台　小杉湯となりはなしは銭湯のある暮らし方をコモニーングしている。土台となるのは，暮らしの資源となる銭湯の価値である。加藤さんたちは生活実験をとおして見出した銭湯の価値を，改めて以下の4つに整理している（加藤2023：61-65）。

第1に，「ありのままでいられるサードプレイス」という価値である。文字通り裸になる銭湯では自分を偽る必要はなく，ありのままの自分と向き合い，受け入れる場所である。同じ釜の湯につかる人はみな平等で，互いに干渉しない距離感を保ちつつ心地よくいられる。

第2に，「古くからある共有スペースでありながら若者も引き寄せる」という価値である。銭湯は江戸時代から庶民の社交の場であったが，その場でしか得られない感覚は，SNS慣れしている現代の若者にとって逆に貴重で得がたい。普段接することがない世代の人と出会ったり，自分の暮らしに歴史ある場所を取り込んだり，社会とのつながりを直に感じられたりすることで，「まちの時間軸の延長に自らを定着させる」ことができるからである。

第3に，「何もしないデジタルデトックスの時間」という価値である。現代人の多くは「休むのが苦手」であり，新しい情報がたくさんあってもゆっくり消化する余裕がない。銭湯は強制的に携帯電話から離れることになるため，何もせず余白を感じる時間を与えてくれる。

第4に，「ほどよい距離のサイレントコミュニケーション」という価値である。サイレントコミュニケーションは加藤さんが用いる特徴的な言葉だが，会話をしなくても人とのつながりを感じられる銭湯特有のコミュニケーションを言い表している。番台のスタッフや常連さんと何気ない会話を交わしたりするのもいいが，会話をしなくても，その空間にいるほかの誰かの話し声が聞こえたり，人の気配を感じられたりすることが，気持ちを落ち着かせたり心を穏やかにしてくれたりする。それが「サイレントコミュニケーション」である。

生活実験を通して，メンバーたちが「他人との関わり方を選べる場所が，現代社会においてどれほど求められているのか」を実感し，銭湯こそがそのような場所であり，小杉湯となりというスペースも同じような場所となるように意識して作られている。「関わり方を選べる」からこそ，コモニーングしやすい。

利用目的と内部の関係性　多様な利用目的に応えられる建物にするために，小杉湯となりは建築設計上の工夫として，銭湯の空間デザインの特徴を取り入れたこ

とが注目に値する。銭湯のある暮らし方を体験できる場所は，単に銭湯の隣にあるだけでは実現しない。銭湯と同じような空間的特徴を体験できることが重要だと加藤さんたちが考えた。それはなによりも「余白を感じる時間とほどよい距離の人とのつながりが感じられる場所」でなければならなかった。

　銭湯の何がそのような空間を可能にしたのだろうか。加藤さんたちが見出したのは，1つ目にサイレントコミュニケーションを成立させる「気配が感じられるひとつながりの空間」，2つ目に，自然の中にいるような開放感と，同じ風景を共有する緩やかな連帯感を成立させる「高い天井，柔らかい光が降り注ぐ窓，天井の傾斜で薄暗い場所が移ろうようにする」ことである。そして3つ目に，スタッフを介さなくても場に関われる仕掛けとして「ショーケースをカウンターの外に置く，掲示板やセルフコーナーを設ける」ことであり，4つ目に，「愛着」を生み出しやすい「自分がその一部だと感じられるような，地域性や歴史性を持った家具や備品」である（加藤 2023：86-92）。

　物理的な空間デザインの工夫だけではなく，小杉湯となりという名称自体，多様な利用目的を歓迎する姿勢の現れである。コミュニティカフェでもコワーキングスペースでもゲストハウスでもなく，シンプルに小杉湯のとなりにあるスペース。「場所の使い方を決め切らず，一人一人が居心地の良い過ごし方を見つけてほしい，という願いを込めた」名称だという（加藤 2023：94-95）。同様に「交流を前提にしない」というコンセプトも，利用しやすさを生み出したと考えられる。

　利用会員の募集は，初回20名の枠は数日で埋まったという。入会前は必ず見学を経て，小杉湯と小杉湯となりのストーリーやコンセプトを理解していただいたうえで入会してもらっている。会員制はコロナ禍による制限下でたどり着いた運営方法であったが，結果的にコアとなる利用者が生まれた。小杉湯となりでの滞在時間が長くなるにつれて，利用者それぞれが持ち寄る暮らしが混ざるようになり，会員主導のイベントが増え，スタッフと会員の境界がなくなり，スタッフのいない時間に会員が「家守」となる「家守タイム」ができるようになった（加藤 2023：116-120）。加藤さんはそれを「現場で起こる主体性の連鎖」と表現している。

　家守を体験した会員いわく，「今まで場所を消費する感覚があったが，家守になってから場所を育てていく感覚になった」そうだ。利用者がやっていいことが増えるにつれて運営者との垣根がなくなり，自分の場所として使いやすくなるだけではなく，そこに愛着が芽生える。「居心地の良い場所をつくりたい」という

主体性で成り立つ状況をつくることが，結果的に利用者の居心地に帰ってくることを学んだ。

（加藤 2023：121）

　居心地の良い居場所があるから利用者が増えるのではなく，利用する人が自分で居心地の良い場所が作れるから来るようになる。「それぞれの生活を持ち寄る」からこそ居心地の良さが生まれる。さらに「最初は個人の理想の暮らしを実現することが目的」でも，それらがつながり始めると「まちや事業と接点を」持ち始めるようになり，会員が小杉湯となりを社会事業の拠点として利用する例，例えば「となりの保健室」や「パパママ銭湯」などの活動も生まれたという（加藤 2023：122）。

　2022年からは会員以外の人が利用できる「となり大学」と題する勉強会や，週末に開く「となり喫茶」も，会員との対話から生まれた企画であった。会員と対話できる規模を維持するのが大事だと加藤さんが語り，インタビューでは，小杉湯となりにおける会員の適正規模は50〜60名程度だと話した。現場に立つスタッフは10名程度だが，運営をサポートするメンバーは，役員からボランティアメンバーまで含めると40名程度だという。5つの分科会が同時進行で展開されており，分科会ごとにオンラインでよく打ち合わせをするというが，インタビューで「衝突，不満，不安があるか」と尋ねると，「常にある」と加藤さんが答え，「対話をする，それしかない」と語る。交流を強制しない，しかし対話を大事にする。これも大切な市民的センスだと考える。

　規範とルール　小杉湯となりは「近すぎず遠すぎない」距離感を大事にしている。仕事や社会でのコミュニケーションに疲れた人が銭湯に救いを求めることが多い。交流が苦手でも来やすい場所であるためには距離感が重要だという（加藤 2023：131）。「小杉湯となりは全員参加型のコミュニティではない。あくまでも，自分の暮らしを良くしようとする個人の集まりだ。この前提があることで，多様な活動が共存できている」という（加藤 2023：128）。全員参加を求めず，自分の暮らしに小杉湯となりを「それぞれなり」に足してもらうことで，その人の暮らしがよくなればいい。これを基本的な規範としているゆえに，「参加」という感覚をなくし，「暮らす」という感覚で出入りしてもらえる。

　公正さという意味では，「多世代が共存できる場所」を目指しているため，現場スタッフは幅広い世代を集めている。新しい地域プロジェクトでは若い世代が中心となることが多いが，ここでは毎日小杉湯に通っている60代の常連さんなど10人がスタッフとして参加している。「法人設立時は30歳前後のメンバーが多かったので，（違う世

代が入ったことで）一気に視野が広がった」だけではなく，利用者にとっても，関わりやすさの幅が広がったという（加藤 2023：133）。

ルールづくりについては，利用者に「委ねる」姿勢を取っている。「ご意見板」に書き込んでもらい，良いと思えることはすぐに改善するようにしている。「先にルールを決めたほうが楽だが，できないことを決めつけてしまうのはもったいない。できる方法を一緒に考えることで新たな気づきがあるし，ニーズに応じた仕組みができていく」（加藤 2023：132）。サービスを提供する側／提供される側の線引きが曖昧で，関わり方のグラデーションが幅広く認められ，やりたいことがあればできる方法を一緒に考える人がいる。第2節で考察したシモキタ園芸部の事例と同様に，市民的実践そのものの特徴だといえる。

市場との関係性，そして社会的価値　デザインとマネジメントの両立を目指すというのは加藤さんが仕事におけるテーマであり，市場システムに乗せて持続可能な運営方法を探りながらも，「暮らしの延長で事業を作る」「成長ではなく継続を求める」ことをモットーにしている。小杉湯となりを運営する「銭湯ぐらし」は株式会社だが，事業者でありながら実践者でもあることを特徴としている。組織の特徴の一つが，ほぼ全員が兼業で職種も世代もばらばらであり，各々が自分の関わり方を選び，その役割を担っていることである（加藤 2023：135）。それは，メンバー一人ひとりが銭湯暮らしという暮らし方・生き方を広げる「事業者」だけではなく，「実践者」で居続けることを大事にしているからだという。

> これまでの経験上，利益だけを追求したビジネスや交流だけを目的にしたコミュニティは，いつかだれかに無理が生じてしまう。そこで，暮らしと仕事が混ざり合うような状態をつくることで，銭湯のように長く続いていく組織を目指すことにした。組織に関わることで自分自身の暮らしを充実させ，その実感をもとに事業をつくりユーザーに届ける，という順番を大切にしている。[37]

まさに，脱成長的な考え方に基づく組織づくりである。

次に，「オープンなコミュニティと協治システムの成立，自生する社会秩序の可能性」について見てみよう。

小杉湯となりは会員制を基本としていながらも，週末などを利用してコミュニティを開放し，オープンさを保とうとしている。ただ，「対話の機会が確保できる」という意味でのメンバーの適正サイズを踏まえて，完全にオープンにするわけではない。

コモンズは，関わる人すべてが同じ立場ではあり得ない。NPO や協同組合などの組織として市民の実践を捉える場合，メンバーが対等であること，一人一票の原則が大切にされる。しかしコモンズというレンズから見れば，存在の濃淡があるのは自然な姿であり，否定されるものではないことに気づく。多様な異質な者どうしによる協治のシステムが成立するには，一人一票よりも，ストーリーとコンセプトを共有しているコアの人たちが，出入りがありながらも一定程度存在し続けること，外延の境界線を模糊にして引っ掛かりやすくすること，そして，関わった人自身の考え方と都合でコアに近づいたり離れたりすることができることのほうが大事なのではないだろうか。

　自生する社会秩序の可能性という意味では，小杉湯となりは暮らし方の未来を示す実践でもある。それは「半径500メートル圏内を家と捉える」暮らし方である。小杉湯となりは台所や書斎のように使われ，「小杉湯となり−はなれ」はサテライトスペースとして自習室のように使われ，「湯アパートやまざき」は銭湯つきアパートとして寝室のように使われる。連携する店舗も増え，会員チケットが使える店舗は十数店舗に及ぶ。「自宅ですべての生活機能を所有するのではなく，まちで共有することで豊かな生活環境や地域のつながりが生まれている状態」，これを加藤さんは「まちで暮らしをシェアする豊かさそのもの」だと語る（加藤 2023：156）。まちに暮らしの拠点が増えれば，エリアリノベーションにつながるだけではなく，小杉湯となりの会費も，まちに「家賃を払う」感覚に近づいていき，まちが，文字どおりみんなが暮らす場となる。都市は本来的にコモンズだと考えれば，デビッド・ハーヴェイ（David Harvey）が『反乱する都市――資本のアーバナイゼーションと都市の再創造』において主張する「都市への権利を取り戻す」道が，小杉湯となりの実践から見出せるのかもしれない。

注

(1)　藤井さんの語りは，2024年2月23日「コモンフォレストジャパン主催シンポジウム2024」における藤井さんの発表，2024年3月6日「東アジア地球市民村コモンズをめぐる対話」における藤井さんの発表，2024年7月5日筆者が担当する「市民社会論」の授業にゲストスピーカーとして招聘した藤井さんの講演，そしてネット上で公開された藤井さんに対するインタビュー記事を主たる素材としている。

(2)　林野庁のホームページ（https://www.rinya.maff.go.jp/j/keikaku/genkyou/r4/1.html，2024年9月16日閲覧）。

(3)　林野庁が公表している報告書『世界森林資源評価（FRA）2020メインレポート概要』より，（https://www.rinya.maff.go.jp/j/kaigai/attach/pdf/index-5.pdf，2024年9月16日閲覧）。

(4) コモンフォレストジャパンホームページ（https://commonforestjapan.my.canva.site/#members，2024年9月16日閲覧）。

(5) コモンフォレストジャパンホームページより（https://commonforestjapan.my.canva.site/#members，2024年9月16日閲覧）。

(6) NPO法人いとなみ（https://www.facebook.com/npo.itonami/，2024年9月16日閲覧）。

(7) 2024年7月5日藤井さんの講演より。

(8) 2024年3月6日「東アジア地球市民村コモンズをめぐる対話」における藤井さんの語りより。また，藤井さんがインタビュー記事において，「糸島を選んだのは，日韓交流の活動で韓国に出かけたとき，釜山から海峡越しに見た対馬の光景がきっかけだった」と語っている。「初めて糸島を訪れた際，海岸から対馬がハッキリ見えたんです。あの時釜山から見えた対馬の向こう側に糸島があったことがわかり，釜山と糸島がまっすぐつながっているんだと運命的なものを感じて，糸島に越してきたのです」。平和を願って渡った韓国の釜山と糸島の森が，物理的にも象徴的にも一直線につながっていたという気づきが，糸島における藤井さんの活動の原点となった（https://serai.jp/living/1181031，2024年9月16日閲覧）。

(9) 個人でも団体でも一口20万円の投資で議決権を持つ正会員になれる（投資金額を問わず一個人乃至一団体一票）が，企業の場合は議決権が認められていないため，同じく一口20万円で議決権なしの「特別会員」として登録できる。

(10) 協治概念を提示した井上真は，「協治」を成立させ発展させるのに必要な原則として「開かれた地元主義」と「関わり主義」を挙げている。森には多様な機能があり，森との関わり方にも深さと浅さの違いが出てくる。したがって「すべてのステークホルダーによる平等な参加」は結果的に誤った認識や政策をもたらしかねない。地元住民を中心にしながら外部に対して開かれる「開かれた地元主義」が求められる。同時に，なるべく多様な関係者を地域森林「協治」の主体としたうえで，関わりの深さに応じた発言権を認めようという理念である「関わり主義」も不可欠だと井上は述べている（井上 2005：96-97）。

(11) 2024年7月5日藤井さんの講演より。

(12) 三島さんの語りは，2023年10月25日に筆者がゼミ生を指導して実施した三島さんへのインタビュー内容，2023年11月24日に筆者の指導によりゼミの研究プロジェクトの一環として実施した「市民的コモンズをめぐるダイアログ」における三島さんの発表と発言，そして関連するネット上のインタビュー記事や，三島さん自身によるエッセー，論文などを主たる素材としている。川崎さんの語りは，2023年11月2日に筆者がゼミ生を指導して実施した川崎さんへのインタビュー内容，および川崎さん自身がまとめた冊子『共同体記』を主たる素材として用いる。

(13) シモキタ線路街再開発プロジェクトについては，橋本崇・向井隆昭・小田急電鉄株式会社エリア事業創造部編著（2022）『コミュニティシップ——下北線路街プロジェクト。挑戦する地域，応援する鉄道会社』（学芸出版社）が詳しい。

(14) 北沢PR戦略会議とは，世田谷区長保坂展人の呼び掛けで2016年10月にスタートした地域を盛り上げる取り組みに関心のある住民が議論する場であり，2017年9月にはすでにテーマ

がそれぞれ異なる8部会が立ち上がり，小田急電鉄代表の橋本崇さんもその時期に出席したことから，小田急側と住民側の密な連携が始まった（近藤 2022：28）。

⒂　BONUS TRUCK（ボーナストラック）とは2020年4月に，小田急の下北線路街エリアに誕生した「現代版商店街」。「みんなで使い，みんなで育てていく新しいスペース，新しい"まち"」をコンセプトに，下北らしいスモールビジネスや副業を始める人を応援する場として，ソーシャルデザインの発信で知られる greenz.jp を運営してきた小野裕之さんと，下北沢の名物書店「本屋B＆B」を手がける内沼晋太郎さんが，運営会社「散歩社」を設立し，ソーシャルビジネスの観点からボーナストラックを運営している。（二人へのインタビュー記事参照）。（https://note.com/bonustrack_skz/n/n491f4b258dc4，2024年9月26日閲覧）。

⒃　シモキタ園藝部は「シモキタ園藝學校」という公開講座を企画運営しており，基本的な植栽管理技術や，人々が自然に親しみ豊かな暮らしを育むための知識を学ぶ場として，2022年に開校している。中心となるのが「エコガーデナー養成講座」であり，受講生は実際に線路街の植物とふれあいながら，まちのみどりと暮らしを循環させていく術を学んでいる。講座修了後には園藝部に参加し，植栽管理の担い手として活躍する人も多い（シモキタ園藝部のnote 記事より（https://note.com/shimokita_engei/n/nadcb9807dafe，2024年9月28日閲覧）。

⒄　シモキタ園藝部ホームページより（https://shimokita-engei.jp/about.html，2024年9月29日閲覧）。

⒅　「特別教室132 三島由樹『内と外，人と人をつなぐランドスケープデザイン』レポート」（https://monosashi.me/report/post-6333/，2024年9月29日閲覧）。

⒆　筆者による三島さんへのインタビューより。

⒇　三島さんへのインタビュー記事（新建築オンライン）「都市の文化を醸成する園藝」（2023年8月21日付）より（https://shinkenchiku.online/column/7958/，2024年9月29日閲覧）。

㉑　路上園芸に関する記述は，「市民的コモンズをめぐるダイアログ」における三島さんの発言と，下記の記事を参照している。新建築オンライン「都市の文化を醸成する園藝」（2023年8月12日付）より（https://shinkenchiku.online/column/7958/，2024年9月29日閲覧）。

㉒　「市民的コモンズをめぐるダイアログ」における三島さんの発言より。

㉓　新建築オンライン「都市の文化を醸成する園藝」（2023年8月12日付）より（https://shinkenchiku.online/column/7958/，2024年9月29日閲覧）。

㉔　新建築オンライン「都市の文化を醸成する園藝」（2023年8月12日付）より（https://shinkenchiku.online/column/7958/，2024年9月29日閲覧）。

㉕　新建築オンライン「都市の文化を醸成する園藝」（2023年8月12日付）より（https://shinkenchiku.online/column/7958/，2024年9月29日閲覧）。

㉖　新建築オンライン「都市の文化を醸成する園藝」（2023年8月12日付）より（https://shinkenchiku.online/column/7958/，2024年9月29日閲覧）。

㉗　2022年10月12日に筆者が実施した成見さんへのインタビュー。なお，筆者は指導するゼミの学生とともに，2022年からふかさわの台所を「ゼミのセカンドハウス」として位置づけ，そこでゼミの研究イベントなどを実施してきた。次章で取り上げた「市民的コモンズをめぐ

るダイアログ」と題する研究イベントも，ふかさわの台所で，地域のまちづくり領域で活躍するキーパーソンたちを招いて実施した。成見さんは日常的にゼミの研究イベントに参加している。

(28) 「空き家の活用や適切な管理などに向けた対策が強化。トラブルになる前に対応を！」 (https://www.gov-online.go.jp/article/202403/entry-5949.html，2024年9月21日閲覧)。

(29) 「令和5年住宅・土地統計調査 住宅数概数集計（速報集計）結果」(https://www.stat.go.jp/data/jyutaku/2023/pdf/g_kekka.pdf，2024年9月21日閲覧)。

(30) 「おでかけひろば すぷーん」のホームページより (https://www.setagaya-kosodate.net/hiroba/spoon/，2024年9月23日閲覧)。

(31) Open A とは馬場正尊が代表をつとめる建築設計事務所であり，設計／デザインを軸としながら，社会課題の解決や，エリアの開発，新しいカルチャーの創出などを実現する複合的なチームを目指している。規模や領域を横断しながら，建築や都市の可能性を追求することを仕事としている (https://www.open-a.co.jp/about/，2024年10月1日閲覧)。

(32) 『Republic 公共空間のリノベーション』(2013年)，『PUBLIC DESIGN 新しい公共空間のつくりかた』(2015年)，『エリアリノベーション——変化の構造とローカライズ』(2016年) が挙げられる。

(33) 2024年8月7日に筆者がゼミの学生とともに，小杉湯となりにおいて実施した加藤優一さんへのインタビュー。

(34) 安田淳「もっとも身近な『非日常』への入口。日本人が育んできた『銭湯』という文化」 (https://www.meijimura.com/meiji-note/post/japaneseculture%EF%BC%9Fsento/，2024年9月24日閲覧)。

(35) ハラカドの小杉湯については多くの取材記事があり，例えばファッションエディターの東原妙子の「4月17日開業・ハラカドの銭湯『小杉湯原宿』へ行ってみた！」がある (https://yoi.shueisha.co.jp/body/retreat/7334/，2024年9月30日閲覧)。

(36) 銭湯ぐらしのホームページ参照 (https://sentogurashi.com/，2024年10月1日閲覧)。

(37) 加藤優一さんへのインタビュー記事「建築家と兼業で銭湯付きシェアスペースを運営。銭湯ぐらし代表加藤優一の仕事術」参照 (https://www.lifehacker.jp/article/2312-how-i-work-sentogurashi-kato/，2024年10月1日閲覧)。

第8章
操作概念としての「市民的コモンズ」と
質的調査の試み

1　操作概念の設定

　前章では市民的コモンズの定義の6つの項目に沿って，具体的な事例を市民的コモンズのレンズでそれぞれ見つめていくと何が見えるのか，そのリアリティを示してきた。今後は，多様な市民的コモンズの事例を横断的に調査していき，ローカルで展開される地域プロジェクトがソーシャルのシステム変革に結びつくための媒介となる仕組みとして，市民的コモンズはどのようなより普遍的な性質，作動原理を示し，どのような環境と条件があればエンパワーメントするのか，研究の次なるステップに入る必要がある。具体的な質的調査研究を数多く積み重ねていくためには，調査対象に伝わりやすく，操作性の高い定義を設定する必要がある。本章は操作概念の設定を行ったうえで実施したパイロット的な質的調査研究から見えてきたことを紹介し，今後の調査研究につなげるステップとしたい。

操作概念としての市民的コモンズ

　第6章において伝統的コモンズと現代的コモンズの定義を比較し，その違いに焦点を当てたが，待鳥・宇野編著 (2019) では，コモンズの歴史的文脈と含意を探ったうえで，伝統的なコモンズ概念と現代の新しいコモンズ概念に共通するポイントがあると指摘している。それらは現実社会において動いているコモンズを考察する際には中核をなす要素として考えられる。

　第1に，「コモンズとは何らかの資源を共同で管理するための仕組みである」こと，第2に「コモンズを支えるのは何らかのコミュニティである」こと，第3に「コミュニティのメンバーによって共有されるルールや規範」があること，第4に「特有なインセンティブの仕組み」があり，現代のコモンズにおいては，コミュニティに参加すること自体が，インセンティブになる点が重要だということ，である（待鳥・宇野編

表 8-1　市民的コモンズの操作概念

項　目	市民的コモンズの理念型	市民的コモンズの操作概念
土　台	何らかの価値の共有，モノや空間などの具体的で媒介となり得る資源の発見と可視化及びそのコモニーング過程がある	①特定のエリアにおいて ②何らか具体的な共有資源を媒介に
利用目的	個人の生き方と暮らし方の価値表現，人と自然／人と人との関わり方を反映した生活実践，生業を取り戻す実践など幅広く多様。	③多様な利用者によるコミュニティが形成され
内部の関係性	立場を超えた多様な参加者，自治，相互性，コアの部分の継続性	
規範とルール	市民がイニシアティブをとる，非強制的参加（出入り自由），公正さ，協治，可変的ルール（変化への適応性）	④自治的で参加型の管理運営と共有資源の維持（創出）と活用が志向され
市場との関係性	市場システムを相対化，脱成長志向（成長優先，商品化，エンクロージャーへの抵抗）	⑤その結果，情報の共有，他者とのつながり，相互ケア，協調行動の促進，社会関係資本の醸成，コミュニティの強化などの効果が実現（期待）され
社会的価値	コモン的権利の主張，排他性を克服したオープンなコミュニティ，多様な異なる者どうしによる協治システムの成立，自生する社会秩序の可能性	⑥関わる人々の暮らしのウェルビーイングの向上，従来の社会システムにおいて犠牲にされてきた新たな社会的価値や社会的な仕組みの提示が見られる

出典：筆者作成。

著 2019：35-36)。コモンズという概念の特徴は，「具体的なものを介した人間の結びつきを重視する」ことにあり，「さまざまな二分法」(例えば国家による中央管理か私的所有権かという二分法，利他性か利己性かという二分法) を乗り越える可能性を有するところにその独自性があり，メンバーシップと公開性・透明性の間に常に緊張関係があるところに魅力と課題があると，待鳥・宇野が主張している (待鳥・宇野編著 2019：38-39)。

　上記を踏まえて，表 6-2 で示した市民的コモンズ概念の理念型を，質的調査において操作可能な分かりやすい概念に転換させておく。表 8-1 で示す。

　表 8-1 ①〜⑥を質的調査における市民的コモンズの操作的概念とする。うち①と②は，今回の調査対象となる地域プロジェクトを想定し「共有資源」を規定した項目であり，待鳥・宇野が指摘した「第1」のポイントに対応する。③と④は「コミュニティづくり」に関わる項目であり，待鳥・宇野が指摘した「第2，第3」のポイントに対応する。そして⑤と⑥は「市民的」を示す項目であり，待鳥・宇野が述べた「第4」のポイントに対応しながらも，本書のマクロ的な問題関心である「資本主義シス

テムのオルタナティブ」を意図したものである。

質的調査の概要

　市民的コモンズ概念を実際の地域プロジェクトの分析にどう応用できるのだろうか。それを知るために初歩的な質的調査を試みた。東京都世田谷区を中心に地域における身近な市民的コモンズ的な取り組みを対象に選定し，2023年6月から12月にかけて，コモンズのデザインや運営に関わるキーパーソンに対してインタビュー調査を中心とする調査を実施した。そのさいに，上記の操作的市民的コモンズの操作概念の6つのポイントに沿って，対象者に自己評価をしてもらい，その取り組みが市民的コモンズとして位置づけられることを確認したうえで，下記の4つの面に分けて詳しい聞き取り調査を行った。

　　①共有資源について：その市民的コモンズにおける共有資源はどのようなもので，
　　　どう可視化されたかについて。
　　②コミュニティづくりについて（その①）——協治の仕組みづくり：コモンズの
　　　主な担い手となる方のバックグラウンドやライフストーリーから，市民的コモ
　　　ンズの運営を支える人がどのように誕生し，運営の仕組みを創り上げているの
　　　かを理解する。
　　③コミュニティづくりについて（その②）——維持と活用の工夫：コモンズの持
　　　続的な運営と活用の各種工夫，課題を知る。
　　④「市民的」という側面の現れ方について——市民的コモンズの社会的意味，影
　　　響力，社会的価値を見出す。

　具体的には，建築デザインによってコモンズを創る事例，特定の場のデザイン（カフェなど）によってコモンズを創る事例，コトのデザイン（イベントなど）によってコモンズを創る事例，という3つの異なるタイプの市民的コモンズを取り上げた。すべての事例について必ず現場を訪問し，現地での観察を行った。1つの事例につきキーパーソン1〜2名への半構造化インタビューを行った。さらに，キーパーソンたちを招待し，ふかさわの台所を会場に，「市民的コモンズをめぐるダイアログ」のイベントを3回実施した。対象者と調査の経緯について，以下にまとめて示したい（表8-2）。

第**8**章　操作概念としての「市民的コモンズ」と質的調査の試み　211

表 8-2　調査の対象と経緯

	取り組み	概　要	実施日と対象者
建築デザインによるコモンズ	ボーナストラック（世田谷区下北沢）	小田急電鉄株式会社が開発し，2020年4月に開業。商業店舗に加え，店舗・住居一体型のSOHO棟で構成され，地元らしさを大事にした小さなお店を育てる"長屋"をイメージした新しいタイプの商店街。共有スペース，関わる余白がふんだんにあり，緑は住民グループのシモキタ園藝部が手入れしている。	2023年8月30日 日建設計の吉備友理惠さん 2023年9月30日 開発担当者，小田急電鉄の向井隆昭さん
	三年鳴かず飛ばずプロジェクト（世田谷区大蔵）	不動産事業からまちづくりを手掛ける安藤勝信さんによる世田谷区大蔵でのプロジェクトで，母屋と小屋，そして小型のシェアハウスを作り，都市の暮らしや世田谷の環境，地域の人との関係性をもって，新しいようでどこか懐かしい暮らしを作っていく活動である。小さな家を点在させて造り，その余白を緑地や畑でつなぐ「住まい」の構想。	2023年9月27日 土地の所有者，プロジェクトの発案・運営を行う安藤勝信さん
場づくりによるコモンズ	100人の本屋さん（世田谷区若林）	約100人にそれぞれ30センチ四方の棚1マスを貸し出し，その一人ひとりがマイクロ書店オーナー（棚主）になる仕組み。シェアするワーキングスペースとイベントスペースも併設されている。	2023年6月21日 経営者の吉澤卓さん
	コミュニティカフェななつのこ（世田谷区千歳烏山）	コーシャハイム千歳烏山に暮らす人々や近隣地域の方々が気軽に利用できる憩いの場。生活情報の提供やイベントやセミナーなどを通じて，地域のさまざまな人が関わる多世代交流拠点となっている。保育園・小児科の共用棟の中のスペースであり，カフェやシェアキッチンをはじめ，ギャラリー・フリースペース，ライブラリーを含む空間作りを行っている。	2023年8月25日 一般社団法人ななつのこ理事・事務局長の川崎修さん
	熱海銀座商店街（静岡県熱海市）	静岡県熱海市にある商店街。2012年当時には全体の3分の1を空き店舗が占めていたこの商店街の活性化を目的に，熱海市出身である市来広一郎さんが代表を務めるNPO法人atamista及び株式会社machimoriによるさまざまな取り組みや事業が展開され，商店街の人々による主体的なまちづくりを可能にしている。2012年オープンの「CAFE RoCA」，2015年オープンの「guest house MARUYA」2013年に第1回が開催された「あたみマルシェ」，2016年にオープンにしたコワーキングスペース「naedoco」などが注目されている。	2023年10月24日 NPO法人atamista及び株式会社machimori代表の市来広一郎さん
コトづくりによる	シモキタ園藝部（世田谷区下北沢）	一般社団法人シモキタ園藝部は，まちの植物を地域の公共資源（コモンズ）として自分たちの手で育み活かす自治型の植栽管理を行っている。小田急電鉄による「下北線路街」の開発過程において2019年に園藝部の企画を起こし，2020年4月に活動開始。「緑」を地域の恵みとして共有し，緑とともに生きられるまちを目指す，誰もが参加できるコミュニティ。	2023年10月25日 株式会社フォルク代表取締役／一般社団法人シモキタ園藝部代表理事三島由樹さん 2023年11月2日 シモキタ園藝部理事川崎光克さん

212　第Ⅲ部　市民的コモンズ概念のリアリティ

コモンズ	まちこらぼ（世田谷線沿線まちづくり）	活動の地理的範囲としては，東急世田谷線沿いの地域となる。電車の路線を共有資源とし，沿線の地域を貫き，つなげていくイベントを繰り返し行っている。運営を担うのは NPO 法人まちこらぼであり，沿線の商店街と協力関係を築き上げ，行政や地域の大学とも協働している。「世田谷沿線」という地域のアイデンティティの形成に大いに貢献している。	2023年7月19日 NPO 法人まちこらぼ代表理事柴田真希さん 2023年10月2日 東急総合研究所太田雅文さん
第一回市民的コモンズをめぐるダイアログ	「建築デザインによる市民的コモンズ」	吉備さんはシモキタ園藝部と PYNT を例に，①目的を共有し，リスクを取って参加の仕組みを実践的につくる，②関わる人に還元されていく流れができる，③相互の矢印が増え，活動が拡大していく，というビジネスモデルの変化について解説し，コモンズ型のビジネスモデルを企業に落とし込むための方法についての議論を行った。安藤さんはコモンズに必要なリソースについて，①動的平衡，②唯識，③メタデザインの3つを提起し，変化を恐れない意識，コントロールしようとしない意識など，コモンズの形成・管理維持に求められる意識に関する議論を展開した。	2023年11月2日 安藤勝信さんと吉備友理恵さん
第二回市民的コモンズをめぐるダイアログ	「場づくりとコトづくりによる市民的コモンズ」	川崎さんはななつのこの活動の特徴，学生時代の NPO に関わった経験，地域とのつながりの作り方を中心に語り，三島さんは，緑は誰のものか，日本の園藝文化の素晴らしさ，まちの植物を活かす，プロとアマチュアの融合について話した。二人とも地域の人を主役と捉え，いかに協力して共有資源の運営を行っていくかを重視している。常に開かれた場，参加しやすい仕組み作りを，という意識のもと，地元とのつながりを大切にしていくこと，より一層のプロとアマチュアとの融合が焦点になっていくという議論がなされた。	2023年11月24日 川崎修さん，三島由樹さん。
第三回市民的コモンズをめぐるダイアログ	「市民的コモンズの現在形と今後の可能性について」	今の社会課題の根源や経済システムを考え，実現が求められる共感資本社会において地域コミュニティやコモンズが果たす役割に関する議論がなされた。熱海のリノベーションまちづくりを例に，観光資源を活かしたコモンズスペースなど，社会課題への取り組みが紹介された。それらを踏まえ，熱海の課題と復活の取り組み方から，50年後の日本とポスト資本主義社会の姿を推察した。	2023年12月6日 武井浩三さん，市来広一郎さん。

出典：筆者作成。

2 　質的調査からの示唆

　上記の調査データの記録をもとに，質問の番号，具体的な語り（データからの抜き出し），見出し，コードという順番でコーディング表を作成し，コードの検討を行った。そのうえで，カテゴリーの設定を行い，コード／ケース・マトリックスを作成し，カ

表 8-3　市民的コモンズの共有資源

	建築デザインによる コモンズ	場づくりによる コモンズ	コトづくりによる コモンズ
共有資源 の定義と 条件	定義：「特定の人とのつなが り」「緑」そして「愛着が感 じられる場所」 条件：関わる一人ひとりの還 元されるループがある	定義：「人同士のつながり」 「活動に関する専門的な知識」 「物理的な空間」「地域の自然 資源」 条件：顔が見える関係への追 求	定義：活動や場など具体的に見 えない形で現れる「共有された 思い」 条件：その思いは根っこの部分 で結びついているが，枝分かれ して多義的に解釈可能で，人を 縛り付けない
共有資源 の見つけ 方	・過去の経験や探求心からく 　る感性 ・「みんなでやったほうがい 　い」という感覚 ・サードプレイスを成立させ 　る「風土の継承」「コミュ 　ニティ」「自然」への着目 ・現在の住宅形態や建築様式 　が抱える課題への着目	・参加と協働の視点を持って 　物事を見る ・「自分だけのものではない」 　という感覚を大事にする ・課題，困っているもの，使 　われていないものに着目し， 　観察する	・「自分が何をやりたいのか， 　実現したいのか」という自分 　軸の思考プロセス。その形成 　には「体を動かす」ことが大 　事 ・市民や参加者のニーズを引き 　出す「他人軸」の思考プロセ 　ス。他人が求めていることを 　考え抜く
共有資源 を可視化 する方法	・屋外のオープンスペースで 　見せる ・コモンズの拠点を企画者／ 　運営者自身が活用して見せ 　る。大きな動機や目的を掲 　げずに，無意識，無自覚だ 　が生き生きとした活動の姿 　が見える ・パーパスモデルを活用し， 　当事者意識を高める	・誰もがアプローチできるよ 　うにする ・利用者の口コミ ・SNSやメディアによる発 　信	・物理的距離を近くし，継続す 　るための習慣化 ・分かりやすく理解しやすくす 　るための「単純化」 ・自分の「何がしたいのか」を 　活動に落とし込む。その思い 　が特定の場に集まる人々に認 　知され，共有されることで， 　共通の概念（考え方や感じ 　方）が構築される

出典：筆者作成。

テゴリーごとに調査対象（ケース）の横断的な比較を行った。最後に，カテゴリーご
とのケースの比較検討によって見出せるストーリーについて，ストーリーマップの作
成を試みた。

　本調査で設定した質問の4つの側面，すなわち，「共有資源について」「コミュニ
ティづくり（その①）──協治の仕組みづくり」「コミュニティづくり（その②）──
維持と活用の工夫について」「市民的」に沿って分析結果を紹介し，市民的コモンズ
の成立条件と，現代的コモンズとしての特徴に関するいくつかの初歩的な発見を述べ
ていきたい。

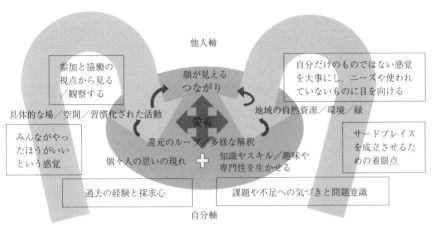

図 8-1 市民的コモンズの定義・成立の条件と見つけ方
注：真ん中の楕円に入っているのが市民的コモンズの共有資源の定義を構成する要素と成立するための条件。周辺の枠がそれを見つけるための方法。下は「自分軸」、上は「他人軸」、両側は環境的要因およびそれにつながるための視点を示す。
出典：筆者作成。

共有資源について

　市民的コモンズにおける共有資源の定義、見つけ方、可視化の方法について、インタビュー調査のデータから考察してみた（表 8-3）。建築デザインによるコモンズ、場づくりによるコモンズ、コトづくりによるコモンズにおいて、それぞれ共通する要素と独自の要素が見られた。まず見出せたキーワードを表に整理してまとめる。

　以上の表で整理した共有資源の定義、成立条件と見つけ方の諸要素およびその関係性を分かりやすく示すために、図 8-1 のように端的に図式で示すことができる。

　このように、市民的コモンズの共有資源の定義をなす「背骨」は、「個々人の思いの現れ＋知識やスキル／趣味や専門性を生かせる」と「つながり」という縦のラインで、それをとり結ぶのは「愛着」であり、両側から支えるのが「具体的な場／空間／習慣化された活動」と「地域の自然資源／環境／緑」である。両側から支える要素がしっかりと背骨を立たせるには、「顔が見える関係」「個々人への還元ループ」「資源の意味に対する個々人による多様な解釈がある（許容される）」という 3 つの条件が必要となる。

　従来、コモンズの共有資源といえば、「地域の自然資源／環境／緑」や「具体的な場／空間／習慣化された活動」の共有が真っ先に挙げられるが、この調査で発見した共有資源は、むしろ自分軸と他人軸を取り結ぶ「背骨」の存在こそが中心であり、環

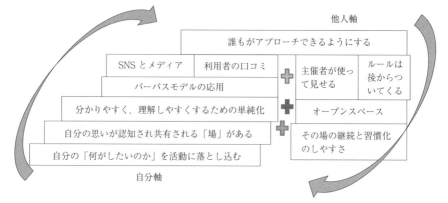

図 8-2 市民的コモンズの共有資源をいかに可視化するか
出典：筆者作成。

境や，場と空間などは，それを支える要素として浮かび上がった。つまり，それぞれの生活実践において，自分軸が他人軸とつながったところに，自分にとっての「共有資源」が現れ，可視化するようになる。その可視化できた資源を利用することはすなわち他者にもその資源の存在を示すことになり，同じくその資源に自分なりの接点を持って関わり，ともに利用したり維持したりする人ができることで，コモニーングが始まる。

　本項の分析で見出した「背骨」とその両側の支えという構造は，まさに現代のコモンズの「あり方」もしくは「形態」を表したものなのではないかと考える。そこでは，共有資源の「資源」とはもともとそこにあるものではなく，「見つけられる」「見出される」ものであり，特定の条件が満たされた時に，自分軸と他人軸がつながるようになり，コモニーング過程が回転し始め，共有資源が成立していく。

　では，市民的コモンズの共有資源はいかに可視化されていくのか。表 8-3 で整理した項目を図 8-2 にまとめて示すことができる。

　同じように自分軸と他人軸の間の「背骨」の成立を意識した図式となっている。自分軸からは，「自分のやりたいことを落とし込む」に「自分の思いが認知され共有される場」（しかもそれは継続と習慣化しやすい場）を積み重ねていき，その上に「オープンスペース」を設け，場を分かりやすく，理解しやすくするための単純化が行われ，かつ主催者の意図的なデザイン（自分たちで使って見せるなど）が加わり，口コミやメディアの活用があれば，「誰もがアプローチできる」共有資源の姿が見えるようになる。そこから，また新たな個々人の「やりたい」を落とし込む場と機会が生まれるこ

表 8-4 市民的コモンズにおける協治の仕組みづくり

	建築デザインによるコモンズ	場づくりによるコモンズ	コトづくりによるコモンズ
最適な運営スタイルの模索	・メンバーシップ制度 ・建造物や場所が「居場所」の役割を果たす ・生存戦略重視，臨機応変に対応する ・時間をかける	・現場主体の環境 ・ボトムアップで意見を吸収。誰でも意見がいえる仕組み ・利用者の需要を考えた試行錯誤により，1つの場を多様に利用し，運営の継続性を高める	・社会とのつながりを考えながら，一番思うように動けるような形を模索 ・ある程度の稼ぎ（利益）を上げられるようにうまく回るようにする
ルール作り	・もともと「決まっている」ルールを見定める（法律や昔ながらのルーティン，信頼関係重視） ・これからのルールを作る（最低限のラインもみんなで決める，街や商店街をベースに，提案した人が責任を持って決める）	・関係者間での価値観の共有 ・ルール作成は最低限 ・決定の場面では公平性を大事に ・追加や変更はスピード感をもって ・イレギュラーな場面では臨機応変に ・場の閉塞性を警戒し，公開性と流動性を保つように注意	・やっていく中で調整する ・話し合うことを大切にする
参加促進と弱者への配慮	・オープンな空間づくり ・協力し合う余白があるように作り過ぎない ・同じ価値観や考え方の仲間が多く集まるようにする ・主体的に動く人を増やすにはまず自分が一番に動く ・悩みの解消や他の施設の社会貢献に協力する体制を整える	・コミュニティの固定化防止 ・利用者の主体性重視 ・一人ひとりの声を聴く	・活動を見えるようにする ・情報発信をまめに ・意識を高めるイベント ・交流が起きやすい状況を作り出す ・既存の施設や組織との連携で社会的弱者にも配慮
矛盾や衝突への対応	・活動に関わらない一般市民への配慮 ・ルールを柔軟に調整 ・大事にする—されるの「順回転」の実現	・きちんと話を聴く ・第三者を挟む ・引き算にしない（排除的考え方や姿勢を取らない）	・目標を掲げて，同じ方向に向いてもらえるようにする ・第三者が仲介する ・選択肢を多くする
運営者自身のモチベーション		・自分への好影響（地域に密着，自慢できる，やりがい） ・周囲への好影響（多様なネットワークの形成に寄与するという実感，周りで気持ちよく生きる人の増加） ・暮らしたい街がつくれる	・地元愛（関わりを持つことで知り合いが増えるし，愛着も湧く） ・面白さ（やりたいことをやるというのは面白い）

出典：筆者作成。

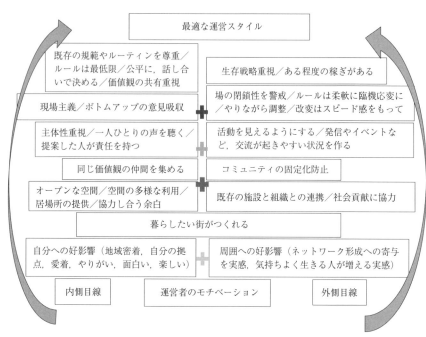

図8-3 市民的コモンズの管理と運営を成立させる諸要素
注：下の三段は運営者のモチベーション、真ん中の三段は参加促進と弱者への配慮、矛盾や衝突回避、上の三段はルール作りと最適な運営形態の模索に関連する諸項目。左側は「内側目線」、右側は「外側目線」で整理している。
出典：筆者作成。

とにつながる。この循環が生まれれば、共有資源の存在がどんどん明確化され、コモニングが展開し、コモンズが確立されていくと考えられる。

コモンズの仕組みづくりについて

市民的コモンズの管理と運営をめぐる課題、とりわけ最適な運営スタイルの模索、ルール作り、参加促進と弱者への配慮、矛盾や衝突への対応、運営者自身のモチベーションといういくつかの項目を中心に、コモンズの協治の仕組みがどう成り立つのかについて考察した。考察の成果をまず表に整理して示しておく。

表8-4で整理した市民的コモンズの管理運営にとって重要な見解を、図8-3に整理して示す。

内側目線から見ていくと、基盤となる場／空間としては「居場所」機能と「応援しあうような余白」が問われ、メンバーや仲間については「声を聴く」「主体性重視」

「価値観の共有重視」「現場重視と話し合い重視」が大事とされ，制度化という意味では，「既存ルールとルーティンの尊重」「ルールは最低限に，決め方は公平に」が提示された。外側目線から見ていくと，基盤づくりにおいては既存の組織や機関の力を借りること，メンバーやコミュニティづくりについては，活動の「見える化」を図り，交流が起きやすい状況を作り出し，場の閉鎖性を警戒し，コミュニティの固定化を防ぐことが強調された。そして制度化の意味では，臨機応変に柔軟にルールを変更し，ある程度の稼ぎを確保できる生存戦略も大事だという点が見出された。

表8-5　市民的コモンズの維持・継続と活用の工夫

	建築デザインによる コモンズ	場づくりによる コモンズ	コトづくりによる コモンズ
経済基盤	・収益性そのものの見直し（経済的だけではなく社会的価値も算入） ・短期的な成長戦略ではなく長期的な生存戦略	・事業収益 ・補助金 ・金融機関からの融資 ・投資	・企業のリソース ・行政の補助金 ・価値を認知させ，信用を得る ・無償で引き受ける癖をつけない
継続の工夫	・入れ子状の構造（権限移譲が可能。基本ユニットとなる小さなコミュニティの自立性と固有性を妨げない ・余白を残す（ルールや仕組みを作り過ぎない）。動的平衡 ・地域に還元する人材育成の自給自足	・運営する者の覚悟 ・世代交代 ・分社化，多様な人たちがオーナーシップを ・実際の所有形態や経営状態に沿った運営 ・しっかりとお金が回る，利益を生み出せる事業	・若者を巻き込む ・コミュニケーションをとる機会を設ける ・信頼関係を作る ・時には辛抱も大事
成果を上げる工夫	・継続している状態自体が成果 ・目的意識や当事者意識を問わずに，無意識に自然に関わる状態が望ましい（能動でもなく受動でもない中動態）	・関わる人たちが各自で工夫する ・コモンズ内部だけではなく，周囲にも広げること	・思い切った行動（本気で行動する） ・自分のやりたいことだけではなく周囲との「合致」を探る ・最初はハードルを下げる（人をつかむ）
新しい人の巻き込み方	・参加者を可視化する仕組みがある ・一歩目を踏み出しやすくする，作りすぎずに関わりしろを増やす ・過度にアピールせずに関わる人々の幸福度を重視する	・常連色に染まらないように気を付ける ・ゲストハウスなどその地域に住んでいない人も利用しやすい場	・DXの活用 ・なじみのあるものを作る ・透明性

出典：筆者作成。

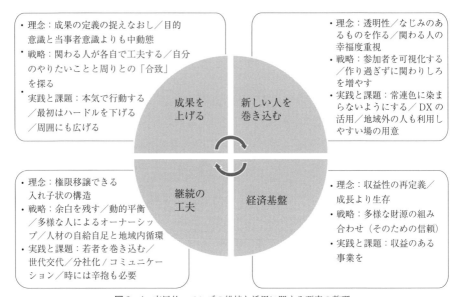

図8-4 市民的コモンズの維持と活用に関する要素の整理

出典：筆者作成。

コモンズの維持と活用について

　市民的コモンズの維持，継続，活用について，インタビュー調査者から工夫や課題を中心に語っていただいた。上記の考察で見出したことを表8-5と図8-4にそれぞれ整理して示す。

　市民的コモンズの維持／継続と活用上の工夫について，理念，戦略，実践と課題という3つの軸から考察すると，以下のことが見出された。

　まず理念としては，「脱成長」の思潮と親和性のつよい考え方が見られた。例えば成長よりも生存，目的意識の強調よりも「自然に関わるようになる」中動態，透明性や，なじみがあること，関わる人の幸福を大事にする，権限移譲ができる構造とフラットな関係を好む，などが挙げられた。

　次に戦略としては，多様性と関わりしろ（余白）がキーワードとなった。財源の多様化，人材の多様化，オーナーシップの多様化，関わる人が各自で工夫できるような余白，「関わりしろ」を作ることが強調された。

　最後に，実践と課題に関しては，足腰の強さと柔らかさ／拡張性の両方が問われる結果となった。足腰の強さという意味では収益のある事業をどう作るか，若者をどう巻き込むか，運営者の世代交代の問題，メンバーの固定化を防ぐために常連色に染ま

らないようにすることなどが提起された。柔らかさと拡張性という意味では，ハードルを下げる，DXを活用する，地域外の人にも広げるために，利用しやすい場を作ることなどが挙げられた。

「市民的」である，ということ

　市民的コモンズの「市民的」な側面にフォーカスし，その社会的インパクトや社会的価値の創出の可能性について考察した。インタビューから見出した見解を表8-6

表8-6　市民的コモンズの社会的インパクトと社会的価値の創出

	建築デザインによる コモンズ	場づくりによる コモンズ	コトづくりによる コモンズ
関わる 人々	・30～40代が多い ・経済的合理性を優先しない人が多い ・ポリシーやビジョンのはっきりしている人が多い ・同時にふわっと入ってくる人も多い	・20～50代，現役世代が多い ・幅広く，多様なバックグラウンドの人，社会的知己も職業も趣味も共通の特徴があるわけではない ・利用者だった人が運営側に回ることがある	・さまざまな世代が活動に参加している，関わり方もたくさん ・近くに住む人，周辺を頻繁に利用する人が多い ・コトづくり活動を行う団体や組織の人
若者に とって	・既存の場所を居場所としたい若者にとっても，自分でコミュニティを作りたい若者にとっても，共創の場となり得る	・心が休まる場となる可能性 ・若者と大人（社会的権威）との間のギャップをならし，よりよい社会へのアクションを起こす場	・若者のニーズをつかんでいる ・もっと交流できる場として認知されるべき ・交流の先に起こりうる可能性に確信を持てたら，もっと利用が盛んになる
行政へ の影響	・実績を作ることが重要 ・行政自身もこの領域に関心を寄せている	・行政がもはや無視できない存在感 ・身近なところで変化を起こしていくと，周辺の人も関わらざるを得なくなる	・行政との関わり方にはフェーズがある
インパクトと 新たな 社会的 価値の 創出	・今までになかった選択肢を提示する ・コモンズの領域の拡大に貢献する（職人やプロの知識と技術を共有資源に）	・世代と文化を超えた交流による新たな価値 ・新たな経済的可能性や新しいプロジェクトの可能性が生まれる場 ・運営者と利用者のレッテルに縛られない，主体的に動ける地域社会づくり。縦割りを取り払う協力関係 ・関わる人ほど価値観が変わる	・「みんなで」を主語にすることによる新たなアイディアとインパクト ・今の活動を「踏み台」にして，新しく何かに挑戦する人や頑張る人を応援することが大事

出典：筆者作成。

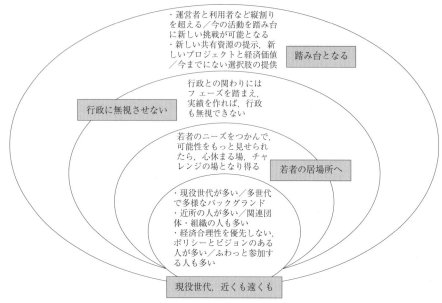

図8-5 市民的コモンズに関わる人たちから作っていく市民的価値
出典：筆者作成。

に整理して示す。

　市民的コモンズの「市民的」側面とは，その非行政的自治性，自律性，自生性に現れると同時に，経済的利益優先のメインスキームに吞み込まれることなく，独自の運営を支える人々がいること，広がりがあること，さらには，従来の主流的価値観に対して，新たな価値を生み出しているところにこそ見出せる。今回の調査研究で見出したキーワードを図式化してみると，図8-5になる。

　このように，市民的コモンズの場合，多世代横断の参加が当然見られるが，現役世代が多いこと，特に30代や40代が多く関わっていることが，ほかの市民活動の領域ではなかなか見られない特徴である。また，近くの人たちが関わりやすいだけではなく，遠くの人も何らかのきっかけで「ふわっと」入ることが十分に考えられる。さらに，ほかの市民活動の形態よりも若者のニーズをつかみやすく，若い世代を巻き込んでいく可能性が高い。このような市民的コモンズは，多様なバックグラウンドを持つ現役世代が，それぞれの思いやきっかけで入ってきている自治的な仕組みとなっているからこそ，行政にとっても無視できない存在となり得る。

　最も特筆すべきなのは，その社会的価値の創造は，単に多様性と自治／自生のスタ

イルから生まれる各種新しいプロジェクトや選択肢だけを意味するわけではなく，それ自身が「踏み台」となり，誰かの次のチャレンジを支えようとしている点である。つまり，新たに誰かが参加を自分事化する機会を提供し，市民が育っていく場となっている点である。この「踏み台」という表現こそが，市民的コモンズの「市民的」たるゆえんなのかもしれない。

3　市民的コモンズ概念によるリアリティの描き方

　本章では，都市部における現代的コモンズの事例として，建築デザインによるコモンズ，場づくりによるコモンズ，コトづくりによるコモンズの3つの視点から調査対象を選定し，インタビュー調査を中心とするパイロット的な質的調査を行った。具体的には以下の4つの側面から市民的コモンズのあり方を問うてみた。

　まず，協治のリソースとなる共有資源について，どんなものが共有資源として定義されうるのか，いかなる条件で共有資源として成立し得るのか，どのようにそれを見つけ出すのか，いかにそれを可視化するのか，である。次に，協治を可能にする仕組みの探求として，市民的コモンズの運営と管理のあり方，そして維持と継続，活用の工夫や課題について考察した。最後に，市民的コモンズの「市民的」特性にフォーカスし，その意味合いの明確化を図った。

　今回の調査研究の成果の概要を下記のとおり結論として示し，結びとしたい。

　まず，市民的コモンズの共有資源について，以下の見地が得られた。共有資源を支えるのが，「個々人の思いの現れ＋知識やスキル／趣味や専門性を活かせる」ことと「つながり」という縦のラインであり，それを両脇から支えるのが「具体的な場／空間／習慣化された活動」と「地域の自然資源／環境／緑」である。大事なのは，自分軸と他人軸を取り結ぶこの背骨が確立することであり，空間や場，環境などはそれを支える要素である。両脇から背骨を支え，共有資源を成り立たせるには，「顔が見える関係」「個々人への還元」「多様な解釈が許される」という3つの条件の大切さも見出された。

　具体的な共有資源を見つけて，「一緒に生きる喜び」が共通の感覚になった時に，個人軸と他人軸がつながるようになる。その共有資源を可視化していくには，自分軸の側面で「何がしたいのかを活動に落とし込むこと」「自分の思いが認知される，継続と習慣化しやすい場があること」が求められ，分かりやすくするための単純化や周り／他者の巻き込みを経て，「誰もがアプローチできるようにする」という他人軸へ

とたどり着いていく。

　次に，協治が生まれやすい管理運営については，内側への目線は外側への目線の2つのラインから説明できることが分かった。内側への目線とは足元を固めるための目線であり，居場所機能の提供，応援し合えるような余白，メンバーの声を聴く，主体性重視や価値観の共有重視，対話重視，既存のルーティンの尊重や公平なルールづくりなどが重要な要素として浮かび上がった。外側への目線は広がりを実現するための目線であり，活動の見える化，交流が起きやすい状況，閉鎖性と固定化を防ぐこと，臨機応変のルール変更や生存戦略がポイントとして見出された。

　そして，協治を継続し活かす工夫については，理念，戦略，実践と課題という3つの側面から説明を試みた。理念としては成長より生存，目的意識よりも自然に関われる「中動態」，なじみや関わる人たちの幸福重視など，脱成長の思潮との親和性が見いだされた。戦略としては，多様性と余白がキーワードとなった。実践と課題としては足腰の強さと柔らかさ／拡張性の両方が問われるということが明らかとなった。

　現役世代が多く参加しているのが市民的コモンズの特徴であり，若者を巻き込んでいく可能性が高く，多様性と自治／自生のスタイルから各種新しいプロジェクトや経済性，新たな選択肢が生まれやすい。それにとどまらず，市民的コモンズは関わってくる人の次のチャレンジを応援していく。市民的コモンズの最も「市民的」たるゆえんは，新たに参加を自分事化できる市民が育っていく「踏み台」的性質にあると考えられよう。

　このような質的調査の試みによって，市民的コモンズ概念を用いて，実際の市民のイニシアティブによる多様な地域プロジェクトを分析することが可能だと分かった。「市民的コモンズ」という新たなレンズを，さらなる調査研究によって磨き上げていき，この社会で暮らす人々のリアルな日常から，多様にのびやかに枝分かれし交差したところに起きている市民的実践，新たな価値やライフスタイル，制度化規範をもたらしうる市民的秩序形成の仕組みと過程を映し出していきたい。そうすれば「市民離れしない」市民社会の絵巻の続きが，見えてくるのではないだろうか。

結
市民社会の次なるステージへ思いを馳せる

市民は，「社会」のために行動する人でなければならないのか

　2002年10月に放送された NHK スペシャル「変革の世紀」第5回「社会を変える新たな主役」において，NPO は華々しく取り上げられた。「自分のためではなく，社会のために貢献する」「社会の歪みに挑む」「国や自治体と肩を並べ，公共の利益を支える存在になる」といったフレーズが，NPO の枕詞のように語られた。あれから20年以上経つが，Non-Profit という「利益を求めない」意味の言葉を冠にしていることもあり，NPO が普及した今日においても，日本社会では「自らの利益を顧みず，社会のために行動するえらい人たちによる社会貢献活動」と見られがちである。[1]NPOというレンズは市民的実践に制度的・組織的な正当性を与え，フォーマルな存在として社会的に認知されるうえでは不可欠な概念装置であったが，他方では分野ごとの業界化と行政の下請け化をもたらし，一般市民からの「敬遠」を招いた側面も垣間見える。

　2008年頃から社会起業家によるソーシャルビジネス，ソーシャルイノベーションの概念が加わると，社会課題に挑む事業を立ち上げる市民リーダーたちは，さらにヒーロー的色彩を纏うようになった。ヒーロー視されることの弊害は多くの研究者が指摘するところであるが，社会起業家の育成を牽引するアショカ財団がエサレン研究所やImpact Hub など他の関連組織と，2014年に「ウェルビーイング・プロジェクト」を立ち上げ，2017年に世界55カ国で活動する250名強の社会起業家に対してアンケート調査を行ったところ，「ストレスがある，心配事がある，不安である，燃え尽きている，孤独である」といった感情が非常に多く報告された。「回答者にとって，仕事から距離を置くことは一様に難しいことが分かった。なぜなら，彼らは自分の役割に深く共感しており，また，この業界では働きすぎが依然として名誉の印とみなされていると感じているからだ」と調査実施者が分析し，それを受けて，プロジェクトでは一連のインナーワークのプログラムによって，社会起業家自身のウェルビーイングをサ

ポートする活動を始めたという[2]。

　社会起業家やソーシャルビジネスといったレンズは，市民的実践に「社会のイノベーションの牽引」という新たな社会的意味を付与し，市場領域に進出し，投資やマーケティング戦略などの市場システムの力を取り入れることを可能にした。しかし，この調査結果が端的に示しているように，自らの意志でソーシャルビジネスに携わる個人は，携わる程度が深ければ深いほど，「自己犠牲」を当然視してしまう深みにはまっていく傾向がある。自己犠牲するヒーローたちの存在によって，社会起業は「誰もが気軽にタッチできるものではない」という空気感が，ますます醸成されてしまう面は否定できない。

市民的コモンズという新たな概念装置

　どのようなレンズを使えば，えらくもなく，自己犠牲でもなく，むしろ暮らしの一部として，日常の一幕となるような市民的実践が見えてくるのだろうか。そのような実践のあり方と仕組みが見えてくれば，普通の人々，一般の人々，特に若い世代がもっと当たり前のように「市民」に育っていくのではないだろうか。その思いから本書がたどり着いたのは，市民的コモンズという新たな概念装置であった。多くの理論的検討を経て，市民的コモンズを下記のように定義している。

> 　具体的な資源を媒介とするコモニーングの過程であり，多様な目的を持った多様な人々が関わり，オープンなコミュニティづくりによってエンクロージャーに抵抗し，市場システムで切り捨てられてきた価値の再構築を行い，自生する社会秩序を志向する協治の仕組みである。

　このようなコモニーングの仕組みに関わるキーパーソンたちのリアルな姿から，彼らの市民的実践の共通点が見えてきた。

　まずは，社会課題の解決を目的に掲げないことである。

　第2章で取り上げたおやまちプロジェクトのキーパーソンたちは，「社会課題の解決を掲げない」ことを前提としている。特定の目的に絞ることなく，通りかかる人がひょんな拍子で入り込める「隙間だらけ」「余白だらけ」のコミュニティの場を作り，自然発生のつながりの連鎖が生じやすい仕掛けが埋め込まれている。

　第3章で取り上げた用賀サマーフェスティバル（YSF）のキーパーソンたちも，地域課題を語ることは全くない。関心は学生主体で年一回の夏祭りを実施することであ

る。その一点の結びつき以上は求められないからこそ，意図やバックグランドがばらばらでも，多様な人が各々のきっかけで関わるようになる。

　第7章で考察したコモンズの事例でも，コモンフォレストジャパンで大事にされるのは森の価値の共有であり，シモキタ園藝部で掲げられるのは緑に関わる「藝事」である。ふかさわの台所は近所に知り合いが欲しいゆえにできた居場所であり，小杉湯となりは銭湯のある暮らしが好きという人たちの集まりである。これらの取り組みが提供する社会的価値は「結果」であり，「目的」とされていない。

　次に，それぞれの暮らし方から全く離れないところで実践が展開されていることである。

　おやまちプロジェクトの実践は，洋品店三代目の高野雄太さんと東京都市大学の坂倉杏介先生が，それぞれ店主として，大学教員としてのより豊かで，自分らしい暮らし方を実現していくことと重ね合っている。YSF は，学生時代からお祭りを続けてきた新井佑さんにとってはもはや人生の一部であり，家族や友人，自分自身の学びや成長も，すべて YSF なしでは語れないようになっている。コモンフォレストジャパンの藤井さんにとって，森との関わりはまさにライフワークであり，シモキタ園藝部の実践は，三島由樹さんや川崎光克さんにとっては，自分自身の思想と世界観をそのまま表現したものである。ふかさわの台所は，成見敏晃さんとご家族には日常生活の一部であり，小杉湯となりの実践は，加藤優一さん自身が最も気に入っている「銭湯のある暮らし」を実現する場所にほかならない。まさに一般社団法人公共とデザインの『クリエイティブデモクラシー――「わたし」から社会を変える，ソーシャルイノベーションのはじめかた』(BNN，2023年) が提唱する「ライフプロジェクト」である。市民的コモンズというレンズで覗き込んでみると，参加や活動ではなく，「暮らし方の一部となる生活実践」が真っ先に見えてくる。

　最後に，余白のデザインに長けていることである。

　おやまちプロジェクトにおける余白のデザインについては第2章で分析したとおりであり，YSF もお祭りという「かご」にどんなものを入れていくかは，運営に参加する学生次第である。コモンフォレストジャパンでは森の多面性を活かし，共同購入に出資するコアの会員からワークショップやプログラムに一回出るだけの参加者に至るまで，幅広い「入口」が用意されている。シモキタ園藝部も三島さんが語る「デザインの寛容性」が印象的であるように，多様な人が「ふわっと」入るようなトリガーが豊富に含まれる実践の場となっている。ふかさわの台所は特に管理運営をせずに「好きなように使ってもらう」空間であり，小杉湯となりでは，余白のある運営のデ

ザインから自主性の連鎖が生じている。

　NPO として市民的実践を語る場合は，アカウンタビリティ（説明責任）が問われ，常に自己評価や他者評価，社会にとっての有用性を気にしなければならないが，市民的コモンズとして語る場合は，コモニーングの過程がいかに成立するかが最も注目すべきテーマとなる。有用性や効果の顕示よりも，「空白」のほうが逆に人を惹きつける。

魅力的な大人の市民的センス

　そして，本書に登場した市民的コモンズのキーパーソンたちから，語り尽くせないほど豊かな市民的センスの発露が見られた。「序」の部分で例として挙げた榎本英剛さんや Fancy さんからは，「固定観念にとらわれない」「多様性の尊重」「参加の余白が作れる」「周りの人たちが信じられる」といったセンスが見出せたが，他のキーパーソンたちにおいてもそれらは同様に見られた。

　上記以外にも，例えばおやまちプロジェクトのキーパーソン黒川成樹さんが語る「ちゃんとしなきゃ」圧をかけないことや，「（肩書を背負わず）『個』としていられる喜びと解放感」という感覚。坂倉先生の偶発性を大事にしながらも，偶発性任せにしない思慮深さ。YSF に関わる大人たちの「飲み会で真剣に議論」し，言語化を怠らない姿。コモンフォレストジャパンの藤井さんの「自分の身体，五感による体験を重んじる」感性と，「川の上流を生きる」意識。シモキタ園藝部の三島さんの「生活者視点」「正解を当てはめようとせず話し合いの過程を重んじる」姿勢，委ねられる寛容さ，自主性と必要性の主張，そしてプロフェッショナルと一般市民の Win-Win の結合といった発想。川崎さんの共同体に対する強い志向性。ふかさわの台所の成見さんが語る「成果を求めない豊かさ」と，「仕事と生活の分離ではなく相乗」。銭湯ぐらしの加藤さんがこだわる「実現したいことや暮らし方を持ち寄る」「交流を前提とせずサイレントコミュニケーションを大事にする」「サービスをする側／される側の線引きを超える」「全員当事者になる」「継続的な対話」「暮らしの延長で事業を作る」「成長ではなく継続を求める」といった考え方は，いずれも市民的なセンスを具体的に物語る言葉だと考える。

　実践者たちと多く語れば語るほど，より多くの市民的センスに出会える。市民として，正解となる価値体系があるわけではなく，市民的センスだと感じられるものを言語化し蓄積していくことで，この社会にある豊かで立体的な「市民」のあり方が浮かび上がっていくのではないだろうか。

次なるステージ——共有資源を発見／可視化しコモニーングする市民社会へ

20数年前に日本社会で盛り上がった「市民の時代」への期待。見失いそうになってしまったのは，市民的実践が衰退したからではなく，それらの実践を言語化し描き出す新たな概念装置が必要となっているからである。NPO といった組織を示す概念や社会起業家のようなリーダーにフォーカスする概念，ソーシャルビジネスという市場の領域との接続を意図した概念や，ガバナンスや協働といった行政との関係性で自らを位置づけようとする概念。いずれも効果的な概念装置ではあるが，市民社会の最も根源的な活力がどこから来るのかという点に光を当てたとはいえない。市民社会の3つの歯車でいえば，「参加の習慣と文化」がいかに可能かを描き出すには十分なレンズではない。

本書が提案する「市民的コモンズ」は，そこに焦点を当てた概念装置である。それは市民社会を，「共有資源を発見／可視化し，コモニーングする」社会として捉えるものである。三島さんがインタビューで次のように語った。

> 昔（の伝統的な）コモンズだった時代も，みんな目的意識があったからコモンズができるっていうわけではない。今の時代を，ストーリーとしてコモンズを目的みたいなものとして語りたくなるというのはわかりますが，それはそういう語り方があるだけで，実はそういうものに依存することなく，行動としてのコモンズ的行動，つまり無意識にそういうことをしている人が圧倒的多数な気がします。

現場の実践者は「コモンズ」の概念やストーリーを全く意識せずにコモニーングを行っているのかもしれない。この無意識のコモニーング行動にこそ，市民社会の「参加の習慣と文化」の源があると考える。社会学を学ぶ人間として，それを言語化し示していく責務がある。社会学者としての筆者のライフプロジェクトが，ここにある。

注

(1) 無論，ここで述べていることは，自らの利益を顧みない社会貢献活動を否定するという主旨ではない。

(2) Grdina Linda Bell, Nora Johnson, and Aaron Pereira, "Connecting Individual and Societal Change", Mar. 11, 2020（https://ssir.org/articles/entry/connecting_individual_and_societal_change，2024年10月2日閲覧）。邦訳「『わたし』を犠牲にせず社会を変えよう」は，『Stanford Social Innovation Review Japan』2022 Vol. 1：40-50に収録されている。

参 考 文 献

阿部真大，2011，『居場所の社会学——生きづらさを超えて』日本経済新聞出版社．

————，2013，『地方にこもる若者たち——都会と田舎の間に出現した新しい社会』朝日新書．

安立清史，2019，「日本の NPO 研究の20年——社会福祉と NPO」『ノンプロフィット・レビュー』19(1＋2)：3-12．

秋道智彌，2010，『コモンズの地球史——グローバル化時代の共有論に向けて』岩波書店．

————，2014，「序章　日本のコモンズ思想——新しい時代に向けて」秋道智彌編『日本のコモンズ思想』岩波書店．

秋道智彌・角南篤編著，2022，『コモンズとしての海』西日本出版社．

Anderies, J. M., M. A. Janssen, and E. Ostrom, 2004, "A Framework to Analyze the Robustness of Social-Ecological Systems from an Institutional Perspective", *Ecology and Society*, 9(1)：18．（https://www.ecologyandsociety.org/vol9/iss1/art18/, 2024年 8 月12日閲覧）．

安藤英由樹・坂倉杏介・村田藍子編著，2020，『わたしたちのウェルビーイングをつくりあうために——その思想，実践，技術』BNN．

荒井俊行・野嶋栄一郎，2017，「大学生のボランティア活動への参加成果志向が参加志向動機・不参加志向動機に及ぼす影響」『日本教育工学会論文誌』41(1)：97-108．

浅野智彦，2011，『若者の気分——趣味縁からはじまる社会参加』岩波書店．

芦田文夫，2021，『「資本」に対抗する民主主義——市場経済の制御と「アソシエーション」』本の泉社．

Bartolini, Stefano, 2010, *Manifesto per la felicità: Come passare dalla società del ben-avere a quella del ben-essere*, Roma: Donzelli Editore．（＝中野佳裕訳，2018，『幸せのマニフェスト——消費社会から関係の豊かな社会へ』コモンズ．）

Berkes, Fikret, 2002, "Cross-Scale Institutional Linkages: Perspectives from the Bottom Up", Elinor Ostrom et al. eds., *The Drama of the Commons: Committee on the Human Dimensions of Global Change*, Washington DC: National Academy Press, 293-321．

Bessy, Christian, 2021, "Introduction. Histoire et actualité des biens communs", Christian Bessy ed., *Lesbiens communs en perspectives*, Editions de la Sorbonne, 5-17．（＝中原隆幸・須田文明訳，2021，「コモンズ＝共通善の歴史とアクチュアリティ」『阪南論集　社会科学編』57(1)：179-193．）

Bollier, David, and Silke Helfrich eds., 2012, *The Wealth of the Commons: A World Beyond Market and State*, Levellers Press．

Clippinger, John, and David Bollier, 2005, "A Renaissance of the Commons: How the New

Sciences and Internet are Framing a New Global Identity and Order", Rishab Aiyer Ghosh eds., *CODE: Collaborative Ownership and the Digital Economy*, Massachusetts Institute of Technology.

Cress, Christine M., Peter J. Collier, and Vicki L. Reitenauer, 2013, *Learning Through Serving: A Student Guidebook for Service-Learning*, LLC: Stylus Publishing.（＝吉川幸・前田芳男監訳，2020,『市民参画とサービス・ラーニング——学問領域や文化の壁を乗り越えて学びたい学生のために』岡山大学出版会.）

土肥潤也・若林拓哉，2023,『わたしのコミュニティスペースのつくりかた——みんとしょ発起人と建築家の場づくり』ユウブックス.

土井隆義，2010,「地方の空洞化と若者の地元志向——フラット化する日常空間のアイロニー」『社会学ジャーナル』筑波大学社会学研究室，35：97-108.

Edwards, Michael, 2004, *Civil Society*, Cambridge: Polity Press Ltd.（＝堀内一史訳，2008,『「市民社会」とは何か——21世紀のより善い世界を求めて』麗澤大学出版会.）

藤井敦史編著，2022,『社会的連帯経済——地域で社会のつながりをつくり直す』彩流社.

藤野一夫，2022,『みんなの文化政策講義——文化的コモンズをつくるために』水曜社.

福留東土，2019,「日本の大学におけるサービス・ラーニングの動向と課題」『比較教育学研究』59：120-138.

グリーンズ編，2012,『ソーシャルデザイン——社会をつくるグッドアイデア集』朝日出版社.

————編，2013,『日本をソーシャルデザインする』朝日出版社.

————編，2016,『ソーシャルデザイン白書2016』greenz.jp.

羽田野慶子，2014,「若者と地域活動——福井市における大学生のまちづくり活動の事例から」『社会科学研究』65(1)：97-116.

Hagedorn, Konrad, Philipp Grundmann, and Andreas Thiel, 2019, "Bridging analytical framework and disciplines to which they apply", Blake Hudson, Jonathan Rosenbloom and Dan Cole eds., 2019, *Routledge Handbook of the Study of the Commons*, New York: Routledge, 7-26.

萩原建次郎，2018,『居場所——生の回復と充溢のトポス』春風社.

濱田国佑，2019,「若者の従順さはどのようにして生み出されるのか」吉川徹・狭間諒多朗編『分断社会と若者の今』大阪大学出版会，57-90.

濱田陽，2022,『生なるコモンズ——共有可能性の世界』春秋社.

Hardin, Garrett, 1968, "The Tragedy of the Commons", *Science* 162：1243-1248.

Harvey, David, 2013, *Rebel Cities: From the Right to the City to the Urban Revolution*, Verso Books, Reprint edition.（＝森田成也・大屋定晴・中村好孝・新井大輔訳，2013,『反乱する都市——資本のアーバナイゼーションと都市の再創造』作品社.）

長谷川公一，2000,「共同性と公共性の現代的位相」『社会学評論』50(4)：436-450.

————，2001,「市民セクターの変容」『法社会学』55：40-55.

————，2019,「社会運動と社会構想」長谷川公一・浜日出夫・藤村正之・町村敬志『新版

社会学』有斐閣.

長谷川雅子, 2022, 「緩やかなコミュニティの醸成に向けて——目標・指標による持続可能な地域づくり」『ノンプロフィット・レビュー』21(1＋2)：25-33.

羽鳥剛史・片岡由香・尾崎誠, 2016, 「市民活動の持続可能性に関する心理要因分析」『土木計画学研究・論文集』72(5)：407-414.

早瀬昇, 2018, 『『参加の力』が創る共生社会——市民の共感・主体性をどう醸成するか』ミネルヴァ書房.

林雅秀・金澤悠介, 2014, 「コモンズ問題の現代的変容——社会的ジレンマをこえて」『理論と方法』29(2)：241-259.

逸見敏郎, 2017, 「サービスラーニングがめざすもの」逸見敏郎・原田晃樹・藤枝聡編著／立教大学 RSL センター編『リベラルアーツとしてのサービスラーニング——シティズンシップを耕す教育』北樹出版, 197-203.

逸見敏郎・原田晃樹・藤枝聡編著／立教大学 RSL センター編, 2017, 『リベラルアーツとしてのサービスラーニング——シティズンシップを耕す教育』北樹出版.

Hess, Charlotte, 2008, "Mapping the new commons", *Social Science Research Network*.（https://papers.ssrn.com/sol3/papers.cfm?abstract_id=1356835, 2024年8月22日閲覧）.

Hickel, Jason, 2020, *Less is More: How Degrowth Will Save the World,* London: Windmill Books.（＝野中香方子訳, 2023, 『資本主義の次に来る世界』東洋経済新報社.）

平塚眞樹, 2004, 「若者の社会参加・シティズンシップ形成をめぐる現代的課題」『企業環境研究年報』9：27-36.

細内信孝, 1999, 『コミュニティ・ビジネス』中央大学出版部.

保戸田里采, 2021, 『なぜ人々は居場所を求めるのか——居場所ブームの社会的文脈に関する一考察』駒澤大学文学部社会学科社会学専攻2021年度卒業論文.

Hudson, Blake, Jonathan Rosenbloom, and Dan Cole eds., 2019, *Routledge Handbook of the Study of the Commons,* New York: Routledge.

五十嵐敬喜, 2022, 『土地は誰のものか——人口減少時代の所有と利用』岩波新書.

飯國芳明, 2012, 「コモンズの類型と現代的課題」新保輝幸・松本充郎編『変容するコモンズ——フィールドと理論のはざまから』ナカニシヤ出版, 203-222.

池田恒男, 2006, 「『コモンズ』論と所有論——近年の社会学的『コモンズ』論に関する覚書」鈴木龍也・富野暉一郎編著『コモンズ論再考』晃洋書房, 3-58.

今井弘道, 1998, 「日本における『市民』問題——〈官僚的政治文化〉と〈市民的政治文化〉」今井弘道編著『「市民」の時代——法と政治からの接近』北海道大学図書刊行会, 124-158.

————編著, 1998, 『「市民」の時代——法と政治からの接近』北海道大学出版会.

今谷順重, 2004, 「イギリスで導入された『新しい市民性教育』の理論と方法——人生設計型カリキュラム」『社会科研究』60：1-10.

井上真, 1995, 『焼き畑と熱帯林——カリマンタンの伝統的焼き畑システムの変容』弘文堂.

―――――, 2004, 『コモンズの思想を求めて――カリマンタンの森で考える』岩波書店.

―――――, 2005, 「森林コモンズの価値――『永続可能な社会』のための学校」『森林科学』43：95-97.

―――――, 2009, 「自然資源『協治』の設計指針――ローカルからグローバルへ」室田武編著『グローバル時代のローカル・コモンズ』ミネルヴァ書房.

井上孝夫, 2017, 「現代コモンズ理論と総有論」『千葉大学教育学部研究紀要』65：303-312.

―――――, 2018, 「利用の観点からみたコモンズ理論」『千葉大学教育学部研究紀要』66(2)：253-261.

―――――, 2020, 「コモンズを実質化するための条件について――河川敷ゴルフ場の開放を中心に」『千葉大学教育学部研究紀要』68：263-269.

一般社団法人公共とデザイン, 2023, 『クリエイティブデモクラシー――「わたし」から社会を変える, ソーシャルイノベーション』BNN.

石山恒貴編著, 2019, 『地域とゆるくつながろう――サードプレイスと関係人口の時代』静岡新聞社.

陣内雄次・田村大作・荻野夏子, 2007, 『コミュニティ・カフェと市民育ち――あなたにもできる地域の縁側づくり』萌文社.

筧裕介, 2013, 『ソーシャルデザイン実践ガイド――地域の課題を解決する7つのステップ』英治出版.

Kallis, Giorgos, Susan Paulson, Giacomo D'Alisa and Federico Demaria, 2020, *The Case for Degrowth*, Cambridge: Polity Press Ltd.（＝上原裕美子・保科京子訳, 2021, 『なぜ, 脱成長なのか――分断・格差・気候変動を乗り越える』NHK出版.）

片山善博, 2015, 「問題提起――序に代えて」総合人間学会編『〈居場所〉の喪失これからの〈居場所〉――成長・競争社会とその先へ』学文社, 4-8.

加藤優一, 2023, 『銭湯から広げるまちづくり――小杉湯に学ぶ, 場と人のつなぎ方』学芸出版社.

河井亨・溝上慎一, 2011, 「実践コミュニティに足場を置いたラーニング・ブリッジング――実践コミュニティと授業を架橋する学生の学習研究」『大学教育学会』33(2)：124-131.

川崎あや, 2020, 『NPOは何を変えてきたか――市民社会への道のり』有信堂.

菊地栄治, 2020, 『他人事≒自分事――教育と社会の根本課題を読み解く』東信堂.

小林菜穂子, 2017, 『生きる場所を, もう一度選ぶ――移住した23人の選択』インプレス.

小林利行, 2015, 「低下する日本人の政治的・社会的活動意欲とその背景――ISSP国際比較調査『市民意識』・日本の結果から」『放送と調査』January：22-41.

小玉健太・吉田奈保美・荒井紀子・伊禮三之・松田淑子・山本博文・橋本康弘, 2012, 「『社会参加・問題解決型授業』を通した市民性育成に関する研究――2011・2012年度協働実践研究プロジェクトでの取り組みから」『福井大学教育実践研究』37：31-42.

粉川一郎, 2020, 「日本NPO学会の20年――何に興味を持ち, 何を研究してきたのか」『ノンプロフィット・レビュー』20(1)：25-39.

国分裕正，2019，『人が集まる場所をつくる――サードプレイスと街の再生』白夜書房.

近藤希実，2022，「鉄道事業者の挑戦，支援型開発という街づくり――コミュニティシップあふれる街のつくりかた」橋本崇・向井隆昭編著『コミュニティシップ――下北線路街プロジェクト。挑戦する地域，応援する鉄道会社』学芸出版社，20-75.

小西一雄，2020，『資本主義の成熟と終焉――いま私たちはどこにいるのか』桜井書店.

小柴直樹，2022，『人をつなぐ街を創る――東京・世田谷の街づくり報告』花伝社.

小田切康彦，2019，「非営利組織の財源とミッション・ドリフト」後房雄・坂本治也編『現代日本の市民社会――サードセクター調査による実証分析』法律文化社，200-211.

――――，2019，「政治学における NPO 研究の展開――日本における1998年以降の文献レビュー」『ノンプロフィット・レビュー』19(1＋2)：33-45.

工藤律子，2020，『ルポ つながりの経済を創る――スペイン発「もうひとつの世界」への道』岩波書店.

久野収，1996，『市民主義の成立』春秋社.

Laerhoven, Frank van, and Elinor Ostrom, 2007, "Traditions and Trends in the Study of the Commons", *International Journal of the Commons*, 1(1)：3-28.

Latouche, Serge, 2004, *Survivre au développement*, and 2007, *Petit traité de la décroissance sereine*, Paris: Librairie Arthème Fayard.（＝中野佳裕訳，2010，『経済成長なき社会発展は可能か？――〈脱成長〉と〈ポスト開発〉の経済学』作品社.）

――――, 2010, *Pour sortir de la société de consummation*, Paris: Les Liens qui libèrent.（＝中野佳裕訳，2013，『〈脱成長〉は，世界を変えられるか？――贈与・幸福・自律の新たな社会へ』作品社.）

――――, 2019, *La décroissance*, Paris: Humensis.（＝中野佳裕訳，2020，『脱成長』［文庫クセジュ］白水社.）

Latouche, Serge, and Didier Harpagés, 2010, *Le temps la décroissance: Réhabiliter le temps*, Bordeaux: LE BORD DE L'EAU.（＝佐藤直樹・佐藤薫訳，2014，『脱成長（ダウンシフト）のとき――人間らしい時間をとりもどすために』未來社.）

ラヴィル，ジャン＝ルイ／ホセ・ルイス・コラッジオ編／中野佳裕編・訳，2016，『21世紀の豊かさ――経済を変え，真の民主主義を創るために』コモンズ.

Linebaugh, P., 2008, *The Magna Carta Manifesto: Liberties and commons for all*, University of California Press.

李妍焱，2012，『中国の市民社会――動き出す草の根 NGO』岩波新書.

――――，2017，「『オルタナティブ』を志向する若い市民リーダーは如何にして誕生したか――中国の環境分野で活躍する若者たちのライフストーリーから」『駒澤社会学研究』49：59-87.

――――，2018，『下から構築される中国――「中国的市民社会」のリアリティ』明石書店.

――――，2021，「新型コロナ危機が市民セクターの活性化をもたらすか――日中の市民セクターによる応答に注目して」『日中社会学研究』28：47-62.

―――，2022a，「市民セクターの新たな担い手の育成へ――『積極的ではない』若い世代へのアプローチの可能性を考える」『駒澤社会学研究』58：1-25.

―――，2022b，「地域プロジェクトによる市民育ちの研究――おやまちプロジェクトのケーススタディ」『駒澤社会学研究』59：1-27.

―――，2023，「地域プロジェクトによる市民育ち――YSF プロジェクトのケーススタディ」『駒澤社会学研究』61：11-32.

―――，2024a，「ボトムアップの社会づくりを支える力――世界の二項対立を超える『市民』のあり方を求めて」長谷川公一編著『環境と運動』ミネルヴァ書房，143-190.

―――，2024b，「『市民的コモンズ』の概念検討と質的調査の試み」『駒澤社会学研究』63：1-32.

Lohman, Roger A., 1992, *The Commons: New Perspective on Nonprofit Organizations and Voluntary Action,* Jossey-Bass.（＝溝端剛訳，2001，『コモンズ　人類の共働行為――NPO と自発的行為の新しいパースペクティヴ』ふくろう出版.）

町田洋次，2000，『社会起業家――「よい社会」をつくる人たち』PHP 新書.

待鳥聡史・宇野重規編著，2019，『社会の中のコモンズ――公共性を超えて』白水社.

前山総一郎，2015，「都市のコモンズ　その起源と現在――都市コモンズを支えるコモンズ化（commoning）」『都市住宅学』90：4-11.

―――，2017，「都市内分権とコモンズ――「社会関係としてのコモンズ」のコンセプト（P. ラインバウ）を基に」『コミュニティ政策』15：94-119.

牧野篤，2018，『社会づくりとしての学び――信頼を贈り合い，当事者性を復活する運動』東京大学出版会.

牧野智和，2022，『創造性をデザインする――建築空間の社会学』勁草書房.

間宮陽介，2005，「コモンズの現代的意義と課題」『財政と公共政策』27(2)：17-26.

間宮陽介・廣川祐司，2013，「コモンズ研究の軌跡と課題」間宮陽介・廣川祐司編『コモンズと公共空間――都市と農漁村の再生にむけて』昭和堂，1-18.

真崎克彦，2015，「脱成長論の意義と課題――文明論として，実践理論として」『国際開発研究』24(2)：21-33.

松村淳，2023，『愛されるコモンズをつくる――街場の建築家たちの挑戦』晃洋書房.

松村圭一郎，2021，『くらしのアナキズム』ミシマ社.

松本充郎，2010，「自然資源をめぐる秩序形成に関する序論的考察――いわゆるコモンズ論を契機として」『高知論叢（社会科学）』97：1-17.

松山礼華，2016，「若者の『公共性』形成に関する一考察――地元のまちづくり団体で活動する若者の事例分析を通して」『社会学ジャーナル』41：45-62.

Mintzberg, Henry, 2014, *Rebalancing Society: Radical Renewal Beyond Left, Right, and Center,* Berrett-Koehler Publishers.（＝池村千秋訳，2015，『私たちはどこまで資本主義に従うのか――市場経済には「第3の柱」が必要である』ダイヤモンド社.）

三島由樹，2024，「シモキタ園藝部による植栽管理が育む，地域のパブリックマインドの価

値」『Social Green Design Magazine』一般社団法人ソーシャルグリーンデザイン協会，9-12.

三井昭二，1997，「森林の中のコモンズと流域——その歴史と現代的展望」『環境社会学研究』3：33-46.

三俣学，2009，「『グローバル時代のコモンズ管理』の到達点と課題」室田武編著『グローバル時代のローカル・コモンズ』ミネルヴァ書房，263-275.

————，2010，「コモンズ論の射程拡大の意義と課題——法社会学における入会研究の新展開に寄せて」『法社会学』73：148-167.

三俣学・齋藤暖生，2022，『森の経済学——森が森らしく，人が人らしくある経済』日本評論社.

三俣学・森元早苗・室田武，2008，「広がる共的世界——その歴史と現在」三俣学・森元早苗・室田武編『コモンズ研究のフロンティア——山野海川の共的世界』東京大学出版会，11-82.

三輪大介・三俣学，2010，「実践指針としてのコモンズ論——協治と抵抗の補完戦略」三俣学・菅豊・井上真編著『ローカル・コモンズの可能性——自治と環境の新たな関係』ミネルヴァ書房，197-217.

宮垣元，2020，『その後のボランティア元年——NPO・25年の検証』晃洋書房.

宮内泰介，2006，「レジティマシーの社会学へ——コモンズにおける承認の仕組み」宮内泰介編『コモンズをささえるしくみ』新曜社，1-32.

茂木愛一郎，2017，「『協同組合』再訪——都市のコモンズの主体を探す」『コミュニティ政策』15：72-93.

————，2022，「コモンズ論の系譜とその広がり」『日経研月報』533：14-21.

森野真理，2014，「コモンズの過少利用がもたらす生態系サービスの劣化」『理論と方法』29(2)：261-276.

森反章夫，2002，「戦略的コモンズを仕組むまちづくりへ」『街並み』公益財団法人 東京都防災・建築まちづくりセンター，26：8-13.

森朋也，2013，「森林コモンズの持続可能なガバナンス」『国際公共経済研究』24：180-188.

藻谷浩介監修／Japan Times Satoyama 推進コンソーシアム編，2020，『進化する里山資本主義』ジャパンタイムズ出版.

村田智明，2014，『ソーシャルデザインの教科書』生産性出版.

室田信一・小山宰，2020，「地域活動を支える住民の価値意識——主体性概念の再検討を通して」『人文学報』516(3)，『社会福祉学』36：1-23.

永安幸正，1980，「コモンズの原理と贈与システム——非市場システムへの模索」『早稲田社會科學研究』20：25-52.

中川秀一，2023，「日本におけるコモンズ論に関する文献の整理——多様な展開の理解のための覚え書き」『法政理論』新潟大学法学会，55(4)：92-110.

中島岳志，2021，『思いがけず利他』ミシマ社.

中村尚司・鶴見良行編著, 1995, 『コモンズの海――交流の道, 共有の力』学陽書房.

中村良夫, 2021, 『風土自治――内発的まちづくりとは何か』藤原書店.

中西正司・上野千鶴子, 2003, 『当事者主権』岩波新書.

中野敏男, 1999, 「ボランティア動員型市民社会論の陥穽」『現代思想』27(5)：72-93.

中野佳裕, 2017, 『カタツムリの知恵と脱成長――貧しさと豊かさについての変奏曲』コモンズ.

仁平典宏, 2005, 「ボランティア活動とネオリベラリズムの共振関係を再考する」『社会学評論』56(2)：485-499.

――――, 2011, 『「ボランティア」の誕生と終焉――〈贈与のパラドックス〉の知識社会学』名古屋大学出版会.

――――, 2012, 「二つの震災と市民セクターの再編――3.11被災者支援に刻まれた『統治の転換』の影をめぐって」『福祉社会学研究』9：98-118.

――――, 2019, 「サードセクター組織のビジネスライク化と雇用」後房雄・坂本治也編『現代日本の市民社会――サードセクター調査による実証分析』法律文化社, 184-199.

新川達郎, 2022, 「持続可能な地域づくりにおけるソーシャルセクターの展望――社会起業によるコミュニティデザインの可能性」『ノンプロフィット・レビュー』21(1+2)：1-14.

生島美和, 2018, 「サービスラーニングを通して見えてきた『世代性』」深作拓郎・増田貴人・古川照美・生島美和・飯野祐樹『社会とかかわって学ぶ――大学生が取り組んだ世代性と市民性のサービス・ラーニング実践』弘前大学出版会.

Oldenburg, Ray, 1989, *The Great Good Place*, Massachusetts: Da Capo Press.（＝忠平美幸訳, 2013, 『サードプレイス――コミュニティの核になる「とびきり居心地のよい場所」』みすず書房.）

小野進, 2005, 「制度派経済学の基礎」『立命館経済学』54(7)：147-210.

大野順子, 2005, 「地域社会を活用した市民的資質・シティズンシップを育むための教育改革――地域の抱える諸問題へ関わることの教育的意義」『桃山学院大学総合研究所紀要』31：99-119.

Ostrom, Elinor, 1990, *Governing the Commons：The Evolution of Institutions for Collective Action*, Cambridge: Cambridge University Press.（＝原田禎夫・齋藤暖生・嶋田大作訳, 2022, 『コモンズのガバナンス――人びとの共同と制度の進化』晃洋書房.）

――――, 1992, "The Rudiments of a Theory of the Origins, Survival, and Performance of Common Property Institutions", D. W. Bromley et al. eds., *Making the Commons Work: Theory, Practice, and Policy*, San Francisco: ICS Press, 293-318.

御旅屋達, 2012, 「子ども・若者をめぐる社会問題としての居場所のなさ――新聞記事における『居場所』言説の分析から」『年報社会学論集』25：13-24.

佐伯啓思, 1997, 『「市民」とは誰か――戦後民主主義を問いなおす』PHP研究所.

齊藤広子, 2010, 「現代都市社会におけるコモンズ――あらたな都市計画・まちづくり手法『住環境マネジメント』と『日本型住民組合法人』制度の提案」『法社会学』73：168-187.

斎藤幸平, 2020, 『人新世の「資本論」』集英社新書.

齋藤保, 2020, 『コミュニティカフェ——まちの居場所のつくり方, 続け方』学芸出版社.

坂倉杏介・醍醐孝典・石井大一郎, 2020, 『コミュニティマネジメント——つながりを生み出す場, プロセス, 組織』中央経済社.

坂本文子, 2020, 「宇都宮大学『地域プロジェクト演習』を事例としたサービスラーニングの効果——2019年度効果測定結果報告」『宇都宮大学地域デザイン科学部研究紀要』8：167-181.

坂本治也・秦正樹・梶原晶, 2019, 「NPO・市民活動団体への参加はなぜ増えないのか」『ノモス』44：1-20.

————, 2020, 「NPO への参加はなぜ忌避されるのか」『年報政治学』Ⅱ：303-327.

坂村圭・中井検裕・沼田麻美子, 2017, 「伝統的コモンズとの比較からみる市民団体による都市近郊農地の維持管理活動の生成原理と社会的意義——見沼田んぼを対象として」『日本建築学会計画系論文集』734：953-962.

佐久間裕美子, 2020, 『We の市民革命』朝日出版社.

桜井政成, 2019, 「日本の社会学における NPO・ボランティア研究動向」『ノンプロフィット・レビュー』19(1＋2)：13-22.

————, 2021, 『福祉 NPO・社会的企業の経済社会学——商業主義化の実証的検討』明石書店.

Scott, James C., 1999, *Seeing Like a State: How Certain Schemes to Improve the Human Condition Have Failed,* Yale University Press.

椎原晶子, 2022, 「未来のふるさとをつくる——台東区谷中の試み」大月敏雄・一般社団法人ハウジングアンドコミュニティ財団編著『市民がまちを育む——現場に学ぶ「住まいまちづくり」』建築資料研究社, 124-165.

下村智典, 2011, 「コモンズの公共性とは何か——『構成的外部』の構想」『共生社会システム研究』5(1)：154-173.

篠原聡子, 2021, 『アジアン・コモンズ——いま考える集住のつながりとデザイン』平凡社.

庄ゆた夏, 2021, 「コモンズマップの試み」『現代総有』3：93-98.

総合人間学会編, 2015, 『〈居場所〉の喪失これからの〈居場所〉——成長・競争社会とその先へ』学文社.

菅豊, 2003, 「都市の川を現代のコモンズに」『水の文化』15：14-18.

Suga, Yutaka, 2013, "The Tragedy of the Conceptual extension of Commons", Takeshi Murota and Ken Takeshita eds., *Local Commons and Democratic Environmental Governance,* Tokyo: United Nations University Press, 3-18.

吹田良平監修／橋本崇・向井隆昭編著, 2022, 『コミュニティシップ——挑戦する地域, 応援する鉄道会社』学芸出版社.

鈴木謙介, 2008, 『サブカル・ニッポンの新自由主義——既得権批判が若者を追い込む』ちくま新書.

鈴木紀子，2003，「市民活動へ参加する個人に関する一考察——横浜で活動する人の事例から」『技術マネジメント研究＝Yokohama journal of technology management studies』2：28-40.

多辺田政弘，1990，『コモンズの経済学』学陽書房.

————，2004，「顔の見える関係性——『コモンズ』の視点から」『環境会議』22：70-73.

立川雅司・西山未真・今村直美，2018，「コモンズとしての食——千葉県柏市を事例として」『名古屋大学社會學論集』39：51-66.

多田憲一郎，2006，「『公共性』のパラダイム転換と地域の再生」山崎怜・多田憲一郎編『新しい公共性と地域の再生——持続可能な分権型社会への道』昭和堂.

高橋満，2012，「若者の社会参加のポリティックス」『社会文化研究』15：7-27.

舘野泰一・中原淳・木村充・保田江美・吉村春美・田中聡・浜屋祐子・高崎美佐・溝上慎一，2016，「大学での学び・生活が就職後のプロアクティブ行動に与える影響」『日本教育工学会論文誌』40(1)：1-11.

田中圭子，2011，「シチズンシップ教育におけるピアメディエーション教育の役割と課題」『法社会学』75：120-140.

田中尚輝，1998，『ボランティアの時代——NPOが社会を変える』岩波書店.

田中重好，2010，『地域から生まれる公共性——公共性と共同性の交点』ミネルヴァ書房.

天明茂，2004，「地域で始まるコミュニティ・ビジネスの新展開」『日本経営診断学会論集』4(0)：15-24.

寺田徹，2015，「里山コモンズを現代の文脈でよみがえらせる」『都市住宅学』90：63-66.

寺島俊穂，2009，「市民活動とシチズンシップ」『関西大学法学論集』58(6)：1015-1066.

津富宏，2022，「静岡方式による市民社会の組織化——支援から自治へ」『ノンプロフィット・レビュー』21(1＋2)：15-23.

内田弘，2019，「持続可能な地域づくりと若者のアイデンティティ形成・社会的自立」『社会教育研究』37：9-21.

内山節，2021，『資本主義を乗りこえる』農山漁村文化協会.

————，2021，『新しい共同体思想とは——内山節と語る未来社会のデザイン』農山漁村文化協会.

上柿崇英，2006，「コモンズ論と公共圏論の結合の試み——『環境の社会哲学』を目指して」『唯物論研究年誌』11：330-352.

宇賀田栄次・佐藤直樹，2018，「インターンシップ科目における学習サイクルの意義と課題——「自分ごと」への変化と地域課題解決の示唆」『静岡大学生涯学習教育研究』20：29-41.

宇野重規，2019，「コモンズ概念は使えるか——起源から現代的用法」待鳥聡史・宇野重規編著『社会のなかのコモンズ——公共性を超えて』白水社，19-42.

後房雄・坂本治也，2019，「サードセクター組織の政治・行政との関係性」後房雄・坂本治也編，2019，『現代日本の市民社会——サードセクター調査による実証分析』法律文化社，

95-116.

————編, 2019, 『現代日本の市民社会——サードセクター調査による実証分析』法律文化社.

宇沢弘文, 2000, 『社会的共通資本』岩波新書.

宇沢弘文・茂木愛一郎編, 1994, 『社会的共通資本——コモンズと都市』東京大学出版会.

Vivero-Pol, J. L., 2019, "The Idea of Food as a Commons", J. L. Vivero-Pol et al. eds., *Routledge Handbook of Food as a Commons,* Routledge.

若森章孝, 2024, 「ポスト資本主義の経済, 政治, 倫理とコモンズ」『季報唯物論研究』166：10-21.

Walzer, Michael, 1995, *Toward a Global Civil Society,* Berghahn Books.（＝石田淳・越智敏夫・向山恭一・佐々木寛・高橋康浩訳, 2001, 『グローバルな市民社会に向かって』日本経済評論社.）

渡邊奈々, 2005, 『チェンジメーカー——社会起業家が世の中を変える』日経 BP.

————, 2007, 『社会起業家という仕事——チェンジメーカーⅡ』日経 BP.

渡邉義孝, 2022, 「空き家再生を通した地域コミュニティの創造——NPO 法人尾道空き家再生プロジェクトの15年」大月敏雄・一般社団法人ハウジングアンドコミュニティ財団編著／板垣勝彦・椎原晶子・渡邊義孝・松本昭『市民がまちを育む——現場に学ぶ「住まいまちづくり」』建築資料研究社, 166-195.

藪谷あや子, 1998, 「『コモンズの悲劇』再考——コモンズ論の新展開」『財政学研究』23：42-60.

山田奨治, 2010, 「〈文化コモンズ〉は可能か」山田奨治編『コモンズと文化——文化はだれのものか』東京堂出版, 6-45.

山本英弘, 2019, 「社会運動を受容する政治文化」後房雄・坂本治也編『現代日本の市民社会』法律文化社, 226-238.

山本眞人, 2022, 『コモンズ思考をマッピングする——ポスト資本主義的ガバナンスへ』BMFT 出版部.

山崎亮, 2011, 『コミュニティデザイン——人がつながるしくみをつくる』学芸出版社.

————, 2012, 『コミュニティデザインの時代——自分たちで「まち」をつくる』中公新書.

柳澤大輔, 2018, 『鎌倉資本主義——ジブンゴトとしてまちをつくるということ』プレジデント社.

————, 2020, 『リビング・シフト——面白法人カヤックが考える未来』KADOKAWA.

八甫谷邦明, 2013, 「『市民の場（コモンズ）』をつくる」『季刊まちづくり』40：79-83.

米田智彦, 2014, 『僕らの時代のライフデザイン——自分でつくる自由でしなやかな働き方・暮らし方』ダイヤモンド社.

————, 2017, 『いきたい場所で生きる——僕らの時代の移住地図』ディスカヴァー・トゥエンティワン.

吉永宏, 1999, 『響き合う市民たち——NPO とボランティア入門』新曜社.

Young, Oran R., 2002, "Institutional Interplay: The Environmental Consequences of Cross-Scale Interactions", in Elinor Ostrom et al. eds., *The Drama of the Commons*, Natl Academy Press, 259-291.

善教将大, 2019, 「市民社会への参加の衰退？」後房雄・坂本治也編『現代日本の市民社会——サードセクター調査による実証分析』法律文化社, 239-252.

初 出 一 覧

　本書は，既刊論文を基に加筆修正を行った章もある。章によって加筆修正の度合は異なる。初出は，下記のとおりである。

序　書き下ろし

第Ⅰ部　市民育ちの現場──地域プロジェクトへの注目

　第1章　李妍焱，2022a，「市民セクターの新たな担い手の育成へ──『積極的ではない』若い世代へのアプローチの可能性を考える」『駒澤社会学研究』58：1-25.

　　　　ただし，第1節の第2項は以下の論文の一部に基づいている。
　　　　第1節第2項前半：李妍焱，2021，「新型コロナ危機が市民セクターの活性化をもたらすか──日中の市民セクターによる応答に注目して」『日中社会学研究』28：47-62.
　　　　第1節第2項後半：李妍焱，2024a，「ボトムアップの社会づくりを支える力──世界の二項対立を超える『市民』のあり方を求めて」長谷川公一編著，2024，『環境と運動』ミネルヴァ書房，143-190.

　第2章　李妍焱，2022b，「地域プロジェクトによる市民育ちの研究──おやまちプロジェクトのケーススタディ」『駒澤社会学研究』59：1-27.

　第3章　李妍焱，2023，「地域プロジェクトによる市民育ち──YSFプロジェクトのケーススタディ」『駒澤社会学研究』61：11-32.

第Ⅱ部　市民セクターを捉える新たなレンズ──市民的コモンズ

　第4章　書き下ろし

　　　　ただし，第3節は下記の論文の一部に基づいている。
　　　　第3節：李妍焱，2024b，「『市民的コモンズ』の概念検討と質的調査の試み」『駒澤社会学研究』63：1-32.

　第5章　書き下ろし

第6章　書き下ろし

第Ⅲ部　市民的コモンズ概念のリアリティ——実践者との対話から

第7章　書き下ろし

第8章　李妍焱，2024b，「『市民的コモンズ』の概念検討と質的調査の試み」『駒澤社会学研究』63：1-32.

結　書き下ろし

あ と が き

　人の人生にはそれぞれ，不思議なほど大事な数字が浮かび上がることがある。筆者の場合は「23」である。1995年に東北大学大学院の社会学専攻に進学したのは23歳の時で，そのちょうど23年後に，それまでの研究の集大成として，3冊目の単著，『下から構築される中国——「中国的市民社会」のリアリティ』（明石書店，2018年）を書き上げることができた。日本 NPO 学会第17回学会賞において，この本が最優秀賞の「林雄二郎賞」を受賞したのは大きな喜びであったが，その後，中国のフィールド調査から離れたことで，研究者としての次なるフィールドがどこにあり，次の使命を呼び起こす心の声がいつ聞こえるのか，長いトンネルに入ったような感覚が何年も続いた。

　本書を書き終えた今，ようやくトンネルの出口のまぶしい光が見えた。本書の出版は最初の単著，博士論文をベースに書いた『ボランタリー活動の成立と展開——日本と中国におけるボランタリー・セクターの論理と可能性』（ミネルヴァ書房，2002年）の出版から数えて，ちょうど23年目である。当時と同じ版元から出版する運びとなったことも，中国をおもなフィールドとする市民社会研究という第1段階から，市民的コモンズを軸に展開していく市民社会研究という第2段階に進んだ節目を感じさせてくれる。出版の実現にご尽力いただいた同社編集部の杉田信啓さんのおかげである。

　トンネルの中で暗中模索する際に，「地域で面白い活動をしている大人を紹介して」という筆者の頼みに快く応じ，本書に登場する地域プロジェクトのキーパーソンたちと出会う機会を作ってくださった駒澤大学の同僚，友人，日本 NPO 学会副会長の松本典子先生にまず感謝申し上げたい。松本先生の幅広い人脈と惜しみないご協力がなければ，このトンネルはさらに長いものとなっていたに違いない。

　2021年から世田谷を中心に地域プロジェクトの研究を進めてきたが，毎年，大学3年次のゼミ生たちとともにフィールドワークを行い，インタビュー調査や研究イベントを企画・実施してきた。本書第2章で考察したおやまちプロジェクト，第3章のYSF，第8章の市民的コモンズに関する質的調査で取り上げた諸事例は，いずれもゼミ生たちとの共同研究の成果を取り入れたものである。筆者の研究関心を共有し，素直に，真摯に調査研究に取り組んでくれたゼミ生たちに感謝する。

245

そして何よりも，この本に登場した地域プロジェクトのキーパーソンの皆様に深い敬意と感謝を表したい。皆様の話を聞くといつも，感服とワクワク感が止まらなかった。よく生きる研究所の榎本英剛さん，筆者と一緒に日中間の交流事業を立ち上げてくれた良き仲間の朱恵雯（Fancy）さん。おやまちプロジェクトの高野雄太さん，坂倉杏介先生，黒川成樹さん，森美惠子さん。YSF の新井佑さん，星裕方さん，相澤優太さん，齋藤久平さん。コモンフォレストジャパンの藤井芳広さん。シモキタ園藝部の三島由樹さん，川崎光克さん。ふかさわの台所の成見敏晃さんと成見玲子さん。小杉湯となりの加藤優一さん。ボーナストラックの向井隆昭さんと日建設計の吉備友理恵さん。100人の本屋さんの吉澤卓さん。NPO 法人まちこらぼの柴田真希さん。東急総合研究所の太田雅文さん。東京都世田谷区の「大蔵三年鳴かず飛ばずプロジェクト」の安藤勝信さん。コミュニティカフェななつのこの川崎修さん。社会システムデザイナーの武井浩三さん。そして熱海のまちづくり仕掛人の市来広一郎さん。それ以外にも，本書で紹介している諸事例に関わってくださった関係者の方々，インタビュー調査や研究イベントにご協力いただいた方々にも深く感謝したい。紙幅の関係で本書では詳しく考察できなかったプロジェクトや，本年度，調査研究を実施している最中のプロジェクト，来年度以降さらに詳細に調査したい魅力的な市民的コモンズの実践は，次作に譲りたい。

最後に，本書は，日本学術振興会科学研究費助成事業（学術研究助成基金助成金）基盤研究（c），課題番号24K05313「市民的コモンズの成立条件と興隆の可能性——地域プロジェクトに関する市民社会論的研究」の研究成果の一部である。また，本書第3章で取り上げた YSF に関する調査研究，第8章で用いた市民的コモンズに関する質的調査は，それぞれ2022年度と2023年度「駒大生社会連携プロジェクト」の助成を受けている。さらに，本書の出版は，2024年度駒澤大学特別研究出版助成を受けていることも申し添えて，併せて深い謝意を表したい。

筆を置くにあたり，ふと思い出したのは，そもそも筆者が市民的実践に惹かれたきっかけとなった仙台の居酒屋店主の谷徳行さんである。居酒屋を経営していた彼は，学生時代から子どもたちのキャンプ活動のボランティアをしてきた。父親になっても自分の地域で子どもたちと遊ぶボランティアグループを作り，さまざまな業界と地域に仲間たちがいた。彼は当時留学生であった筆者に，自分たちの青春や人生の哲学をさり気なく，味わい深い言葉で語ってくれた。いつも目がキラキラしていて温かくて，存在自体が心強かった。「これがボランティアの生き方なのか！」と衝撃を受け，ボランタリーな活動に関する研究を始めた。

2000年に大学院を修了した際に，谷さんから丸い額縁に入った小さな書をいただいた。「花ある時は花に酔い，風ある時は風に酔う。」谷さんの書であった。20数年前の筆者には，その意味が全く分からなかった。谷さんが素敵なのは，ボランティア活動をしていたからだと思っていた。今ならすこし分かってきた気がする。谷さんにとって，ボランティアは「活動」というよりも，花や風と同じで，誰でも自然に，当たり前のようにそれにめぐり合えるものである。それに酔えるのが，谷さんの市民的センスであった。

　仙台を離れてからは谷さんにお目にかかることがなかったが，本書を執筆しながら，改めて自分の人生はいかに周りのさまざまな方々によって作られ，生かされてきたのかを思い知った。恩師長谷川公一先生，かけがえのない家族と友人，一人ひとり才能豊かでダイヤの原石のような学生たち，安心できる研究と教育環境を作ってくださった駒澤大学の関係者たち，そして日々の暮らしを地道に丁寧に支えてくださるコンビニの店員さん，駅員さん，スーパーの総菜を美味しく作ってくださるパートのスタッフさん……。安全で穏やかな日常を当たり前のように享受させてくれるこの社会のすべての支え合いに，心からの感謝を捧げる。

　次作で，また会おう。

　2024年10月5日

李　妍焱

人名索引

あ行

秋道智彌　109
安立清史　83
アチソン，J.　120
新井佑　227
アルパジェス，D.　98
アレント，H.　15
五十嵐敬喜　109
今井弘道　1
イリイチ，I.　119
ヴェブレン，T. B.　147
宇沢弘文　108, 111, 113
エドワーズ，M.　14
オストロム，E.　107
小田切康彦　83
オルデンバーグ，R.　27

か行

粕谷信次　99
加藤優一　195, 197, 227
カリス，G.　11, 98
川崎光克　172, 177, 227
カント，I.　15
ギデンズ，A.　36
黒川成樹　50, 56
粉川一郎　83
小西一雄　99

さ行

斎藤幸平　9, 98, 148
齋藤暖生　109
坂倉杏介　49, 56, 227

桜井政成　83
サラモン，L. M.　12, 84
スコット，J. C.　119
角南篤　109
スミス，A.　40
セネット，R.　15
セン，A.　33

た行

高野雄太　49, 56, 227
田中尚輝　1
多辺田政弘　111
チェノウェス，E.　10
津富宏　93
デューイ，J.　15
トクヴィル，A. de　15
ドラッカー，P. F.　85

な行

中野佳裕　98
成見敏晃　187, 227
新川達郎　93

は行

ハーヴェイ，D.　204
ハーディン，G.　107
ハーバーマス，J.　12, 15
バウエンス，M.　118
長谷川雅子　93
パットナム，R. D.　12, 15
馬場正尊　195
藤井敦史　99
藤井芳広　167

藤野一夫　110
ベック，U.　36
ベッシー，C.　110
細内信孝　43
ポランニー，K.　147
ボリアー，D.　117

ま　行

増田寛也　45
マッキーン，M. A.　110
マッケイ，B.　120
三島由樹　172，175，177，227
三俣学　109，113
ミンツバーグ，H.　13，99

室田武　111
茂木愛一郎　108，110
藻谷浩介　100

や・ら　行

柳澤大輔　100
山崎亮　44
山本眞人　110，117
ヤング，J.　37
ヤング，O. R.　115
ユヌス，M.　43
吉永宏　1
ラトゥーシュ，S.　9，98
ローマン，R. A.　144

人名索引　249

事 項 索 引

あ 行

空き家対策　185
空き家問題　185, 189
アソシエーションの復権　99
新しい公共性　40, 41
新しいコモンズ（ニューコモンズ）　113, 138, 140,
　142, 149
新しい資本主義　100
アドボカシー　85
アナキズム　101
新たなエンクロージャー　118, 119
生き方の転換　101
一般社団法人ソーシャルグリーンデザイン協会
　177
一般社団法人最上のくらし舎　197
居場所　25, 29
　――づくり　25, 26
医療および健康コモンズ　140
入れ子構造のガバナンス　118
インフラストラクチャーコモンズ　140
ヴァナキュラーな領域　119, 131
ウェルビーイング　27, 28, 193-195, 225
エコロジズム　98
エリアリノベーション　204
エントロピー学派　108
オープンなコミュニティ　154, 172
おやまちプロジェクト　48, 59, 61, 226, 228
オルタナティブ　9, 11, 20, 30, 97, 101

か 行

海外のコモンズ研究　113, 117
過少利用　164, 165

株式会社銭湯ぐらし　197
可変的ルール　154, 157, 170, 191
鎌倉資本主義　100
下流意識　171
皮むき間伐　168, 169
環境運動　88
寛容さと開放性　73
基盤的サービス　164
規範とルール　157
共感　30
供給サービス　164
共進化するコミュニティ　99
協治　115, 132, 154, 157, 158, 170, 180, 191, 223,
　224
　――システム　172
共同管理　115
協同組合　18, 99, 149
共同性　42, 46, 151
共同体　183, 184
　――主義　66
協同的公共性　149
共の潜在力　118
共有資源　153, 169, 211, 215, 223, 229
共有地の悲劇　107
近似的普遍性　145
近代批判　137
近隣コミュニティコモンズ　138
空間デザイン　200
偶発性　59
草の根からの秩序形成　101
グランドデザイン　178, 180
グリーン・ニューディール　98
グローバルコモンズ　140

継続性　145

言語化する力　73

現代的コモンズ（論）　138, 156, 209

建築家　190, 193, 194

建築デザインによるコモンズ　212, 223

公共圏　12

公共財　41

公共性　39, 42, 46, 194

行動力　71, 72

合理性　145

国際コモンズ学会　→IASC

個人主義　66

小杉湯　197

小杉湯となり　195, 197, 201, 203, 227

コトづくりによるコモンズ　212, 223

コミュニティ　87, 92, 101, 196

　──カフェ　190

　──づくり　211

　──デザイン　44, 45, 93, 94

　──の固定化　219

　──ビジネス　18, 43, 44

　──マネジメント　58

古民家　187

コモニーング　143, 163, 167, 168, 173, 189, 195,

　198, 200, 216, 229

　──過程　153, 157, 169, 178

コモンズ　97, 101, 102, 104, 108, 132, 149, 153

　──化　143

　──概念　109

　──研究　105, 108, 121, 124, 125, 146

　──思考　101, 117, 118, 120, 130

　──の維持と活用　220

　──の仕組みづくり　218

　──の定義　135

　──の悲劇　116, 125, 136, 137

　──の復権　119

　──マップ　116

　──論の射程拡大　113

コモンの権利　135

コモンプール資源（CPRs）　114

コモンフォレストジャパン　166, 168, 171, 227,

　228

コラボレーション　171

コンヴィヴィアリティ　119, 131

さ　行

サードプレイス　27, 200

サービスラーニング　22, 30, 38

サイレントコミュニケーション　200, 201

再ローカリゼーション　10, 98

里山コモンズ　142, 156

里山資本主義　100

参加型コミュニティ　94

参加型授業　24

参加の自分事化　33-35, 38, 52, 60, 64

資源系　173

資源素　173

自己犠牲　226

自己組織化　95

自己有用感　56

自主性　34

市場コモンズ　140

市場との関係性　157

自生する（社会）秩序　182, 203, 204

自生的秩序　150, 182

自治　91, 94, 138, 150, 154, 157, 170, 179, 191, 196,

　222

　──能力　101, 118, 132

実践的学び　22

シティズンシップ　22, 23, 63, 67

自分事（化）　4, 31, 33, 37, 45, 48, 56, 100, 150

市民　2, 9, 29, 65-67, 88, 95, 228

　──意識　20

　──事業　18

　──社会　10, 12, 146, 155, 224, 229

　──性（の成長）　11, 23, 34, 38, 67, 70, 78

——セクター（の両義性） 12, 13, 16, 46, 146

——像 65

——組織離れ 20

——育ち 63, 76

——の時代 1, 5

市民的 144, 222, 224

——イニシアティブ 9, 29, 45, 180

——公共性 152

——政治文化 65

——センス 4, 171, 180, 193, 202, 228

市民的コモンズ 5, 6, 46, 87, 91, 103, 106, 143, 152, 158, 199, 224, 226, 229

——概念（のリアリティ） 92, 146, 148, 153, 155, 163

——の管理運営 218

——の定義 152, 209

シモキタ園藝部 172, 175, 183, 227, 228

下北線路街 174

社会関係資本 12

社会起業家 42

社会的インフラストラクチャー 108

社会的価値 157

社会的企業 18

社会的共通資本 108, 113

社会的行為 144

社会的連帯経済 99

社会のデザイン 183, 184

社会福祉とNPO 83

授業外コミュニティ 24, 40

熟議の力 73

主体性 55, 94

出版社コモンズ 98

商業化 17, 19, 42

上流意識 171

所有権 101, 136

所有と利用の分離 142

自律性 145

森業 172

信頼 144

森林コモンズ 142, 156

生活実験 200

生活実践 151-153

政治学 89

生態系サービス 164

制度派経済学 108

西洋的コモンズ論 138

世田谷区 49, 174, 211

世田谷トラストまちづくり 188

センス 2

銭湯ぐらし 198, 203, 228

銭湯文化 196

相互性 87, 146, 154, 157, 170, 179, 191

ソーシャルイノベーション 18, 44, 93, 225

ソーシャルキャピタル 15

ソーシャルデザイン 44

ソーシャルビジネス 17-19, 42, 44, 225

組織 171

『ソトコト』 46

た 行

第一の原理 144, 155

対抗の原理 151

タイトなコモンズ 137

多元セクター 13

他者化 36, 37

脱成長（運動） 9-11, 97, 157, 203, 220

——コミュニズム 9, 96, 148

——社会 9, 11, 20, 120

多様性 170, 194, 220

地域環境主義 88, 89

地域資源 187

地域主義 98, 100

地域性 78

地域プロジェクト 5, 46, 55, 63, 68, 77, 209

チェンジメーカー 42

知識コモンズ 140

中動態　224

調節的サービス　164

つながりの経済　99

出入り自由　154

デザインの価値　184

デジタルデトックス　200

伝統的コモンズ（の定義）　124, 137, 142, 209

伝統的コモンズ論　135, 156

東京都市大学　49

当事者（意識）　34, 55

　　──性　59

特定非営利活動促進法（NPO法）　15

土台　157

な 行

内的能動性　24, 52, 54, 55

内部の関係性　157

日本NPO学会　83, 89, 91, 102, 103

日本創成会議　45

日本のコモンズ論　107, 110, 111, 113, 115

日本の市民社会　17

日本の市民セクター　29, 148

入会（研究）　110, 111, 113

ニューコモンズ　124

『ノンプロフィット・レビュー』　83, 89, 91, 93, 102

は 行

ハイ・モダニティ　36, 37, 119

場づくりによるコモンズ　212, 223

話し合う力　73

場の閉鎖性　219

阪神・淡路大震災　1

『非営利組織の経営』　85

東日本大震災　87, 89, 91, 92

非強制的参加　145, 154, 157, 170, 191

ビッグファイブ　121

他人事　31, 33

風土自治　195

ふかさわの台所　185, 187, 227, 228

福祉　87

踏み台　223, 224

プロアクティブ行動　23, 39

文化コモンズ　138

文化的サービス　164

ベーシックインカム　98

ペストフの三角形　94

変革の世紀　225

北米型コモンズ論　111

ポスト資本主義　110, 117, 146, 148

ボトムアップの社会づくり　65

ボランタリー・セクター　17

ボランティア　88

　　──元年　1, 16, 19

ま 行

マインドセット　193

まちづくり　149

マネー資本主義　100

ミッション　85, 86

　　──・ドリフト　19

　　──の漂流　87

3つのオルタナティブ　97

3つの歯車　14

ミュニシパリズム　96, 103

民主主義の学校　30

無所有　167

モンブラン会議　99

や 行

谷中学校　186

用賀サマーフェスティバル（YSF）　68, 69, 74, 78, 226, 228

欲望の資本主義　98

余白　220, 224

　　──のデザイン　227

事項索引　253

ら　行

ライフステージ　191
ライフプロジェクト　229
ランドスケープデザイン　183
リアリティ　158,209
利益団体　89
リ・コモニーング　143
リスト社会　36
利他研究　101
理念型　155,158
リノベーション　185,188,191,195
利用権　136
利用目的　157
ルースなコモンズ　137
労働者協同組合法　15
ローカル　101
　──とソーシャル　93,96

欧　文

IAD framework　125,126,131
IASC（International Association for the Study of the Commons）：国際コモンズ学会　110,113,116

IASC[P]（International Association for the Study of Common Property）　120
International Journal of the Commons (IJC)　121,131
IoS framework　127,131
『LOCALA』　45
Millennium Ecosystem Assessment（MA）　164
NGO　89
NPO　5,16,21,40,87,95,144,225
　──の4機能　84
　──研究　83,88,90,93,94
　──セクター　5,29,84
NPO法人　43
　──neomura　69
　──いとなみ　167,171
　──尾道空き家再生プロジェクト　187
　──グリーンズ　44
　──世田谷子育てネット　191
SDGs　94
SES framework　126,131
『TURNS』　45
YSF→用賀サマーフェスティバル
Z世代　11

《著者紹介》

李　妍焱（Li Yanyan／リ・ヤンヤン）

　1971年　生まれ。
　2000年　東北大学大学院人間科学研究科博士後期課程修了，博士（文学）。
　現　在　駒澤大学文学部教授。
　受賞歴　第11回日本 NPO 学会賞優秀賞受賞（2013年），第17回日本 NPO 学会賞最優秀賞
　　　　　（林雄二郎賞）受賞（2019年）。
　主　著　『ボランタリー活動の成立と展開──日本と中国におけるボランタリー・セクター
　　　　　の論理と可能性』（MINERVA 社会学叢書⑭）ミネルヴァ書房，2002年。
　　　　　『中国の市民社会──動き出す草の根 NGO』岩波新書，2012年。
　　　　　『下から構築される中国──「中国的市民社会」のリアリティ』明石書店，2018年。
　　　　　「ボトムアップの社会づくりを支える力──世界の二項対立を超える『市民』のあ
　　　　　り方を求めて」金子勇・吉原直樹代表編者／長谷川公一編著『環境と運動』（シ
　　　　　リーズ・現代社会学の継承と発展⑤）ミネルヴァ書房，2024年。

MINERVA 社会学叢書⑦

市民的コモンズとは何か
──理論と実践者との対話──

2025年3月30日　初版第1刷発行　　　　　　　　　〈検印省略〉

定価はカバーに
表示しています

著　者　李　　　妍　焱

発行者　杉　田　啓　三

印刷者　坂　本　喜　杏

発行所　株式会社　ミネルヴァ書房
607-8494　京都市山科区日ノ岡堤谷町1
電話代表　(075)581-5191
振替口座　01020-0-8076

© 李　妍焱, 2025　　冨山房インターナショナル・新生製本

ISBN 978-4-623-09881-1

Printed in Japan

金子　勇・吉原直樹 代表編者／長谷川公一 編著

環境と運動　　　　　　　　　　　　　　A 5 判・264頁
　　　　　　　　　　　　　　　　　　　本 体 3,500円
（シリーズ・現代社会学の継承と発展⑤）

李　妍焱 著

ボランタリー活動の成立と展開　　　　　A 5 判・344頁
　　　　　　　　　　　　　　　　　　　本 体 4,000円
――日本と中国におけるボランタリー・セクターの論理と可能性
（MINERVA 社会学叢書⑭）

吉武由彩 著

匿名他者への贈与と想像力の社会学　　　A 5 判・288頁
　　　　　　　　　　　　　　　　　　　本 体 5,000円
――献血をボランタリー行為として読み解く
（MINERVA 社会学叢書㉔）

中村陽一 監修／志塚昌紀・川中大輔・菅井　薫・川田虎男 編著

社会デザインをひらく　　　　　　　　　A 5 判・282頁
　　　　　　　　　　　　　　　　　　　本 体 3,000円

野田邦弘・小泉元宏・竹内　潔・家中　茂 編著

アートがひらく地域のこれから　　　　　A 5 判・292頁
　　　　　　　　　　　　　　　　　　　本 体 3,200円
――クリエイティビティを生かす社会へ

瀬沼頼子・齊藤ゆか 編著

実践事例にみる　ひと・まちづくり　　　A 5 判・266頁
　　　　　　　　　　　　　　　　　　　本 体 2,500円
――グローカル・コミュニティの時代

齊藤ゆか 著

ボランティア評価学　　　　　　　　　　A 5 判・328頁
　　　　　　　　　　　　　　　　　　　本 体 6,000円
――CUDBAS を用いた評価指標の設定と体系化

────────── ミネルヴァ書房 ──────────

https://www.minervashobo.co.jp/